Le Lama aux Cinq Sagesses

五智喇嘛彌伴傳奇

作者◎亞歷珊卓・大衛－尼爾（Alexandra David-Néel）
雲丹嘉措喇嘛（Lama Aphur Yongden ）
譯者◎李安宅夫婦

行者的歸鄉之旅

林谷芳（佛光大學藝術研究所所長）

許多人喜歡灑脱地將我們活著的時光稱爲「生之旅程」，其中不免有只要恣意欣賞沿途風光即不枉此生之意。但既言旅程，就有終點，終點有時更是旅程唯一的目的，即便不然，要到的地方也一定程度決定著先前旅途的品質，於是「生年不滿百，常懷千歲憂」、「菩薩畏因、眾生畏果」，結果決定著因地，看似離了當下，但也就是這樣，生命才有了離乎現實主義的空間。

在旅程中總不免想到目的地，一般人如此，修行者更以到達目的地作爲整個旅程安排的重心，「未知死，焉知生」是行者的邏輯，看宗教書籍，「要航向何處」永遠是我們觀照的核心，它與「如何航行」共同成爲了眾生必須嚴肅面對的課題。

航行的方向與方法成就了世界上林林總總的宗教，有人説這旅途是唯一的一趟，地獄、天堂因此成爲唯二且永恆的歸屬；有人則説，每個目的地都只是一個中途站，往後要好要壞，就看自己此生的選擇；更有人提醒我們，其實每人本自具足，只因一念貪玩，忘了自己的家鄉，旅程雖美，最後的安頓還得回到自己那永恆的家。

的確，苦、空、無常是現實生命的寫照，繁華如夢，何處是家鄉也永遠是行者共有的喟嘆！

尋尋覓覓，歸鄉之旅對多數人畢竟茫然，家在何處？如何走法？路程本充滿了未知，也所以許多人乾脆就皈依了宗教導師，讓他告訴並決定我們旅程的內容與走法，但雖說皈依，我們心中果眞從此安然？要眞安然，修行也就不會異化，禪門也就不會有慧可原已「博覽群書，名滿伊洛」卻寧可「立雪及膝、斷臂求法」的故事！

這是爲什麼《西藏生死書》能引起大衆興趣與信仰的原因，因爲其中的旅程是如此清晰，有了這樣的一份地圖，你雖不一定能馬上到達目的地，但心裡既有底，不管師父在不在，我們都能因「知所從來、知所從去」而安然。

這也是這本奇特的書所以吸引人的原因，因爲它是一個行者的歸鄉之旅，雖然沒有曲折的情節、跌宕的懸念、動人的苦行、智慧的幽光，卻讓讀者看到了一趟如實的返鄉之旅。

不奇特的書卻有奇特的魅力，魅力的根柢來自歸鄉，魅力的來源更來自歸鄉的自然而然，而這，的確與一般行者的歷程不同，沒有一番寒徹骨的折磨，悟道原不具說服力，可書中主角就如此升座了，我們心中也依然有股莫名的悸動。

悸動的確來自升座的自然，多少修行之路告訴我們先要具備多少信願，才可能好好地走向旅程，但書中的主人翁在世間、出世間如此地自然而爲，最後竟也「五智喇嘛得道了」，他如此，難道我們就不能!?

自然而爲，若果只是一般的自然而爲，當然不具說服力，因此故事眞正迷人的，還因他這一生正好是生之旅途中到達目的地的最後一段，因緣具足，自然升座，而他既如此，你我又怎能確定自己眼前的一段不也是那緊臨目的地的一段呢!?

佛家講因果輪迴、因緣和合，但其情複雜，世尊因此說必須具甚深智慧才能盡其義，而佛性既無時不在，果又有異熟之果，當下的每一刻對我們這些「凡夫」而言也就充滿了可能。世人談世事，限於此生此地，所以章法結構必須具足，才稱得上因果歷然，但菩薩有隔陰之迷，因緣是三世因果，於是像愚者開竅般，有人在此生也就如此輕易一番，升座得道了。

五智喇嘛如此，他在第一世因怨嗔而發毒誓的太太也如此，所以歷經十八世因緣的不成熟，這一世，不僅喇嘛升座，太太也在得病時觀見前世，落髮爲尼，盡放無明了。

坦白說，五智喇嘛的人生並沒有比任何行者的故事精彩，在世法上起伏也不算大，通篇故事只有救豹時稍具可爲法脈的潛在質地，但就因爲這樣的平淡，卻反而使它不成爲別人的故事，而是我們人人的可能。

也許觀照及此，作者才會用這樣的筆法，它不是傳記，也不是傳說，更不是動人的故事，只不過是在佛教輪迴的觀照、藏人虔誠的信仰、密法如實的修行中自然發生的一件事情，五智喇嘛也只是在藏地乃至其他地方修行生命中的一個案例，翻轉既如此自然，寫者也就只能如此寫著，但它既對任何生命開展了可能，大家也就會在這裡得到悸動與安頓。

平常書背後的不平常，是那份我們難以測知全貌的因緣，平常旅程中引致的不平常，是那份我們對生命潛在的期許與想像。這本書，像本歸鄉的地圖，你這一生，也或許正是那升座的一生！

尋求孤獨的大地旅者——亞歷珊卓・大衛—尼爾

在十九世紀末二十世紀初，中亞腹地的神秘未知吸引了許多探險家的目光，諸如三度深入新疆腹地的斯文赫定，逼迫十三世達賴喇嘛打開西藏禁地的楊赫斯本，……還有本書的作者亞歷珊卓・大衛—尼爾（Alexandra David-Néel）。

亞歷珊卓置身在這群傑出的冒險家行列之中，並不因她的女性身份而享有任何優惠待遇，相反地，她數十年的探險遊歷生涯，沒有一次不充滿挑戰與變數，包括她的處女行。

亞歷珊卓的處女行在一八七〇年展開，她悄悄地從祖父家的花園大門溜出來，沿著門前的那條路徑慢慢摸索前進，只是這段探險被迫結束得太早，她那驚惶失措的雙親很快地把步伐不穩的亞歷珊卓帶回家。這年她兩歲，出門旅行的因子已經在她的血脈裡蠢蠢欲動了。

亞歷珊卓一八六八年十月二十四日出生於巴黎，父母是一板一眼的清教徒和天主教教徒，祖先則來自斯堪地那維亞，這北歐血統應該是冒險基因的源頭。她在五歲時重演了一次離家歷險記，孤身進入巴黎南方的樹林探索，這回是一名憲警破壞了美夢，通知了她的家人。

孩提時的亞歷珊卓最鍾情於《環遊世界八十天》的作者維恩（Jules Verne）的科幻小說，

她答應自己有一天一定要超越書中英雄的偉大行徑。

她眞正跨出旅行的腳步是在十五歲那年，這時的她讀到了一份英文旅遊報導，是一位名叫伊利莎白．摩根寫的。這年夏天家人留在比利時奧斯登（Ostend）避暑，不耐沉悶的亞歷珊卓選擇獨自徒步進入荷蘭，橫渡海峽到對岸的英國，她在倫敦找到了摩根女士，一償心願；摩根女士倒是馬上勸說她返家去。

十七歲時，亞歷珊卓換了一個方向，從住家所在的布魯塞爾坐火車前往瑞士，之後徒步越過阿爾卑斯山的聖哥德哈隘口（Saint Gotthard Pass），走訪義大利的湖泊；幾天之後，她的母親前往瑪基奧瑞湖（Lake Maggiore）接回身無分文的女兒。

一八八六年，亞歷珊卓進入布魯塞爾的皇家音樂學校就讀。三年之後，她以優美的女高音獲得第一面獎牌。一八八八年，她前往倫敦待了一陣子，摩根女士介紹她認識神知學學會的創辦人布拉瓦茨基夫人（Madame Blavatsky）；後者的理念思想對她影響深遠，她開始認眞研習東方哲學和東方語言。

第二年，亞歷珊卓進入巴黎大學神學院旁聽，這時的她也成爲一名激進的無政府主義者，房間裡總是放著一把槍和彈藥。一八九一年，亞歷珊卓裝扮成男人模樣，跑去參加一處崇拜儀式，主持人室利．安納達．沙拉瓦提（Sri Ananda Saraswati）使用大麻讓人產生幻影。這時的亞歷珊卓正處於叛逆的年紀。

亞歷珊卓也加入巡迴的歌劇團，扮演卡門等角色，儘管她的音樂長才發揮得淋漓盡致，深受好評，但血液中的冒險因子仍然敦促她放棄這個角色，回應神秘東方傳來的呼喚。

亞歷珊卓展開了第一趟東方之旅，在印度和錫蘭旅居了一年。她加入一個神學團體，學習梵文；又在聖城貝拿勒斯（Benares）跟隨偉大的史瓦密．巴卡拉那達（Swami Bhaskaranda）學習瑜伽。旅居期間，印度和西藏的音樂讓她深深著迷。最後盤纏用盡，她不得不打道回府，但也誓言將再回來，聆聽這奪魂攝魄的樂聲。

一九〇四年，亞歷珊卓去了一趟北非突尼斯，遇見了鐵路工程師菲利普．尼爾，這位三十九歲的鰥夫說服她結束獨身生活；八月四日，兩人結婚了，只是這場婚姻只維持了五天兩人就分居了，但終其一生，菲利普都是她最忠實的友人。

一九一一年，亞歷珊卓再度展開東方之旅，原本預定一年半載的行程最後延展成十四年。這趟旅程她走遍了中亞和遠東，蒙達賴喇嘛十三世接見，勤學藏文和佛學，和錫金國王建立深厚的友誼，也遠至日本拜訪了河口慧海，更遇見了後來成爲她義子的雲丹嘉措。在青海塔爾寺研習三年之後，一九二三年，她在雲丹嘉措的陪伴下，從薩爾溫江畔展開千里的拉薩朝聖之旅；由於西藏當局禁止外國人進入首都拉薩，於是亞歷珊卓假扮成西藏老媽媽，拿可可粉和炭灰混合塗在臉上以掩飾膚色。她和義子一路上扮成乞丐朝聖者，歷經四個月長途跋涉，終於抵達拉薩，還住了兩個月過完西藏新年才離開。這段膾炙人口的秘境之旅，所有驚心動魄的情節全披露在亞歷珊卓的《拉薩之旅》一書。

一九二八年，亞歷珊卓和雲丹嘉措定居在法國迪涅（Digne），建造一座禪堂「桑滇戎」。亞歷珊卓除了靜心撰著外，也到歐洲各地巡迴演講，獲得廣大的迴響。

一九三七年她高齡七十了，思鄉之情讓她再度踏上征程。她橫越西伯利亞進入烽火連天的中國，沿途的戰亂使得旅程益形艱辛，最後當她和義子抵達印度時，已是一九四六年了，一趟十年的探險之旅。

年近八十的亞歷珊卓回到迪涅，專心致力於撰述和演講。一九五五年，年僅五十五歲的義子過世；而前夫菲利普更早在一九四一年等不及她從中國回來便去世了。

一九六九年九月八日，亞歷珊卓以一〇一歲高壽在迪涅辭世。亞歷珊卓第一次窺見西藏高原沐浴在奇異的喜馬拉雅山下時，曾說：「多麼令人難忘的景象！我終於得到了從小就夢想的平靜孤寂……回到自己的家。」人們將她的骨灰灑在源出西藏高原的恆河中，這位西藏授予喇嘛頭銜的西方奇女子，終究得以回歸夢土。

目錄

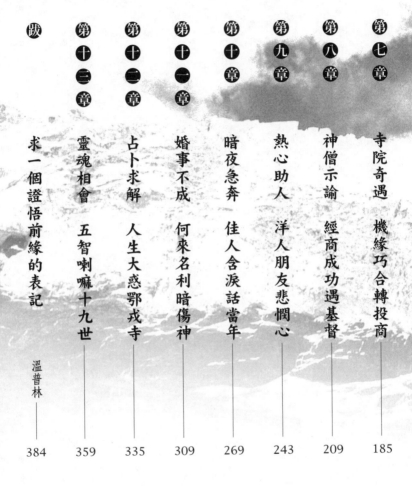

第一章

吉兆伴身　年幼救豹悟仁心

那是個充滿瑞兆的時辰。東方還未發白，霞光卻撒滿林間。林邊有間簡陋的茅屋，屋頂上停落了一對金冠鳥，按季節，尚不是牠們應該出現的時候。此刻，久旱的大地竟突降甘霖，一隻雄壯的豹從窗外窺視著，莊嚴而馴順，毫無怕人的樣子。在茅屋內，嬰兒的哭泣聲劃破了寂靜的天空。臨產的母親渺渺茫茫中聽到飄來的樂曲。

父親名彭錯，是一位村長，現在出生的是第二個兒子。當他看見這些吉兆，喜不自勝。他忖度著：「這樣落地的孩子一定不是平常的孩子，準是哪位得道喇嘛的轉世。」

他的太太章珀爾聽他說及兒子的神異，並無太大的感受。那麼，這個拼命吸吮她乳房的小孩是個呼圖克圖❶囉？實際上，頗有聲望的轉世喇嘛包括達賴、班禪在內，不是也有降生在貧寒之家的嗎？這點對她而言並沒有什麼稀奇，只不過充滿了喜望罷了，因為那表示將來他們家計富裕，惠及親屬，受人崇敬。

這對充滿喜樂的父母的一些朋友、鄰居，不久竟公開宣布：這小孩是個呼圖克圖，並指出他前身的名字。他們指出來的名字是一位大人物，即故去不久的十七世彌伴大師。數百年前，彌伴第一世在埃弗勒斯峰（即珠穆朗瑪峰）角牟罔卡雪山苦修，以神通著稱；以後繼續轉世，受人崇敬，直至第十七世而大享世福。他是法輪寺以及四座小寺的寺主，掌有百姓眾多的廟產，生活極為豪華。無庸置疑的，這位十八世待位小喇嘛，憑藉上一輩的餘蔭將會更有財富與勢力。

到了給孩子命名的時候，父親毫不遲疑的選擇了「彌伴」，意即「不敗」、「不可摧毀」，以溯本源，且兆將來。

問卦於兩位卜者，卜者亦異口同聲，說是名字全與卦象相合。

輟莫村的一對村夫村婦，就這樣懸想著他們兒子將來的命運……

眾人雖認為彌伴是個呼圖克圖，但他仍和其他小孩一同遊戲與成長。先會爬行，再學走路，跌跌撞撞於箱子墊子之間❷。

無人教他說話。西藏沒有教小孩說話的風俗。他們以為，人的說話有如牛鳴犬吠，各以其類，自然而能。彌伴兩歲的時候還只是會哭。他哭叫起來聲音嘹亮，證明體質特別強壯，只是喊些什麼，父母全然不懂。

法輪寺尋佛使者未向輟莫村來

法輪寺的當局尋覓寺主彌伴第十八世活佛的時候，正是在彌伴三歲那年。當這消息傳播開來，彭錯為了預備覓佛使者的來臨，把可以證明彌伴就是那位呼圖克圖轉世的一切徵兆全都蒐集妥當。

此外，他還請了他所崇奉的教派中的兩位喇嘛念經，還祈求所有神祇多加保佑。為了萬無一失，又請了一位巫術師作法念咒，以便得到一切神仙鬼怪的靈庇，至少也要他們不致故意為難。

每一次法事，除了主事者外，都另有數名學徒參加。殺一牛一豬，用各種方法，以饗喇嘛和巫術師。另以豬一頭、雞數隻，作為巫術師作法時的供品。

到了預定的那天，本波教[3]的巫術師在天未亮的時候即來到門前樹下作法。過了不久，兩名喇嘛也從山上寺廟降臨，出現於村旁山坡；在他們前面，三個徒弟吹著人腿骨的號角[4]，告知大家他們到了。

喇嘛進了彭錯的家，與本波巫術師一同進餐。然後與其分坐，一面朗誦經文，一面敲手鼓，搖小鈴，祈禱如儀。本波巫術師則再返於樹下，將牲禮放在葉子上面，對著念咒。

為了討個吉利，彭錯在屋角預備一處寶座，即預兆法輪寺迎子升御的寶座。法事完畢，就將孩子放在座上，披上黃緞大衣。此時，由喇嘛僧侶進行最後的祝福，加佑於家長、全家及其產業。然後繞田一周，一面誦著禪文，一面拋撒加了法術的穀粒於人，於畜，於各物。大量的包穀粒落在彌伴身上，落滿寶座上，且自然輻射出去，象徵著法輪。

隨時注意瑞兆的父親自然不會放過這點；所有的人也都看見了，也都同意這是彌伴將要宏揚正法的另一證據。

一切完畢以後，所有作法事的人隨著等第的不同，各得到不同數量的錢帛禮品。本波巫術師得到最好的部分，回家去了。喇嘛們也攜了大量的肉、發酵的麥粒，一面說笑的走回寺院。

彭錯夫婦忙著分贈食物給鄰人。至於彌伴，被眾人旁落在寶座上而呼呼進入了夢鄉。可是，不管預兆如何圓滿，法事如何盡力，事情竟出了意料之外。迎佛使者根據自己的占卜，並沒有向輟莫村來，而到別的地方去了。因此彭錯完全沒機會獻出兒子，或者將證人介紹給他們，說說兒子有什麼吉兆之類的話。

法輪寺的當局考察了十幾個候補靈童，留下三個作例行測驗——第一，候補人要辨識什麼東西屬於前世喇嘛的；第二，要請一位具有神通的人證明候補人乃其轉世；第三，候補人要抽籤中選。

這段期間，彭錯不知拜訪了多少的有權有勢人物，不管怎樣送禮，都白費了。因為彌伴並沒有得到候補人選的資格，也就無法提出承繼法位的證據了。

彭錯自悲自嘆的當兒，法輪寺也選妥了寺主。一個亞隆村夫的孩子符合了三種測驗的結果。他毫不遲疑認出彌伴十七世的念珠、金剛杖以及袈裟，雖然當中還有許多與這些一模一樣的東西。另有一位擁有天眼通的大師，也三次證明他是彌伴十七世的化身，而且一切星占卜算都相符合。抽籤三次，每次先出來的也是他的名字……法輪寺寺主的轉世活佛確定了，這孩子的父母歡天喜地的同孩子回了家，專候吉日良辰再將孩子交出，正式迎入寺院。

兩個月以後，法輪寺派來三位僧官，跟著許多扈從，迎接原為他們師父而現在轉世成為小孩的新寺主。伴著笛管、號筒、大鼓，小活佛披著金色袈裟，騎著白馬，兩旁各有一僧護持，還有一僧為他打著長傘，一行人浩浩蕩蕩，擁入法輪寺院。

正當小活佛升階入室的時候，彌伴就和別的孩子一樣，站在茅屋附近的林邊，直挺挺若有所思的看著。從未說過話的他，竟慢慢舉起小小的右手，張開五指，沉毅而清楚的說了一聲「五」[5]。

一陣清風掠過林端，樹頂高枝隨風輕拂，好像在向他行禮，好像祝賀一位英雄的降臨，尤其那個在他降生時曾經出現過的那道神光，此時又環繞著他。母親章珀爾剛好在附近工作，也聽到空中的妙音，就和那個孩子出生時聽到的一樣。

虔誠的她沒有看見孩子，卻看見了神光，聽到了梵音。她很驚奇，滿懷疑問，本打算一回家便告訴丈夫，可是回到家只看到在床上酩酊大醉的彭錯。到了第二天，她的驚奇感消沉不少，加上她那溫吞的脾氣，以及一種不可名狀的感覺，因此，她秘而未宣。她雖然並未向人提及，可是在心靈深處則堅信她的彌伴是呼圖克圖。

彌伴與豹子對臥叢莽間

然而，不管彌伴的前途如何，是光榮還是平凡，是幸福還是悲哀，一切尚在未知之數。他的父親彭錯則因以前曾經是個首長，是個武士，而今英武不再，大有壯志未伸的鬱鬱之情。

彌伴雖然滿有異兆，可是日常行為卻顯不出如何特別。他沉默寡言，十分貪吃，但因家境不好，能夠到口的都是粗糲而且數量不多，這就難怪他永遠吃不夠了。西藏的父母也不講溺愛，是不會對孩子嬌生慣養的。

彌伴每日驅牛放牧，日晡（即下午三點至五點才回來）始回。頭幾個月，他的哥哥多佳還跟著他，以後因多佳有助於農耕，便在田裡幫忙了。多佳發育得特別快，能和伯叔堂兄結伴去打獵，有時還獨自出去，滿載而歸。彭錯看著長子這樣能幹，很是高興，稍可安慰他對次子失望而悲傷的心。

父親雖然對彌伴前有熱望後有失望，再也提不起信心，但母親卻始終相信這個不說話愛貪吃的孩子會大有前途。所以晚間從田裡回來，腰在痛著，臂在麻著，匆匆忙忙藉著灶火的餘光而備飯的時候，仍不免偷看孩子幾眼——那捧著碗，閤著眼，半睡半醒的躺在地上，只要一喊吃飯，便會聚精會神起來的孩子。

一件出乎意料的事衝破了家庭生活的單調，而且大大改變了彌伴的性格。

這一天，彌伴像往常一樣，趕著牛兒出去，散入叢莽覓食。傍晚，他開始將牠們集攏起來，預備回家。按習慣，牠們會自己走向該走的路。但彌伴竟發現牛群中少了一頭領隊的牡牛，怎麼也找不到。該怎麼辦呢？

他一面著急，一面思索著。父親的脾氣是不好惹的，過去挨打受罵的經驗已經告訴他會有什麼結果了。他深知，現在回去立刻就會被打出來，重至林中尋覓，更別提什麼晚飯了……與其挨一頓鞭子，再往返走一趟路，還不如現在就去把牡牛找回來。

夜已朦朧，不能忍耐的牛群悲鳴了起來，有的已經開始走向谷口。彌伴打定了主意，急忙趕著牛群走到比較熟悉的道路，相信牠們會自動回家，而他又重新爬上山坡，去尋找牡牛。

這時，彌伴一點也不害怕，與其說是勇敢，毋寧說是感覺不到有什麼危險。他與別的西藏小孩一樣，都曾聽過有關於妖魔鬼怪的可怕故事。他自然知道，各種精靈是會隱於樹木、岩石、水泉，而對走近跟前的人物惡作劇的。他也知道會有專捉小孩的妖魔，把他推下山澗，然後讓山合攏起來；有時故意把小孩的頭髮露在縫隙外面，以傳遞一些消息。他更知道林中會有猛獸，夜出穴中，四處求食。如果人畜深夜離家，那是非常冒險的事。在家裡安全，那是因為「經旗」⑥四布，有所庇護。這一些他都知道，可是他並未害怕。

他可是真的餓壞了，然牡牛的蹤跡仍毫無跡象，夜色漆黑，沒有一絲月光，伸手不見五指，他一下絆在樹根上，掛在荊棗間，一下頭又撞到凸出的岩石，跌倒在地。他的頭很痛，肚子又餓了，不禁涕淚縱橫。哭累了，就地而睡，進入了另一世界，那裡用不著找牛，也沒有可怕的父親，更沒有餓得咕咕叫的肚子。

醒來時天已大明，然而那日光竟反常的比往常更金黃，而且在樹梢下一片光亮，即使該有陰影的地方也全都沐浴在金光之中。幾步之外，一隻豹子正對著他，那雙碧綠的大眼睛直直注視著他。

那雙碧眼把彌伴嚇得真正醒了過來。心想：「啊，是這隻豹子吃了我的牡牛吧？」他一點也沒想到自己的安危。彌伴沒有見過活豹，而且與活豹子相距這樣近，到底不是平常的事，只是豹子是美麗的，再加上他依然還是睏乏的，所以繼續臥在那裡，與豹子四目相射，面對著面。

山下彭錯的家晚間已看見牛群回來了。章珀爾看到小牧童與牡牛都沒有到家，知道是牧童覓牛走遠了。家畜在夜間失蹤是常有的事。彌伴也許找著牛的時候太晚了，不便回家，睡在鄰近的田家了。所以，這位慈祥的母親並未過分的焦慮，相信愛子是會在天明的時候歸家的。然而太陽越來越高了，他還沒有回來。

彭錯要多佳出去找尋幼子。彭錯到底是個實用主義的人，他命多佳帶著弓箭，以便遇著羚羊或野山羊時獵取一隻回來。

多佳沒多久便找到了彌伴，因為彌伴過了夜還在原來臥著的地方。那裡離往常放牧的地方不遠。多佳沒有看見林間的神光，但卻清清楚楚的看見彌伴與豹對臥不動、互相注視的情景。他以為彌伴不動是嚇呆了，於是一面扣上箭弦，一面喊著：「不要怕，彌伴，我來了！」

彌伴回過頭來看見哥哥正在拉弓，便一下子跳到豹前喊道：「不要射！」

可惜太晚了！箭已發出，豹不見了，中了毒箭的竟是彌伴的肩胛。

多佳嚇慌了。他知道毒入血管便會致命。他抛了弓箭，奔到彌伴身邊，解開衣服，露出肩胛，拼命的吸起傷口來。多佳終究還是個孩子——一個才十五歲的孩子。他不知道吸吮傷口是否可以免毒入脈，惶急之下以為射死彌伴了。依照獵夫的規矩，毒箭射死野獸時要立刻在傷口附近挖一個圓洞，以免吃肉的人有間接中毒的可能。多佳打定了主意。

「我必須從你肩上挖下一塊肉。不然，你會死，忍著不要動！」多佳告訴彌伴。

多佳坐下，將彌伴夾在兩腿之間，以免他亂動。多佳拔出刀來，挖下傷口的一塊肉。血流如注的彌伴既沒有喊痛也沒有動，哥哥以為他昏過去了，其實他並沒有失掉知覺，只是臉上表情極特別，不斷注視著前方。

哥哥難過至極，趕緊將他揹在肩上，走回家中。金光依然射在叢莽間，伴著兄弟倆一直回到家，只是多佳依然沒看見。

彌伴失蹤了

彌伴經過多佳的魯莽手術以後，整整發燒了七日。但他並沒有抱怨，也沒有說話。父母問他為什麼現身豹前，怕豹受傷？卻怎麼問也問不出所以然來。他是怎麼想的呢？那樣瘋狂的行為，動機在哪裡？但他是怎麼也不回答。好像是見了旁人看不見的什麼異象而呆呆的出神。

一天早晨，章珀爾醒來發現彌伴不見了。在家裡，在田間，大夥兒裡裡外外的尋找，卻怎麼也找不到他的蹤跡。多佳到弟弟常去的壩子找也一無所獲。

彭錯請來一位卜者，也問不出一句可靠的話。「彌伴有所障」是他唯一的答覆。到底是什麼障著他呢？簡直沒道理。

於是又請一位本波巫者。巫者要了一頭豬，一面念咒，一面將牠殺死。然後剖開屍體，用樹葉鋪好，放在樹底下，獻給保護神（本尊）。不消多久，神來附體，巫者便發抖、搖晃起來，唱著聽不明白的話語。彭錯，還有兩位比較聰明的村夫，猜想這話的意思是彌伴被妖魔所困。說了這些話的神又命巫者宣說，妖魔還要一頭牛為贖。殺牛的辦法與殺豬一樣。巫者殺完以後，假裝著獻了祭，便將最好的部分帶走，做為酬勞。這原是西藏通行的規矩。

獻祭完了，本來說某一晚上妖魔會將孩子送到某棵樹下的。可是，彌伴依然沒有出現。失蹤半個月之後，彭錯的朋友都認為彌伴是被野獸吃了，彭錯自己也漸漸相信起來。這樣的事，在山間的確是會有的。彌伴既將豹子看成好玩的家畜，更是容易被吃掉。

章珀爾則依然滿懷希望，不贊成丈夫訪求為死者「開路」的喇嘛。然而不管怎樣央求，彭錯還是帶了彌伴的衣服，走到鄰近的寺院，將衣服代替死者，舉辦送喪的儀式。

喇嘛正要作法的時候，鈴不動而自鳴，使他肅然深思。倘若人還活著，用超度亡魂的經指引對方如何放棄屍體去尋覓極樂世界；或者如何投胎，勿為中途的鬼形所驚佈，告訴他那些都是幻由心生。但倘若他真的這樣做，會不會促成孩子早亡？這樣一想，感到責任重大，喇嘛不敢作法了。於是對伺候作法的徒弟揮令將經重新包入綢子包袱，沉思著離開那間屋子。

觀世音的兒子

彌伴逃出了無明世界，沒日沒夜的在山間徘徊。自從有了上次的經驗，他咬定牙關不說話，只是拼命的沉思著。

他在林間醒來遇見豹子的經驗使他特別感懷。誰會認為可惡可怕的豹子也是可以親善的？他曾看見過雄偉可愛的金錢豹血淋淋的被人捆了四肢抬回村裡。牠們被殺是因為害過人嗎？也許牠們根本沒有惡意，也許因為獵夫殺獸，野獸才會凶惡。也許遭人畏忌，妖魔鬼怪才會與人作對的……就說那隻美麗的豹子吧！靜靜的守著我，多佳不是不曾顧念牠待小弟的好，而欲加以殺傷嗎？啊！倘若允許他毒箭射去，那是多麼殘酷的事啊！

彌伴的傷依然還在疼痛，但他並不後悔救了豹子的性命。他的父母、他的鄰舍都不了解這是件好事，這使他苦惱極了，使他變成熟人中間的陌生人。他雖然年紀還小，但也不得不追尋他那真正的家了。他要追尋一個既不會無故仇殺，也不會還不知底細就加以詛咒的地方。

這個少年流浪者，沉思著，漫遊著，餓了扒草根，摘草果，所幸還帶來一些糌粑。行走間，迎面一位帶髮修行的瑜伽師手提三股禪杖蹣跚而來。

「小朋友，你獨自一人上哪裡去？」苦修人有些驚異的詢問。

「我前往彼此相愛之國啊！」彌伴鄭重回答，同時反問道：「你能告訴我應走哪條路嗎？我已經離家很久了，可是各處所見都與我在家鄉所見相同，飛鳥野兔一見我就跑，恐怕這裡的人也是傷害牠們的，就像我的哥哥多佳及其朋友傷害牠們那樣。這些可憐的東西以為我是惡人，所以怕我。倘若牠們有力量的話，也許為了避開我的戕害而來傷我了！」

瑜伽師很仔細的端詳這個古怪的小流浪人。他好像在孩子的眼裡看出一種內在光芒，也在這幾句稚氣的話中聽見一種道理的回聲——只會在某些隱者的口中才能聽見的道理。

「不管誰是你的生身之父，你實實在在是觀世音的兒子。你所尋找的彼此相愛之國，在你走的方向是找不到的。那要等待像你這樣的人去創造。孩子，你叫什麼名字?」瑜伽師問道。

「彌伴。」小孩子說。

「名字起得好呀!」苦修者喊道。「那是一個光榮的名字，盼你名實相副!我現在給你一些糌粑和酥油，但你要回家去。你的父親，天上的觀世音，會指引你應該走哪一條道路的。」

彌伴接過酥油糌粑，放在快要空了的袋子裡。瑜伽師走後，他坐在石頭上。應該相信他嗎?因為那些話實在使他失望了。難道每個地方的人都像我村子裡的人那樣嗎?所有的人都和別的生物作對嗎?按他看見的人與人的爭相吵鬧，人類自己也是入主出奴各個不懷好意嗎?……這似乎令他難以接受啊!

然而那位瑜伽師為什麼又說他是觀世音的兒子?他很清楚，他的父親姓彭名錯，不過是一位村長而已，他在廟裡所看見的觀世音乃是十一面的，還有無數的手;誰若打算往生極樂世界，誰就向這位菩薩祈禱。

幾天來快要餓壞的彌伴因有了瑜伽師的食物而感謝不已，瑜伽師是個好人。然而那人的話靠得住嗎?彌伴有點懷疑，也許他要去的地方太遠了，那人並不知道。倘若如此，那麼，他找得到嗎？他走得並不快，行經山野還要避免殺生，不用石擊鳥、不用筐捕魚，是不容易覓食的。

他開始明白困難之所在了。然而他不願放棄，只需要同情的忠告和更可靠的消息。

突然，他想到忠告與消息可以在離家不遠的地方得到。離家不遠的地方住著一位隱士，茅屋在懸崖底下，以避冬雪。彌伴未曾見過他，可是聽人說過。他知道父親常命多佳送食物過去。他雖沒有到過那裡，可是知道路該怎麼走。於是決定先見隱士，暫不回家。

你打算走的路比你想像的遠多了

彌伴見著隱士，說明來意，隱士便說：「那你是彭錯的兒子了。」

好了，彌伴心想，這個人是清楚的，他不說我是觀世音的兒子。這樣的感覺不生疏了，然後他說及如何遇到豹子，如何冥想苦思，如何逃出家門，遇到瑜伽師等等。

隱士功德海已在此地住了十八年之久。在他以前，師弟相承已有數百年不曾斷過，一脈相傳住在那裡，保護居民，不受魔難。

彌伴一面敘述，功德海一面想起小孩子降生後所有的傳說。就算這一切都是假話，都是出於彭錯夫婦及其朋友的玄想，可是，彌伴的意見與行為卻是那麼的不平常。誰告訴他這些思想？誰在啟發他？……這個九歲的孩子一定是某一得道喇嘛轉世，甚或某一菩薩轉世。這樣轉世度人的事常常聽聞。既然有神秘而不可規避的因果關係將他引到這裡，只好收容他，幫助他了。

「聽好！」他說：「你打算走的路，比你所想像的遠多難多了。在那之前，你還必須學習不少的事呢。倘若你願意，我可當你的老師，但你先要回家，告知父母。他們看不見你，一定很著急。你睡在這裡，明早拿著我的信到巴桑的田間，那是你熟悉的地方。倘若你走得快，晌午可到他的家，巴桑再用馬送你回去，見你的父親。我也有信給你父親，勸他送你到我這裡來。」

聽到要回家，彌伴一點也不高興，他已經嘗到自由與流浪的味道，不想輕易就放棄那種快樂。然而想不出反駁隱者的話來，他只能照辦。好在不久就可以再到這裡當徒弟了。

暗夜中靜靜襲來的悲苦節奏

兩人一起吃了糌粑，喝了酥油茶，功德海即指給小客人一條舊毯子，教他鋪在一角，躺到上面去睡。然後便獨自點上一盞小燈碗，幾枝香，放在有經的架子上。那就是他的供桌。香煙繚繞，獻與哪一位神，哪一位聖，無人猜得出來。因為粗製的架子上沒有雕塑的像，牆壁上也沒有畫的像。

趺跏而坐，直著頭，挺著胸，絲毫不動，隱士靜修起來。

和隱士度過的一夜，深深刻銘在彌伴的腦海，是他永遠也忘不了的。

未加泥抹的牆到處都是漏洞，門板也不閤不攏。林間的夜氣透進來，又潮濕又有香味。枝葉窸窣作響，知有野獸穿行；夜鳥長鳴，更時時打破寧靜。潺潺的流水衝著不動的岩石，可以感覺到生命的波浪包圍著隱居的四周。

彌伴已在山裡過了多夜，而且他父親的房子建在山谷，也是靠近森林。然而不管多麼慣於接近自然，都沒有引起過他對四周特別注意。可是現在一切都顯得新奇了。

他靜靜的聽，感受似乎增加了百倍，或者毋寧說他現在的感官與一般所用的大有不同。他所聽見的，不只是野獸覓食的腳步聲，他所嗅到的，不只是濕土、腐葉、樹的呼吸、草的芬芳。一種悲慘的節奏發自四周的隱影，襲進茅屋，爬到人的腳下，泣訴著各種有情為了其他的欲望而做為犧牲品的痛苦；採摘下來的葉子，被吞食的昆蟲，都在一一訴苦，充滿著說不盡的苦處。

另一種割心拉肝的聲音，則來自對自己行為的懊悔與噁心——即在飢餓的壓迫之下，毀傷了無辜植物的懊悔與噁心；或用嘴扯碎動物之後在牙齒間翕囁所傳達出來的懊悔與噁心。這些聲音，在厭惡中，在毫無辦法中，或者偷偷，或者大聲，嗥著、呻吟著；然而這些悲鳴者不能表現的，不能在暗淡的心靈中分析得清楚的，乃是對於善意的渴望，對於友誼的追求——即在牠們的四周以及牠們自己的肺腑中找不出的友誼。

隱者依然沒有動，依然披著陰沉沉的僧衣坐在那裡。黑暗中，幾乎看不見他的形體。小小的燈盞早就滅了。只有一柱香還是紅的，已與瓦香爐一般齊了。原來是黑暗中的一星之火，突然爆了兩個火花，便完全滅了，整個黑了。彌伴偷偷的哭了起來……

黎明時，功德海解下套在膝蓋的「打坐繩」站了起來。

「去，去提水燒茶。」隱者下了一聲命令。於是彌伴滿懷心事的拿著桶，走到附近的溪邊提了一桶水來。

共同吃完有糌粑、酥油的早飯以後，隱者對彌伴說道：

「你所想的問題，對於你的年齡來說太重了，連成年人也很少能思及的。一個崇高的命運似乎等候著你。我要是辦得到的話，我樂意幫你，指點你彷彿看見的意義。

「你因為各種生物彼此虐待而傷心。但也應該知道，每件暴行都起因於『我』與『他』

的誤解。一個惡人的行為是避苦就樂，卻不知那樣做反添更多的苦，且在快樂當中得了患得患失的毒。

「有的人變壞了，是因為走上你所計畫的道路而又迷失了方向。他們得到友誼，便以為得到保障了。及至友誼變質以後，或者發現原來崇拜的人沒有想像中的好時，失望的苦惱就會變成仇恨。這樣的人是最可憐憫的。

「平庸人喜歡他所認為的好人；聰明人則對惡人十分同情，因為惡人的苦惱是他所深知無疑的。你在前生曾經窺見了這個真理，不過你現在才是個九歲的孩子，當然是不得其解了。

「今天你只要記住兩個字：『慈』與『悲』。慈悲是神秘能力的鑰匙，是你所懸想之鄉最初的兩個地名。牢牢的記著吧！等你當了我的徒弟之後，我會再講給你聽的。」

彌伴對於隱者的話懵懵懂懂。然而他家教良好，懂得禮貌，所以三跪頂禮於其足前，恭恭敬敬的說道：「先生，我將你的話牢記在心了。」

隱者寫了兩封信，一封給巴桑，一封給彭錯。在後一封信中他向村長說明彌伴是如何到了他的地方，如何看出彌伴具有普渡眾生的菩薩心腸，如何使他樂於施以教誨。

不過隱者並無機會擔負起這項責任來。因為彌伴雖然具有觀世音的印記，但他得自己去發現那種道理。

註釋

❶呼圖克圖：為蒙語「聖者」、「化身」之意，是清朝政府授予蒙古族和藏族地區藏傳佛教大活佛的封號。

❷箱子墊子：即是座位，藏人不用椅凳。

❸本波教：佛教輸入西藏以前的宗教，亦有稱為苯教。

❹人腿骨的號角：可以真用人腿骨做成的號角，也可以是模仿其形的銅器。

❺Inga，藏語「五」的發音，無相應漢音對譯，逕意譯「五」。

❻經旗：寫有佛經的旗子。

第二章

轉投堂叔　神童學佛暗打算

彭錯在屋外靠著牆坐在凳子上的時候，農夫巴桑的僕人跟著彌伴騎著馬回來了。這位前任隊長身邊永遠備有大棍子的。這時，一見兒子，勃然大怒，未容彌伴下馬，便提起棍子，跑上前去，抓住就打。

「別打，別打！他有隱居老爺帶來的信，請看一看！」僕人喊著。

「我有他的信！」彌伴也接著說，一面證實僕人的話，一面力圖擺脫。不過彭錯的棍子依舊繼續打了下來。

小流浪者本是追尋彼此相愛之國的，這時急了，注視著彭錯，大聲喊道：「不要打我！你沒有權利打我。彭錯，你不是我的父親！我是觀世音的兒子，你聽見沒有！」

彭錯一怔，鬆了手，彌伴乘機逃走。逃到相當距離的時候，轉過頭來，紅著臉，罵了幾句：

「彭錯，你不是好人，竟敢打我！你也配？我在天上的父將要罰你。他那千隻手要打死你，十一張口要詛咒你！」❶

彭錯呆愣住，簡直莫名其妙，這是什麼地方？這樣不敬的小傢伙，這樣不服管，這樣大言不慚，也許是什麼妖魔借屍作祟，前來搗亂吧！

他還沒有清楚過來，章珀爾聽到喧鬧，趕了出來。

她一看到兒子，便親親熱熱的抱在懷裡，孩子也很馴順的貼伏著。但她帶他往家裡走時，彌伴猶豫了——他不想進這個家。

章珀爾也不明白了。丈夫打彌伴已經不是第一次了，多佳挨打的次數也一樣多——哪一個父親不打兒子呢？彌伴既因離家而使父母那樣操心，是的確應該挨打的。她當然歡喜他回來，然而又不能說丈夫教訓他不對。現在彌伴竟敢直呼父親的名字，面斥父親，這樣的大膽是由哪裡學來的呢？不過她看見小淘氣回來實在是太高興了，她無法思索這個問題，或者對他嚴厲了。

「來吧！」她說：「我領你到神龕，給你一些茶；我擔保，你父親不會追到那裡打你的。」不待彌伴回答，有力的母親一下子把他抱在懷中走了。

他沒有反抗，只附耳說道：「喝茶也給一些紅糖嗎？」

「給的。」章珀爾應允著。

勸彭錯勿追彌伴至神龕不是件難事。兒子所說的怪話縈繞於他心裡不能拔除，沒有任何人說過那樣的話，誰會自命為觀世音的兒子呢？那簡直是褻瀆了！

彭錯一面想，一面念著「唵嘛呢唄美吽」，以圖避免觀世音的憤怒。因為菩薩雖說慈悲無量，有時也是會現出憤怒相的。

彭錯並不是一個虔誠的人，即使念「唵嘛呢唄美吽」六字真言，也不是他的習慣。他的脾氣本是暴戾而無紀律的，他喜念蓮花生祖師的真言「唵咕啦蓮花成就吽」，最末的「吽」是憤怒的神秘表示，一經喊出，房屋為之一震。通常只在他喝醉時，才可以激發他一點虔誠的態度來。

根據聯想律，彭錯一聽到觀世音，即想起他的堂兄弟希若那個卜者來。他不大喜歡希若，所以彌伴失蹤的時候並沒有找他占卜。然而心底承認希若是個很有學問的人，精通十分繁難的法事，而且譽滿一鄉。彭錯也是常識豐富的人，有資格懷疑這位弟兄的科學知識，因而對他的聲譽懷著忌恨。這便是不喜歡他、不大找他的一個理由。

可是現在的情勢是嚴重的。彭錯看了隱者的信，讓他更加的無所適從。信中勸他讓彌伴奉教，而且說他看見了孩子的前額具有顯者的貴相。這是和他初生時那些瑞兆相符，而且他自己現在也說他是觀世音的兒子了。

彭錯並不知道，關於觀世音之子的話，是彌伴在林間遇到的行者所說的。彌伴雖然告訴過隱士，但隱士並沒有在信上提及。所以彭錯聽見兒子的宣告，萬分不安。他曾相信兒子是某一大師轉世，但法輪寺的當局未加理會。兒子也許真的不凡吧？倘若如此，他還不必完全失望，他還可以希冀作真正呼圖克圖的父親的資格，優遊天年。

這的確是一樁嚴重而緊急的事。彭錯雖然慣於信恃自己的智力，但此時也感覺到有和人商量的必要了。放眼望去，能夠商量的人只有堂兄弟希若。

於是找來章珀爾，教她預備好幾塊上選的乾肉，四十幾個雞蛋，一口袋釀酒的發酵青稞，以便次日早晨帶著拜會希若。

占卜者希若

次晨，彌伴的父親騎上預備好的馬出發，前面走的是馱著禮物的騾子。希若住的地方離彭錯的田庄不到一天的路。

希若身體碩壯，樣子可怕而好笑，內心藏著奸詐，娶有兩個太太，大太太是與哥哥共有的。哥哥與他一樣，也是個喇嘛，但脾氣平和，虔誠而無惡意，住在一所樸素的房子裡，四周都是他的田地。兄弟共有的妻子娜金瑪，曾與這位聲譽較響而且年輕的丈夫住過很長的一段時間，辛辛苦苦的幫他治家治產，使他安心學法學卜，可是當他有了財富以後，忘恩負義，不但沒有有福共享，還另外娶了一個具有姿色的寡婦。寡婦嫁人，也是貪圖他在占卜界的名聲。於是娜金瑪在希若家裡變成了陌生人，不得已，只好回到老實的丈夫那裡去。新太太陪瑪的性格與希若無獨有偶，貪而狡猾，很巧妙的管理家庭，並宣傳丈夫的本領。

陪瑪看見送禮的來了，趕忙牽住馬頭，說道：「伯伯彭錯，快請進來，你太客氣了。占卜先生一定喜歡見你的。」

彭錯走上粗糙的石階時，希若幾名年輕的徒弟忙著卸下騾子馱著的禮物，並將騾馬拴到槽上。

希若見彭錯進了屋子，喊道：「啊！想不到老兄你來了。請坐，請坐，歇一歇，喝點茶。」

剛一坐下，進來一個十歲的童子，按照規矩，恭恭敬敬的舉起一把銅茶壺，舉得與肩一般齊。彭錯坐在厚厚的墊子上，面前放著矮桌，桌上有陪瑪放好的銀蓋蓋碗。童子輕輕在碗裡斟上茶。

希若問道：「你的身體可好？」

「謝謝，好得很，」彭錯說：「你的身體也好嗎？」

「好極了。」

童子們搬著彭錯的東西，進了隔壁的廚房，彭錯聽見了，也跟著過來。解開口袋，陪瑪端了盤子，放了上好的肉與雞蛋，又把發酵的青稞倒入筐子裡，然後叫童子們拿了獻給師父。

童子們已經慣用這種禮節，把盤子、筐子送到坐在床裡的老師面前。

彭錯跟著進來，從懷中掏出一幅白哈達放在禮物上面，裝著很謙和的樣子說道：「我給你帶來一點小禮物，可敬的占卜家。」

「這樣好的東西，你太客氣了，老哥，難為你了，費這麼大的勁帶了東西來。」

「一點也不費事。」彭錯客氣的說。

「坐下歇一歇，喝點茶吧！」希若說。

陪瑪一揮手，童子們將禮物搬回廚房，只有哈達留下，放在主人面前的桌角上。

另一個童子進來給主客兩人斟滿了茶，又倒退著出去，剩下兩人在一起。他們靜靜的喝著茶。

「占卜家，我特為一件不尋常的事來找你商量。」彭錯先說了話。

「敬聞大教。」

「那是關於彌伴的。他的行為不可捉摸……」

於是彭錯敘述一切，不厭其詳，他如何坐在豹子面前，如何因保護豹子而受傷，結果不說話，不見了，又回來了，以及功德海寫給他一封信，說樂於收彌伴作佛徒弟，教他佛法，最後，彌伴如何否認他的爸爸彭錯，宣稱自己乃是觀世音的兒子……

彭錯說完以後，希若說道：「唉喲喲！這簡直是出奇的事！除非這一切都是惡魔所造成的幻想。」

「法輪寺的人一定是錯了，」彭錯又接著說：「彌伴真正是個呼圖克圖，降生的瑞兆已經表明了。」

「除非他是惡魔投生的，」占卜者重複駁辯著，「這樣的事情是有的。著名的活佛住巴・衮雷不是在一個好人家中發現過一樁這樣的事嗎？父母所生子女都夭折了，只有小兒子茁壯成長。衮雷知道那是怎麼一回事，預言他長大了必會殺其父母。他教母親將兒子投入湖中，母親有些不忍。但父親卻很相信，抓起孩子，投到水裡，當場即變成黑狗，浮水跑了。」

彭錯答道：「那自然是可怕的事，但彌伴若非死後被魔鬼借屍復活的話，他也不會是一個魔鬼呀！也許某一個不懷好意的巫者知道自己老了快死了，因而拋棄自己的肉身，附上彌伴屍體而還魂——不管是他害了彌伴，還是遇上彌伴已經死了……這一類想法曾經在我的心裡浮現過，可是找不出什麼根據來。彌伴並沒有死。一切惡魔巫者借屍還魂的故事都是古史，現在沒有那樣的事情了。」

「現在，我們應該仔細思索。我們應該如何幫助他證明他的真面目而復登法位？我應該送他去找隱者嗎？隱者是有名的巫師，你想他會在那裡學了法術，獲得『神通彌伴』的法位嗎？」彭錯依舊堅信彌伴一定是個活佛。

「老哥，你的腦子充滿了妄想。」占卜者突然打斷他的話，「法輪寺的人已經選好他們的喇嘛了。他登法座已經六年了。達賴喇嘛已經承認他了。繼位的問題已經解決了。我說，你別妄想，快將那些想法拋棄，籌畫一個合理的法子吧！」

彭錯不禁嘆了一口氣。然而他是來找人出主意的，該聽一聽人家的想法才對。

希若把腿盤得緊一點，挺出豐厚的胸脯，理一理肩上的袈裟，裝出權威的樣子，對著彭錯說：

「你一面敘述關於孩子的奇怪事故，我即一面用慧眼看出了他所應該遵循的路線。他降生的時候，你沒有找我替他算命，你就錯了。那時你們兩口子都相信看見了什麼瑞兆，輕視我的學術。然而我們到底還是弟兄，我替你設法補救吧。可是，以後你要老老實實的信我。送彌伴去找隱者是個笑話！我們自然都尊敬他；然而，一個苦修的人對於家屬有什麼好處呢？倘若你那個奇怪的孩子要想承繼師父的衣缽，要在他死以後住在岩石底下的茅屋，你不要養活他一輩子嗎？你是不是打算那樣呢？」

彭錯一句話也沒有說，但面部表情很清楚的證明，這不是他所希望的。

「你那兒子是有宗教趨向的……」希若繼續說。

「我沒有發現什麼，可是功德海大師相信他是有的。」彭錯回答。

「那沒有關係！」希若果斷的說道：「你有大兒子繼承產業；倘若小兒子當了僧人，當是你的光榮。然而當僧人並不見得沒有財富，我要教他習占卜，你以為如何呢？」

「占卜……那不壞呀！」彭錯宣稱：「你的地位是人人羨慕的呀！老弟。」

「我的地位乃是得自我的知識。」希若一臉嚴肅，「彌伴打算有一天要和我一樣的話，他必得先具大智力，而且精進不息。我可以好好的教導他，因為他是你的兒子。你把他帶來，我即請丁雷活佛將他收在寺院。他算我的徒弟，與我同住，我好教他。」

彭錯默默的盤算著。隱士那邊只需供給彌伴的伙食就夠了，而且苦修的生活所用也有限。但希若這個師父是完全不同的，他跟他的太太生活都奢侈。將兒子交給他，父母要供獻上等的食物，而且還得送錢才會使希若關心徒弟，不致打發他去做苦工。同時，管理廚房的師母也要賄賂，她是按著送禮多少來分食物給徒弟們的。按節送禮？也許是一疋做衣服的布帛，也許是一串珊瑚項圈。接受這個辦法要很花錢；這一切都需要鄭重考慮。

另一方面，彌伴的特殊性格預兆著要給家中找麻煩，他不愛在田間做工是可斷定的。他雖然還小，可是遊惰的個性已經出現了。貪吃是很明顯的。最近又表現了暴烈的脾氣，不服父親的管束。他若長大有了力量的時候，將要怎麼辦呢？

讓他學佛是一種解決的辦法。求學進步以後，一定可以加入富有廟產的寺院，省得父母再行供給。倘若成為一個占卜家，地位更顯要百倍，富裕的生活是沒有疑問的。當父親的不但可因兒子有學問而光榮，而且也可沾一些豐衣足食的光。彭錯的心裡浮現著，老年如何舒服，如何酒足飯飽，吃得順口。實現這樣的展望，眼前做點犧牲是值得的。

彌伴的父親從白日夢裡醒來，下定了決心。

「就那樣辦了，可敬的占卜家。幾天後我就將彌伴帶來。我希望他在你的教導之下，能夠很快的學得知識。」

希若拍了一下掌，一個童子聽見拿進茶壺來。

「酒！」師父發出命令，將童子打發出去了。

幾分鐘以後，陪瑪拿來兩個碗。每一個碗邊上都有三處抹上了一塊酥油，那是吉祥的象徵，而且三塊的意思是說連喝三碗。

每人面前放下一個碗以後，她又回身取來一個瓦酒罐。因為丈夫是喇嘛，先恭恭敬敬的給他斟一碗，然後斟給彭錯。兩人喝完以後，陪瑪依次復斟，再喝，再第三次滿滿地斟上。及至斟完第四碗，她便拿著罐子到了另一屋子。因為第四碗以後，可以慢慢的喝，禮節算結束了。

忖度著兩人私談已經結束，陪瑪復又進來，自己帶著一盅茶，坐在旁邊的墊子上。三個人因為事情辦得愉快，談話也甚為投機。

於是，那個心存仁愛的彌伴，就這樣被決定學習占卜了。

彭錯回到家裡，將有關彌伴的打算簡單告訴了太太。話說得直截了當，沒有一點討論和反對的餘地。章珀爾雖然不願意兒子離開她，可是他將來有望當名喇嘛，她也只好忍痛答應。

在西藏當喇嘛有很多的方法可走，有的是在物質上發財的路子，有的是在靈性上進修的路子。當了僧人，什麼興趣都有發展的餘地；即使任何興趣都沒有，也可以過得舒舒服服的。這就是彌伴的母親對此事的看法。

當然，她對兒子的聰明是欣喜、肯定的。他不是甘落人後的人，他會成為一個道貌岸然的占卜家，像希若那樣受人尊敬，那樣收入豐富；也許會比希若的地位還要高，報酬還要大。另一方面，他的古怪性格也許能成就靈性上的造詣。

章珀爾在心目中看到他越升越高，神秘的光罩著他——有如降生時照滿屋子的那種光，有如他在林邊舉手說「五」時圍繞他的那種光，有如（她所未知）他與豹子為友、四目對看時照滿林間的那種光。

彌伴入寺為僧

彌伴和一個僕人跟隨父親，策馬過山。僕人牽著一匹騾子，馱著學生的食物以及送給師父的禮物，除了師父的禮，還有母親章珀爾送給師母陪瑪的一疋綢子，以求她對兒子多加點慈愛。

彌伴自然沒有參加意見的機會。在西藏，為孩子選職業乃是父母的事。彌伴聽見要離開父親去學習占卜，表面上漠不關心，心底則是高興不已。他在漠不關心的背後，正隱藏著與彭錯打算相反的大計畫。彌伴一面騎在馬上，一面在想如何逃跑。

占卜家的住所，離商隊由拉薩赴印度的大路並不很遠。許多香客也走那條路。他以為，有些旅客足跡一定到過彼此相愛之邦。最少會有人到過此邦的邊境，或者知道它在什麼地方。他打定主意，決心忍耐。他在正式問路以前，應該長得更高大一點，真正像一個香客。

這段期間，他可觀察過往的商隊，伺機溜進紮在堂叔家附近的帳幕，聽取他們坐在火旁的晚餐對話，間接詢問他們，相信不久便可知道應走哪一條路……到那時候，他就可以逃跑，再也不回來了。他這樣遐想時，獨自漫遊山野的情景又重新在記憶裡復活起來，燃燒著他的心。啊！能再次享受自由的味道，再次避開惡者，趨附那些知道怎麼慈愛的人們，該是何等快樂呀！

此時，他只是高興離開這個彭錯——自命為父、敢於打他的這個彭錯。他並沒有想到要問堂叔關於彼此相愛之國的事，本能的把他放在不可信任之列了。

這時，希若的心被討厭的夢擾亂了。他夢見自己躺在家中的供桌前面，彌伴進來，很無禮的從他身上邁過。此後，彌伴去到一個舉行密法的小屋邊，其門自開，入後自閉。這實在是個不祥之夢！

占卜家所能找到的好解釋，就是彌伴的聲譽要超過他了——不管是哪一類的聲譽。這樣的未來，不會令他高興的。於是他開始後悔，不該答應收彌伴為徒。然而，人家正為求學送來很貴重的禮物，他也不便食言。而且陪瑪正在收藏彭錯送來的大米、麵粉、昨日才殺的肥豬，絕對不會允許他璧還不收。他以為將來要有很多的困難，他應該小心謹慎。不過，他還有的是時間籌畫預防之策。因為彌伴只是一個孩子。

希若、彭錯、陪瑪三個歡聚了兩天，彌伴也與別的徒弟在廚房裡大吃大喝。他數了數他的同學，共有四名，年齡不同，性格也異。師母不在的談話，使他知道他們是過著什麼樣的生活。

師父家裡要做的工作很多，而且根據幾百年的傳統，徒弟就是聽差。學經的時候很短，武斷的陪瑪很快就分配好工作給他們了。他們要牧牛、撿柴、汲水，在天亮以前生火，預備早茶，送到師父師母的床前，以及許許多多別的工作。

彌伴忖度著他所聽見的話。彭錯走了以後，他將得到什麼樣的待遇呢？他不禁自問。又是好奇，又是不放心，但絕大部分是漠不相干。這一切又算得了什麼呢？反正在此的日子是不會長的。房子附近不是靠著一條路，可以走到很遠的地方嗎？即便商人停了下來，他依然可以走下去，一直走到他所希望的地方……他要逃跑，那是一定的。

在彭錯離開以前，已經辦好彌伴入寺的一切手續。占卜家要到他的寺院請示方丈，方丈會允許收錄彌伴是沒有疑問的。

每一件事都如所料，全辦到了。

彌伴所要加入的寺院，一點也不像法輪寺那樣富麗堂皇——即彭錯原來希望他升坐法位的那個寺院。

拉頓子寺屬於紅教派❷，允許娶親喝酒。那寺建在高高的山上，下面即彌伴的本村，名叫扎斯塘。幾年以前，彭錯為彌伴候補法輪寺法座的事請僧人作法，就是從拉頓子寺請來的。

彌伴的入寺禮因為觸動了舊事，大大減輕了彭錯心中安慰的份量。至於彌伴，要不因這新的經歷而快活，便不算是孩子了。他穿上有生以來從未穿過的衣服，接受著家中親友送的賀禮，變成了儀式的中心。

他也知道，當了僧人就算提高了地位，可以享受原來得不到的權利。他可以享有優越的座位，可以比他仍在俗家的哥哥坐得高一點，而且自命為父親的村長再也不敢打他了！因為打僧人乃是罪孽深重的事。

彌伴在這喜慶的場合所著的法衣，使他變成古怪的樣子。鄉下人對於用錢是十分謹慎的。為了給正在發育的孩子做一套合身的制服費盡苦心。今年合適，下一年便不能用了。這對彭錯來說，似乎是不可想像，沒有道理的。

然而無論如何，既入寺院行禮，就得非有服裝不可；而且為了家庭的面子問題，他要穿得「很好」。所以占卜家很夠意思的伸出援手，在行禮的那天，將他最好的服裝借給了彌伴，彌伴穿上裙子、背心、袈裟這三件法衣。

占卜家是又高又胖的人，彌伴則是瘦小的孩子。喇嘛的制服穿起來可大可小。裙子是縫起來的圓筒，用帶子緊緊束在腰間。多餘的部分可以反折用帶子束緊，垂落下來。垂下來的部分若和原裙下端比齊，那裙子就減短了一半。所以，小孩子可依這種方法穿成人的長裙。背心下端塞在裙子內，用同一腰帶束緊，故亦不拘長短。至於袈裟，因是一疋布帛，隨意繞在肩上多少層都可以，更無問題。

農民習慣將就，所以看不出什麼可笑的地方。可是彌伴這樣裝束起來，的確像是一個會走的布帛球。下面露出找不著腳的大靴子，上面小小的頭與背心的領子爭著地位，隨時都有陷落在袈裟裡面的危險。

佛殿的供桌上點著許多酥油燈，前面兩邊分排坐著僧眾，彌伴很不自然的從人群中間走到法台的座前。彌伴的頭髮已於昨晚剃光。這時，法台一面念經，一面作出剃髮的模樣，而且將髮拋向空中，作為一種祭品，紀念釋迦抽刀斷髮拋向天空的典故。

這樣一來，便算成就了彌伴脫離俗世、加入僧寶的禮節。鼓聲、管聲、鈴聲齊聲慶賀，使他先在接近法台的一端上座坐一坐，然後來到靠門的最末一座坐下。趺跏坐在厚墊上，頭抬得直直的，自豪至極。因為他現在可算是一個「人物」了。

彭錯借飯宴請僧眾，乃是禮節的最後一幕。次晨，希若將彌伴帶回家裡，開始了他的學生生活。

讀經牧牛的徒弟生活

「彌伴！快來這裡，我要教你念經。」

彌伴趕緊喝完茶，離開廚房的墊子，走到占卜家的床前。

希若看著徒弟叩完頭，鄭重的說：「你要學經了，好好的聽。」於是大聲慢讀：

「vdi-skad vdi-skad……跟著念！」

「vdi-skad。」彌伴說。

「好！bdag-gis……再來！」

「bdag-gis。」孩子又跟著說。

「vdi-skad bdag-gis ……跟著說！」

可是彌伴不說了，只是怪模怪樣的看著老師。

「啊！」老師說：「這就忘了！聽著，我再從頭兒念。」

然而老師還未讀出第一音節的時候，彌伴便趕快道出：「vdi-skad bdag-gis gis thos pa。」

「我的天，」希若喊了一聲，吃驚不小，「我還沒有教給你那麼多呀！」

他想起他的夢來了，恐怕彌伴是有些來歷的。

「……dus-gcig na……」彌伴乾脆又繼續說了幾個字❸。

彌伴在上第一課以前，在門旁、在廚內，已有機會聽見師兄們念誦一些不可解的字句，因為記性很好，都給他記住了。所以老師給他第一個字，已使他猜想出哪一句，便自動的讀出下面的字來。

希若在昏眩之餘，急忙發下命令：「去去去，到廚房去，嬸嬸會給你一些工作……明天要背誦你的功課。」

彌伴鞠躬而退，正好陪瑪在打發兩個徒弟入林伐木。所以希若告訴彌伴：「你同他們一起去，撿回一捆乾枝來。」

第二天，彌伴又坐在老師的面前。老師說：「背出昨天教的經。」

彌伴背出：「vdi skad bdag gis gis thos pa dus gcig na。」

希若依然沒有明白這是哪種「奇蹟」，可是已慢慢恢復常態了。所以對彌伴說：

「好，你很聰明，我教給你四個生字，像你的師兄們我都只教兩個生字。明天你要背給我聽。那麼，聽……」

「你讓我背誦的是什麼意思呢？」彌伴打斷話頭，很鎮靜的詢問。

占卜家希若莫名其妙了。西藏的孩子，任何時候也沒有問過這一類的話呀！

「你出去吧，嬸嬸會給你一些工作。」他想就這麼打發了彌伴。

可是彌伴沒有動，他依舊注視著堂叔，使希若感覺到有被輕蔑的嫌疑。於是震怒道：

「滾！滾出去，不然我會打碎你的骨頭！」

看著孩子依然沒有動，乃抓起面前一件順手的東西，抓起一只用作茶盤的厚銅器，擲向彌伴。彌伴閃了過去，只聽見一聲「噹」，銅器沉重的落在地上。他不慌不忙的離開屋子，而且沒有行禮。

希若很希望打發走這個搗亂的孩子，可是一跟太太提及，她就不答應。彭錯的初步禮物既然那麼貴重，以後為了孩子的學業將會有更重的報酬。丟了重酬不要，已經可惜；傷了一位親屬，一位在地方有財有勢的親屬，更是加倍的不划算。

彭錯怎樣欺負屬下的百姓，占了別人的便宜而恢復他已失去的財產，希若是明白的。所以他不想與彭錯為仇，以免他設法中傷自己。另一方面，他也忘不了關於彌伴的夢景。

倘若怕彌伴取而代之，不正應該將彌伴控制在自己的權威之下，使其不得出頭；再加上處處防範，少教功課，使其不知巫術的密法不是更妥嗎？倒是彌伴離開，將會得法於人，因而懷恨驅逐他的堂叔，這才真危險呢！所以從各方面算計起來，彌伴是走不得的。

彌伴就這樣住下了，住在緊靠通往遠方而且具有引誘性的大路邊。他並沒有太令人討厭的地方，只不過不去採樵而已——其堅決性就好像一匹不受命的騾子。他說：「樹枝對於樹幹，有如四肢對於人身。砍青枝就是戕害樹木，會使樹木痛苦。」最後，陪瑪只好讓他牧牛，他對於牛則是愛護備至的。

他的另一種怪癖是吃素，以為動物好生，殺生未免殘酷；可是在西藏，五穀缺乏，只有有道的喇嘛以及少數特別虔誠的俗家才能禁絕肉食。然而希若與陪瑪除了虛情假意的勸解以外，並不堅持他非得吃肉不可；因為彌伴的節約到底是對他們有利的。

不過，彌伴的節約只限於肉食。他的食量十分好。他在家中，母親常給他甜的吃；在這裡，他想吃卻吃不到。他個性沉默寡言，對夥伴勸他參加的遊戲毫無興趣。

他坐在林間看牛的時候，常常想起給彭錯放牛的日子，想起如何遇著了豹，受了傷，逃入山野，遇見管他叫「觀世音的兒子」的瑜伽師，還有在隱士茅屋中度過的一夜等往事。然而，月復一月的過去，這種記憶也就暗淡下去了。對於「彼此相愛之國」，他也一天比一天想得少了，逃跑的欲念變得不太堅強，慢慢的也就忘了。

另一方面，他的意志一天比一天強，已經集中在唯一的事物上，那就是非得讀書不可。只可惜，希若的教學方法，以及一切西藏老師共同遵守的方法，都不能很快進入知識之門。

徒弟一面服役，一面默誦老師在早晨所授的簡短課業，以便第二天早晨再背出來。倘若背不出來，就是一頓鞭子。所以，他們默誦的音節，一天比一天多起來，以致把全書都記在心裡。記住一本，再來一本，從不了解一字一句的意義是什麼到全盤了解。

認字也用同樣的方法。初步練習，認得三十個字母以及五個元音的寫法以後，就慢慢學習較繁難的字，學了字母以後，要練習數百頁的拼音，才算會讀音節。這樣，便算「會念」了。便可因此而受到鄉民尊敬。至於有人能夠讀經，分出句讀，更可以算是學者了。

在城市自然不會這樣。因為那裡有通文的喇嘛、政府的官吏、富足的商人，以及他們的書記。只有山野的村民、草地的牧民，才會如此的孤陋寡聞。

彌伴不得不遵守現有的教育制度，也就是不問所背者意義如何，或任何其他的問題。然而希若根本無法實現他的希望。孩子的記性非常之好，凡是聽過見到的便永遠不忘——不管是希若教的，或是念經時被竊聽到的，還是作法事的。到了他能拼著音來讀的時候，老師所藏的一切經卷，很快便都被彌伴記在心裡。

徒弟為師父賺得不少面子

希若對於彌伴雖然心懷疑懼，怕他有朝一日壓倒師父。可是為了師父的虛榮，也不得不在村人面前炫耀這樣出色的徒弟。當他出去給人家念經的時候，不管是為死者開路，為生者祈福求財，還是驅魔趕鬼。他這徒弟都給他賺得不少面子。彌伴具有少年老成的威儀，沉重宏朗的韻調，的確是一個喇嘛的理想助手。至於占卜，希若依然沒教，因為他根本就沒有這個打算。

彭錯那裡對於此事並不追問，因為孩子今日的成就他已心滿意足了。這當然要歸功於師父善於教誨，所以他對於師父是完全有信心的。他和朋友閒談，杯酒之間，會很高興的說：「彌伴的前途無可限量啊！」

凡是彌伴所參加的法事，辦完之後，東家自然也分給他一份報酬。報酬大半是東西，有時也給錢財。但東西都被陪瑪拿去，補充家計；錢財則被希若追出，不給徒弟。

有一件事使希若十分生氣。彌伴不但自己不吃肉，東家在法事完畢後送給他的肉，他也絕對不要。關於這一點，彌伴十分堅決的。在希若看來，放著一塊牛後胯或者一塊肥豬肉不要，簡直是混蛋到極點。所以他不得不勸人將給徒弟的那份加在他的身上。然而許多時候，會打算的村民，便利用此機會給他較小的一塊，這使貪婪的占卜夫婦為之氣結。倘若他們知道了另一件事，不知他們的反應會是如何。

彌伴的聰明才智並不亞於他的記性。每當有錢可得的時候，他會單獨與主人或主婦談判，說服他們，像他這樣通經奉佛的孩子不該沒有私房錢。買紙買墨都需要錢。用這些來抄經不但是自修之道，也是功德之事。他們所知道的嬸嬸陪瑪簡直節省得過分。她所預備的飯食，對於終年吃「淨」（素食）的為善童子是不夠營養的。為了維持他的精力可以走上神聖道路，他不也該偶爾用錢買一些甜食，如蜜餞水果、糖食糕點以及糖球之類補充體力嗎？這些東西不但可以幫助他自己，而且也是每天獻給本尊護法的祭品呀。供獻這樣祭品的所有功德，東家自然功不可沒……

他說的話入情入理，聲調甜脆，表情溫婉，鄭重而動聽。主人們雖只疑信參半，可是男主人覺得他有趣味，女主人則未必不受感動，誰都喜歡有這樣一個聰明乖巧的孩子。所以他們總會在背地裡給他一些銅錢，甚至有時給他一圓銀幣。所以他的錢財在彭錯與希若不知情中，慢慢積蓄了起來。

註釋

❶這裡指十一面觀音。

❷西藏佛教主要分為四大教派：寧瑪、薩迦、噶舉、格魯；每派均有俗稱，分別是：紅教、花教、白教與黃教。至於西藏的原始宗教本波教，俗稱為黑教。

❸藏文vdi-skad bdag-gis gis thos pa dus gcig na乃一切佛經起始之句，即「如是我聞、一時」是也。

第三章

觀音兒子　巧遇佳人入官邸

彌伴已經十三歲了。希若仍舊怕他取代自己的地位，所以還沒有教他占卜之學，而且也不會教給他。但這個奇怪的小傢伙，命運已經另行決定了。

彌伴命運的初步預兆在一個晚間展開了。一名拉薩商人是彭錯的朋友，到不丹探親回來，同女兒出現在希若的門前。彭錯曾經託他代購該處特產的一疋厚綢，以備親身送給希若。但商人到來的時候，正當彭錯以村長的資格忙著收稅，所以又託這位朋友多繞一路，來到希若的家，代為致送。

丹津是一位富有的商人。他有騾隊運貨，除了在拉薩總行以及西藏各地的售貨所之外，還在內地的西寧、湟源、北京以及印度的加爾各達擁有分行。沒命貪財羨富的希若，對於這位貴客的光臨招待得格外周到。

彌伴已在家裡見過他幾次，至於他的女兒則不曾見過。女孩子跟著父親旅行本來就不是一件尋常事，不過她的外祖母一定要看一看她，所以丹津與前妻的弟兄輩商辦營業的時候，才順便將她帶來。郎舅與他一樣，也是一個商人，而且與其岳父母同住，此行正好兩得其便。

她此次可是破題兒第一遭出遠門旅行。在她父親所領導的一行人之中，她是唯一的「女人」。她的名字叫卓瑪。西藏的女孩子叫卓瑪的固然很多，然這並不妨害她因此名而自豪，以為救苦救難的度母❶對她特別厚愛。也許因為她沒有享受過母親的愛，所以才將可以得自於母親的一切想像寄託於度母。

母親生下卓瑪幾天後就過世了。丹津十分珍愛他的太太，並不打算續弦。鰥居三年以後，才與一名商人的孀婦姘居。這孀婦有本領，有名譽，能打會算，善於經營。她沒有兒女，可是自身有很好的一筆財富，而且承繼了丈夫的產業。丹津與她合而為一，對於彼此營業大為有利。他倆彼此相敬，相處甚樂。她的名字叫采郎瑪，並沒有因為與丹津同居而生下子女，所以對於卓瑪也鍾愛備至。

丹津雖很疼愛女兒，然而在心靈深處總不由惋惜卓瑪不是男孩子。倘若她是男子，父親年邁而倦於長途跋涉的時候，便可以代替他的地位領導商隊；且在他與世長辭以後，可以承先啟後自家的事業。他想，這種遺憾是可以補救的。卓瑪本是機警聰慧，加上繼母的教誨，她可以練出本領，經營西藏以內的業務；當其結婚以後，丈夫更可支配對外貿易，管理商隊。所以，他應該找一個女婿，贅在家裡❷，以盡兒子的職責。

他急於要給卓瑪選擇的丈夫，應該是既和善又聰明的。這個女婿應該出身於好的家世，但必具備一種條件，願意離開自己的家而入妻子的家。他考慮幾個人的結果，想到彌伴的哥哥多佳。多佳快十八歲了，身體魁梧，面部俊挺而爽朗，個性積極而活潑，對於打獵爬山，甚有經驗，當然不會因長途跋涉而氣餒。

丹津此次會見彭錯的時候，已探詢了一下他的口氣。彭錯有些遲疑，因為多佳本是長子，應該承繼父統，而入贅他家的，照例應該是最小的兒子。然而彭錯還有兒子彌伴，可以占卜出名而顯揚父母，況且他所加入教派，允許娶妻生子，不難承宗繼祖。若答應了丹津，則兩弟兄都有便宜可賺，所以他就答應了。

初遇小「仙女」卓瑪

丹津幫助女兒在希若門前下馬，便將她交給女主人。女主人將她帶到廚房，彼此協助，給客人預備好酥油茶，然後以主人的身分給客人與希若斟了幾次茶，即坐在那裡鑑賞彭錯送來的綢子，以及丹津自動加上的一些禮物。丹津也替章珀爾帶給彌伴一大塊解饞的酥油炸糕，可是卻給同樣嘴饞的陪瑪據為己有了。她一面藏起一半，一面用盤子向客人獻出另一半來。

隔壁的廚房裡只有卓瑪一人獨坐，靠著火，面對矮几，几上放著一碗茶，一袋糌粑。

希若的徒弟在林野工作完畢以後，回家的時候到了。可是他們都喜歡在外面流連、玩耍、談天，但彌伴很少加入。他的生活環境，使他的個性——博愛本能與清醒頭腦——慢慢的沉悶起來。他現在頗以博讀強記自豪，兒童的虛榮心，促使他背得越多越好，以便在村夫面前高聲朗誦，博得驚嘆。他相信師父最精采的本領不外會背而已，至於世間有否別的學問，已然非他所求了。所以他暗懷著與師父競爭的心，盡可能提早驅牛回家，以便藉著廚房的火記誦所有的經籍。

所以這一次他又比同伴回來得早些。時已黃昏，廚房幾乎完全黑了，彌伴預備生火當燈。當他走近火池的時候，紅灰裡的一根樹枝爆了起來，發出磷光，黃焰四射，慢慢伸長，裂成兩半，復又合而為一，擴大起來，變成火幕，籠罩在灰堆之上。借這奇光，彌伴看見一個意想不到的情景——廚房的另一角落坐著一位小小的公主！

這可使他吃驚不小。她那深藍的外衣裡面，露出兩重內衣的寬大袖口，一重是紅綢子做的，一重是綠綢子做的。胸前掛著一串很長的珊瑚圈，頸下赤金寶盒鑲著貓眼石，閃閃發光……這實實在在是個公主，也許是個仙女。她在這裡幹什麼呢？

彌伴在躊躇中前進幾步，到了她所在的角落。這時奇異的火幕已經不見了。他所看見的，只是一個捧著茶碗的小姑娘。

彌伴很快的明白過來，這是貨真價實的一個小姑娘，大概是同著客人來的。而客人正在與師父談話。他想，他若趨前靠近，她應該不會像童話那樣倏焉不見的。然而，他始終未敢前進。

小「仙女」將碗放在桌子上，開始笑了起來。

她問道：「你不是彭錯伯伯的兒子嗎？我才從你家中來，你母親給你帶來一大包糕點。是裝在我的馬鞍袋裡帶來的。」她加上這句，有點自命不凡的意思。

她站起來，走向彌伴，仔細的看了他一下。他則依然沒有動。火在此刻燃起來，照亮全屋。

「你穿得很好哇！」她一面說，一面作了個鬼臉。「你真是彭錯伯伯的兒子嗎？」

彌伴挺起腰，氣上來了。放牛沒辦法穿好的衣服呀！他的衣服是髒的，而且因為穿林過澗，也掛破了不只一處。然而他的同伴並不比他穿得好。衣服好壞不是沒有關係的嗎？他比她足足高過一頭，他知道應該怎樣回答。

「我是觀世音的兒子。」他趾高氣揚的說。

好強的小姑娘莫名其妙了。停了一會兒才說道：「達賴佛爺是觀世音。那麼他是你的父親嗎？」

「我的父親是你在廟裡見得到畫像的千手十一面的觀世音。」他嚴肅的說。

小姑娘更加莫名其妙了。彌伴達到報復的目的，看見這位膽敢批評他外表的小傢伙受了窘而大笑不止。

「你呢，你是誰呀？」他問。

「我是卓瑪。」她莊重的回答。

「那不能告訴我什麼呀！」彌伴說：「西藏的卓瑪何止千萬呢？」

小卓瑪氣得兩頰緋紅，樣子多麼嬌美呀！小公主的袖子紅綠相配，輕軟而翩翩，有如蝴蝶翅膀，而且珠寶藉著火光毫芒四射，多麼動人哪！

她秀色可人，使他無法再留怒意，她的玲瓏脆弱，也使他不忍再加攻擊。何況，彌伴的脾氣本來就不壞啊！

「啊！卓瑪，你給我帶來了糕點嗎？」他緩和了口氣。

「糕點是給章珀爾夫人的兒子的。」卓瑪很小心的回答。

「我就是她的兒子，」彌伴宣布，「我樂意與你分享。在哪裡呢？」

小姑娘回稱：「我一點也不知道。我只聽見我父親叫差人把口袋都拿到屋裡去了。」

彌伴聽見所有口袋連著他所關心的糕點都已拿進屋裡，便猜中八九了。客人的行李都是放在希若私室旁邊的走廊上。卓瑪的父親大概是在那裡打開他所帶來的禮物。當他打開的時候，一定有陪瑪在一旁看著，因為她的好奇是沒有止境的。假定那樣，則糕點的命運便算注定了。過去多少經驗，足使彌伴清楚明白。

但今天，彌伴決定了。他知道他有足夠的力量，可從貪得無厭的陪瑪手中奪回糕點。如果需要的話，即便鬥爭亦在所不惜。糕點啊……就是上天入地也非得到不可！得來以後，與卓瑪分享，她就會向他嫣然一笑……

彌伴還不滿十四歲，可是突然間變作成年了。一個女人已經闖入了他的生命。

「陪瑪嬸嬸，我來取母親給我的糕點，我要給卓瑪一些。」彌伴突然走進希若的屋子，語氣十分認真，和往常不一樣，變得強有力而鄭重。每一個字透露出堅定的意向，而且幾近恫嚇。他坦然且堅定的站在師母面前。

希若與陪瑪被他突如其來的舉動弄得手足無措。可是彌伴已經看見擺在丹津面前的一半糕點；另一半，不難想見是在哪裡。

「不必勞動您，嬸嬸，」他說，語調依然是堅決的。「我自己去取好了。」他直截了當的走到壁櫥，打開門，抓起糕點，隨即放進大衿裡。

這一幕不由得使丹津笑了起來，這個意志堅強的小傢伙，雖然不客氣了一點，可是使他欣賞。他看出女兒將來的小叔是個有學問有膽識的人物；他若有他協助，可在僧眾當中占有勢力，他一定會使親屬沾光，對於他們定會有所保護。

「這裡還有一些呢，」丹津微笑的指著面前的盤子。「你也可以將這些拿去。」

「我很高興將那些奉獻給你，可敬的商人。」彌伴說著還客氣的鞠了一個躬，不忘加強第一句：「我很高興將那些奉獻給你。」糕點是他的，他要奉獻出去。

彌伴將糕點拿進了廚房，即與新交的朋友共同享受了。這是將來重大結果的一個小小因素。

請答應『做』我的女人

丹津在那一晚應與占卜家同住一屋，陪瑪不得不讓位子給他，自己搬去廚房睡。彌伴及其同學則在廚房的另一角落鋪上一些破毯子，爛墊子；不久沉靜下來，所有人都入睡鄉了，除了彌伴以外。

他清醒的做著夢。他看見多年後，小公主出脫成窈窕少女，自己也成了一個偉人。至於他偉大之處何在，他也不清楚。依他現在的邏輯想像，總不外是有名有利。在邏輯的結論，便是卓瑪長成了，與他坐在富裕舒適的家裡。

夜深了，彌伴的眼睛盯在窄窄的紙窗上。藉著窗子的漏洞，他看見夜天的一角，星宿莊嚴的運行著。彌伴依然沒有動，只是被夢想糾纏得牢牢實實的。東方白了，曙光穿進破窗櫺，同學們都起來了，他們打著哈欠，伸一伸懶腰，同時發出類似小豬的哼哼聲。他們折一些乾枝子，生著火。兩個人背起水桶，走到溪邊取水。

陪瑪推開蓋在身上的毯子；她本來合著裙子與內衣而睡，此時又披上外衣。一面念著經咒，一面督導燒茶——她希望待客的茶要特別好。緊接著，小卓瑪也來了，穿好上衣，打扮裝束妥當以後，她一面候著茶，一面誦起度母贊來。

彌伴態度斯文，若有所思，捲起鋪蓋，便幫著同伴操作。他已不再做夢了。一夜的工夫使他暗暗下了決定。他每逢有所決定，總是勇往直前的。

大家吃完早飯以後，陪瑪打發徒弟們去做工。那天沒有功課，因為師父希若是陪著客人的。

然而工於心計的占卜家，希望讓他堂兄的朋友看看，他怎樣招待著彌伴，怎樣注意他的學習，以便傳到彭錯的耳裡，使彭錯因為感激而有所酬報。於是他喊：「彌伴！」

彌伴到了以後，他又說：「你的功課先候一候，等丹津先生走了以後再教。你且預備預備，不要出去。」

「好。」彌伴很恭敬的答了一聲，然後回到廚房，轉達師母師父的交代。當所有的孩子都入山割草砍柴牧牛去後，廚房只剩下彌伴與卓瑪。

「卓瑪，我有話跟你說。」他很有把握的先說了話。

「你說吧！」卓瑪回答。

彌伴四下一看，感覺到陪瑪隨時會進來，不大方便。下意識也以為俗陋不堪的廚房，不適於說那些話。他要說的話，是不能在那裡說的。

「來！」他隨即抓住卓瑪的手，往外走。

「去哪裡？」她問。

「來吧！」彌伴重複了一句，就將她拉到房外。

卓瑪隨著他到門外的大樹底下。

彌伴放開手，逼視著她的眼睛，說道：「卓瑪，我想你想了一整夜。你將是我的女人，我有學問，將來是個有錢有勢的人。要比我的師父希若，或者你的父親，或者彭錯，更要富足，更要重要。我會給你一所很大很好的房子住！請你答應『做』我的女人！」

小姑娘不免有點吃驚了。她實在沒有想到，彌伴會在這天早晨要求她嫁給他，一時不知該如何應答。

「答應是！」彌伴又逼了一句。

「父親不會允許我結婚的，我才十歲啊！」她最後答覆了。

「我知道，因為我也太年輕不能娶你呀。可是五年以後，我快二十，你就十五歲了！那正是一個女孩子的適婚年齡。」

「嗯，也對。」

「而且，你也應該明白，」彌伴接著說：「那時候我會比希若更有學問，也許同你父親一樣有錢了……」

「除此之外，你還是觀世音的兒子呢！」女孩子很有思想的說。

彌伴沒有想到卓瑪會這麼說。他的心突然震撼一下。這樣神秘的關係，使他接近卓瑪呢，還是與她疏遠，他不知怎樣答覆，可是倒引起了一種痛苦的疑慮。那想要住的華美房舍好像看不見了。

「是的，我是觀世音的兒子，」他低聲表示同意，「可是你要答應『是』！」

他不再命令了。語調近乎懇求，因為一種不可名狀的恐懼籠罩了他。

「是！」卓瑪說。可是說得不夠堅強有力、百折不饒，不到彌伴所希望的程度。

他突然抱住她，抱得緊緊的。她開始笑了。

「我們應該進去了，」她說：「我的父親飯畢即走，他是會找我的。」

「而且妳看見那一大盤煮肉了，妳要在臨走以前吃到一份的。」彌伴挑戰似的說。

「自然我要吃到一份的，」卓瑪莊重起來。「走吧！」

這一次是她在前引路，彌伴在後跟著走。他所預定的幸福，好像被秘密的不安之感所推翻了。

丹津正在與主人言別，卓瑪已在馬上；他一眼看見彭錯的兒子在她身旁，乃將手搭在他的肩膀上，很和藹的說：「你的父親是有理由因你而自豪的，彌伴。你的老師說你怎樣用功。盡量用功吧，就年齡而言，你已經念得不錯了。將來有一天，你會成為一個偉大的占卜家、學者、博士，承受世人的讚揚與恭敬。你什麼時候要到拉薩念書，我的家都隨時歡迎你。我相信，你是家族與朋友的好臂膀。繼續用功吧！」

彌伴喜不自勝。還沒有人這樣稱讚他呢！而且沒有再比這個時候的稱讚更寶貴的了。他偷偷的看了卓瑪一眼，她正歡喜得兩眼發光，諦聽著父親的話呢。

「謝謝您的關照，可敬的商人，」他回答說：「我會照著您的話做的。」

商人騎上馬，陪瑪牽著韁繩，送出幾步，表示敬意。

「請您歇著吧！」卓瑪對希若說。當她的馬要快步走的時候，她向站在附近的彌伴低聲說道：「是的，我說『是』。你會是個大人物！」聲音雖低，情感則熱。

彌伴入住土官宅邸

占卜家希若與其堂兄彭錯所隸屬的土官，決定要在他的官邸請人念《甘珠爾》經。《甘珠爾》是由梵譯藏的經藏集成。若請僧人在信徒家裡念誦此經，相信是有求福禳災的效驗的。

土官治下所有的寺院僧眾都被招進官邸，要花一個月的工夫來念《甘珠爾》一百零八部的大本經文，並且舉辦不同的法事。

希若與其徒弟加入所屬寺院拉頓子的團體，來到土官的家。

在那裡有個選拔過程，有的僧人坐在佛殿內部，組成唪經隊；有的沒有這種特權，只聚攏在殿門口的廊子底下。分類的標準以是否通經為斷。其中被人公認通經的，不加考問，即坐在殿內為喇嘛所預備的墊子上。至於年輕的徒弟以及年老的農夫，除了法服以外，沒有什麼可以稱為僧人的，則每人要考試一頁經，看看是不是能夠念。能念的即加入「通經」的一群；不能念的坐在廊子底下，由朝至暮要念一個月的「唵嘛呢唄美吽」。

小孩子並不因留在廊子底下而難過，因為在殿外可以享受自由，不像在殿內那樣嚴格。他們可以彼此談話、取樂，可是上了年紀的僧人發落在這一群喧鬧的小傢伙之中，則難免有羞辱的痛苦。

彌伴用不著害怕留在外面。當身著藍緞美袍的漂亮的書記考他的時候，他不甘心以能念知足，竟開始用沉重的腔調唪誦起來，就像經隊的喇嘛一樣。書記一聽，喪失了慣有的自信心。這個小傢伙是由哪裡來的呢？然而他怕一問有失尊嚴，於是住聲，指向殿口，意思是說，彌伴可與通經的並列了。

讀經者的集體，散而復來，日復一日，不但單調，而且喧鬧。土官的住所因為幾百人嗡嗡起來，也跟著共鳴，隨著振動了。

彌伴參加了唪經隊，一面在吃飯時享受著慈母送來的食物，一面思想著將來的妻子。他在那裡半月以後，一天中午休息時，繞著官邸散步，窺見了卓瑪與土官的五個孩子在園中玩耍。她這種出其不意的突然出現，難道是她的習慣嗎？彭錯的兒子依然懷念著出現在火幕背後的那個小仙子。她在官邸中做什麼呢？不是他看錯了吧？可是小姑娘看見他了。快樂的一喊，便迎上來了。

「呵！彌伴，你跟著你的師父念《甘珠爾》來了。」她說。

「是的。」彌伴回答，滿懷著自重的心理。

別的孩子走了上來。

「他是誰？」其中一個孩子向卓瑪問。

卓瑪沉思了一下，可愛的臉盤兒露出認真的表情，鄭重道出：「他是觀世音的兒子。」

「什麼？」最大的小主人驚異的問：「難道有人叫觀世音嗎？我沒有聽說過呀！」他是一個大孩子了，比彌伴年長，復又嘲笑道：「他就是我們佛殿裡那尊有塑像的觀世音的兒子嗎？」

「對，他就是那樣。」卓瑪回答，依然鄭重其事。

彌伴頗覺難為情。他越長越大，越知道村長彭錯的確是他父親；然而另一方面，瑜伽師告訴他的話，他也越來越相信了。他已知道這類人具有某種神通，可以看出一般人所看不出的事情來。那位瑜伽師似乎十分堅決；他，彌伴，一定是大慈大悲觀世音的兒子；不過箇中道理，就非他所能明瞭的。這種想法使彌伴更加謹慎起來，他斷定，若向俗人以及一般的僧眾公開這一類誇張的想法，不是怎樣適當的事。沒有知識的人們不會了解箇中意義，只會拿他開玩笑。只是，像現在這樣的場合，他又不能不支持卓瑪所說的話。

長公子已經養成尊嚴的氣度，乃急問他：「這是真的嗎？你是佛殿的觀世音菩薩的兒子嗎？」

卓瑪看著彌伴，等候著他證實她的話。他是不能否認的。

「我是。」他說。

「多麼出奇呀！」二公子年方九歲，喊了一聲，便拼命跑回家裡，將驚人的消息告訴母親，說園子裡有佛子出現了。

主母聽見孩子口出這種奇怪的話，不禁大笑。可是孩子生氣了，非證實他的話不可，乃牽了母親的手，將她帶到窗口。

不巧，當她到了窗口的時候，人們已經轉向房子的另一邊去了；而且念經的時候已到，彌伴也走進了佛殿。主母除了空空的草場以外，什麼也沒看見，不免重新笑了起來。「觀世音的兒子回到極樂世界裡去了。」她說。

小公子不喜歡被人笑。「不信妳問卓瑪，」他回稱，「她知道他。」

卓瑪的父親丹津是土官的主要代理商人。本來西藏不論僧俗，都喜歡利用餘財投資商業，以博厚利。丹津為人講信用，運氣也很好，深得土官的信任，而獲得深厚的友誼。土官夫人則更喜歡卓瑪，常留她住在官邸，伴著小姐們玩。

好事的小公子自然非要將卓瑪帶到母親面前，證明故事的正確不可。主母問及卓瑪，卓瑪一五一十將彌伴的事報告出來。她說，他是占卜家希若的徒弟，非常有學問，她曾屢次聽他自己說，他是觀世音的兒子，而且她也相信，那是真話。

主母動了好奇心，將占卜家找來，才知道他的徒弟是彭錯村長的兒子，村長是他的堂兄，所以將孩子交給他教導。然後彌伴也被找來，他雖然不高興被人審問，也不能不答。

「你怎麼會知道呢？」主母嘲笑的問。

彌伴從她的語調與半笑的姿態中，感受到被侮辱。他必須設法讓他們信服。於是鄭重其事的說出遇見有道隱士的話，並誇大了許多細節。比如說，他看到隱士足不站地，眼露神光，還有說話的時候，頓時變得高大非常……

啊！主母開始注意了！她現在即使還不相信觀世音是他的父親，但也不會嘲笑了。

她用酥油茶和炒米款待了他。當他告退時，這個孩子表現了禮貌，也表現了聰明；他不凡的器度，使她覺得值得玩味，在不知不覺中，竟有些打動了她。她打算讓他給公子小姐們作伴。她看好彌伴長大以後，應該是個很好的管家。

依土官夫人的脾氣，只要想到就一定要執行。所以，幾天以後，便將占卜家找來。

「彌伴不能同你回去了，」她說：「我已派人告訴他的父親，將他留在這裡使喚了。」

在西藏，這樣的命令是不可抗拒的。那是土官的規矩，治下的頭人都有派遣子弟前來服役幾年的義務。倘若碰巧要選農民子弟，家長通常是會喜出望外的。一個孩子有私下接近土官或者夫人的機會，乃是家庭的保障，甚至是家庭獲得外財的來源。

彭錯聽見土官夫人將他的兒子擢為侍從，伴著公子小姐，簡直歡喜得發瘋了。他相信，以彌伴的聰敏與學問，一定可以慢慢在官邸得到地位，對他自己，對父親，都遠比學占卜好太多了。

況且，同時身兼數事也沒有什麼不好；在官邸服役，並不妨害其為占卜；彌伴住在官邸，也並非必要放棄宗教團體呀！繼續保持僧伽地位的唯一條件，只要每年大會的時候回到廟裡住上半個月就夠了。

以前，父母沒有商得彌伴的同意就命他學卜；現在，也同樣沒有徵詢過他，便代為答應了。對彌伴來說，他並不因離開師父而難過，因為他在那裡吃得不好，而且師父老早就不再教他什麼了；更何況，在官邸還有隨時看見卓瑪的好處呢！

管供桌的侍僧

土官夫人的住所很寬敞，深藍的頂棚，紅色的大梁木，再加上深色的牆壁，由走廊透進來的間接光線，顯得屋內暗沉沉的；又有幾棵大樹，尖端冠著雕刻的裝飾，大有佛殿的規模。

供桌上的高大銀燈盞燃著酥油，永遠發出黃光，更加重了宗教的氣味。居中供著蓮花祖師的像，兩旁供著兩位仙女夫人的像，一邊是耶喜錯佳，一邊是曼達熱娃，在這三位主像以外，四周還有各種神像。還有許多只在夜間才點燃的小燈盞，以及一些盛淨水和祭品的銀碗。

大屋子更遠的一端，有寶座一具，隆起的台子，高高的後背，是紅漆木製的，上面鋪著四層硬墊子。座前的桌子也是紅漆的，雕刻處飾著金線。寶座對面的牆靠著兩個墊子，幾方毯子，乃是客人的座位。再有幾件裝潢得很鮮豔的架子、櫥子……這些就是屋內的陳設了。

彌伴被人領進這屋子的時候，幾乎不克自持，無法維持禮貌了。他未曾看見過這麼富麗的局面。他是占卜家的徒弟，自然也跟著老師到過有錢的人家作過法事，可是那種房舍的豪華若與現在所見的相比，簡直是小巫見大巫了。

現下，他要住在這裡，享受豐衣足食的生活；不再有貪婪的嬸嬸強迫他幹苦工；不再有面帶不愉之色的嬸嬸，給他不夠吃的飯。在彌伴單純的心裡，眼前的富裕生活讓他樂不思蜀，全然不記得什麼老朋友和什麼森林了，甚至連卓瑪都忘了。

日復一日，週復一週，月復一月，孩子的快樂熱情慢慢的飽和起來。官太太也不打他，吃得又很豐美，偶爾還能弄到珍品。然而他開始因為得不到林間的自由，而若有所失了；這才明白，原來他那刻苦背誦過來的經，使他得到名譽的經，不加溫習也會遺忘。不消多久，對卓瑪的思念又重新占滿他的心。

日子一天一天的過，規律、公式化的單調生活，常會使彌伴心生煩躁。每天早晨，主母醒來以後，聽差們將早餐送到臥室的隔壁，再由彌伴送到臥室。她吃完早飯，開始朝拜，給餓鬼施淨水，給蓮花祖師獻曼陀羅。主母一面念著經咒，一面往上面灑酒，然後由彌伴將盤子放在蓮花祖師的供桌上。

彌伴是管供桌的侍僧，每天早晨要將擺在佛像前的水碗添上清水，日落的時候再將碗裡的水倒出來。在藏人的觀念裡，若在夜裡碗內還有水，則佛像會不安的。因反光的緣故，每一碗水都會看成汪洋大海。海洋那樣近，佛像哪能泰然呢？水倒掉後，碗扣過來放著，換上一盞或多盞燈。這是在晝夜燃著的燈以外，另行加上的。虔誠而富有的人家，如同主母的屋子，都有日夜不斷的常明燈。夜晚也會將曼陀羅供撤下來。這便是侍僧們西捏一點、東摳一點，攢積零食的好機會。

官邸裡的飯是豐盛的。土官及夫人一覺醒來，立即舒舒服服的用早餐。午餐則在土官屋子，太太、孩子都在一起吃。根據西藏的習慣，父母與孩子分桌而食，每個人都有自己的小餐桌和坐墊，唯父母親的大些、高些罷了，每人面前的一個小桌子，放著用各種碟子、碗盛的菜飯。

雖然每個人飯量都很好，但分給每個人的東西均遠多於每人所能吃的。吃剩的，則一起收拾在一個大容器裡。通常這種雜和菜，會分贈官邸內地位高的職員，或者有體面的客人，算是友善的表示。

既然主母如此疼愛彌伴，自然常將自己幾乎剩下一半的食物直接送給他。令彌伴備感溫暖。

在如此舒適的環境照料下，彌伴不僅長高長胖了，而且請見官太太的婦人都搶著塞給他小費，再加上他原本在希若家私攢下來的私房錢，也算累積了一筆小財。然而，彌伴並不快活，他開始想念過去給農民念經時他們所給予的肯定和讚譽。在官邸，他完全不像個學者。

土官的喇嘛是在許多大寺院裡留過學的喇嘛，他來見土官的時候，對彌伴是視而不見的。有一天，彌伴為了使喇嘛驚異，使他稱讚，故意坐在主母門前的通路之上，大聲背起一部古奧哲理的經來。可惜他並沒有成功！他的舉措逗笑了喇嘛，而主母則因他背經的聲音壓住了喇嘛的談話，而趕緊命他住聲。

彌伴吃不消這個侮辱，從此便不大喜歡他那具有姿色的主母了。他甚至討厭起來，希望離開官邸。問題是，怎樣走？走到哪裡去呢？

他常常夜間翻來覆去睡不著。他睡的屋子比主人的屋子還要大一些。這個屋子，白天是飯廳，是升堂會人的大堂，夜晚便是寢室了。彌伴睡在普通的地毯上，蓋一條毯子，和衣而臥。

土官的臥室永遠點著常明燈，供著紅色的無量佛。彌伴睡不著的時候，便藉著黑夜的燈光，或者明月照到窗紙的銀光，忖度起已經睡著的主人來。在這種時候，他不禁陡生厭惡之感：厭惡那鼾聲四起、橫躺豎臥的主人，也厭惡著自己。

他在這裡做什麼呢？這就是他的生活嗎？他不是曾經胸懷大志，要跑到遠遠的地方，尋覓與現狀大不相同的環境嗎？這時他不由自主想起兒時那段不尋常的經歷——隱士怎麼會住在深林裡？他怎麼在那裡度過一夜？彌伴靜靜注視著不知名的前方思索著。

「彌伴，給我一些酒。」

半睡的土官突然喊了一句，使他嚇了一跳。他不得不起來，給主人斟上一盅酒。夠了！這一切的一切真使他厭煩到了極點。有時要酒的不是土官而是官太太。長公子也竭力在夜半醒來，模仿父親要酒喝，以便彰顯他的重要。

迎請瑜伽師耶喜棍臧

土官夫人有她自己的虔誠之道。一般人的修持滿足不了她，她非要得到某種瑜伽的灌頂不可（神秘主義的戒禮）。這時候，剛好聽說一位由西康去岡底斯[3]的瑜伽師住在涅塘，乃遣人致禮送信，邀請他光顧留居。

瑜伽師耶喜棍臧接受了土官夫人的邀請，但有附加條件，不住官邸，要自己單住一處，以便接近自然，不離他的隨從——即文牘一名、管家一名、徒弟兩名、廚役一名及其助手數名，還要有管馬管行李等雜物的差役四名。

西藏瑜伽師不一定都是苦修的人，不必都以「捨棄一切世間財富」為榮。耶喜棍臧是一位富有的人，但以看破塵勞自豪，以為不論貧富貴賤都可安之若素。土官夫人知道了這一點，對他格外敬重，希望從他身上學到有用的智慧。

由於沒有住所符合喇嘛的條件，土官和夫人便命人加緊建造一所。徵調五十名工人伐木成材，不久，即在林邊與官邸有一小時步行之遙的高地，經營成了兩間別墅。然後由官邸搬來垂掛壁飾、毯子、幾張矮桌子、一張較高的供桌。裡屋留給喇嘛用，外間備作兩位徒弟用。別墅旁邊造了兩間茅屋，一間當廚房並作僕人臥室，一間歸文牘與管家合用。此外還預備了一所馬棚。

一切工作都在一個月內辦完。土官親自檢點一遍，即遣人到涅塘，通知喇嘛，說諸事妥當，恭候他大駕光臨了。

幾天以後耶喜棍臧首途來就。按常例，貴客光臨，主人在很近的地方送一匹坐騎換乘。但這一次土官夫人為要學到神奇的東西，十分堅持將馬多送出一站以示特殊的優待。耶喜棍臧對於土官家一切準備表示滿意。按道理，迎客的馬要在到達時歸還主人；然而，瑜伽師卻叫僕人牽去與自己的馬拴在一起，以致土官的家人不敢將牠帶回官邸。

土官夫人聽見這事以後，說道：「古學（即先生）一定是喜歡那匹馬，要再騎幾次的。他在這裡的時候，就將那匹馬放在那裡歸他用吧。」

土官也以能夠招待一位有名的瑜伽師為榮。他不過是一個小小的土官罷了，像他那樣的，在西藏總有幾十個，少有什麼重要人物願意接受他的邀請，西藏的貴族都瞧不起他，甚為忽略他的存在。

土官雖然熱情招待，可是並不怎麼喜歡聽耶喜棍臧談玄講道。他是體格偉壯、酷好打獵的人，從未想過自己是個思想家或神秘主義者。他喜歡登山越嶺，追逐熊與羚羊，或者園內打靶，或同僚屬擲骰，也不反對因此賺錢。他能吃，能喝，性欲強盛但並非淫邪，只像健壯的野獸，自然貪婪而已。他認為盡了主人之誼，與瑜伽師攀談夠了的時候，便讓瑜伽師去指導夫人。

夫人預先召來自家的喇嘛，請他在談話之間引到授徒密法之事。然而耶喜棍臧像同類的瑜伽師一樣，對於這等問題是避而不談的。

一個月很快的過去，除了喇嘛再訪夫人幾次，常至別墅與瑜伽師攀談以外，未達到什麼目的。只見夫人越來越急，想學與一般信徒不同的密法。土官的喇嘛雖不如夫人那樣熱心，然而也開始感到，若能在經典以外加以修持，得到神通，並不是沒有利益的。

十年以前，曾有一位相貌古怪的喇嘛經過這一地帶。有人說他是不丹的人，精通巫術，不論經過何地，都會留下一種紀念。在土官的家，他使房柱生菌，並在眾目睽睽當中，將堅利的刀刃扭成一團。菌子逐漸枯了，扭作一團的刀則尚掛在佛殿裡。

事情發生的時候，喇嘛正在薩迦寺學經，土官出外打獵，夫人在附近帕里山溝溫泉洗澡，所以三個人都沒有看見。然而，正因為沒有親眼看見，對於奇蹟的信心，對於術者的敬意，才更與日俱增。

現在，土官的喇嘛回憶起不丹人的神蹟，正在夢想怎樣與他爭奇鬥勝！於是喇嘛與夫人商量好了，到瑜伽師那裡送上一份厚重的禮物，向他懇求將密法教給夫人與他自己。

耶喜棍藏聽完喇嘛的話，語調沉重的說道：「這是一件非同小可的事呀！我的密法十分深奧，非有大智，不能了解。我的密法堅實光輝，有如金剛，必有不怕光輝的眼睛，才不致於眼花撩亂；必有專誠不移的信心，才可以得而勿失。同時，我的法門很多，可以應用於不同的人品，不同的目的，你要的是什麼呢？夫人要的是什麼呢？」

西藏有學問的喇嘛對於大多數瑜伽師的誇張，說有如何超人的知識、無上的神秘，都是相當懷疑的。這一位喇嘛也不例外。然而就是這樣，他也逃不出耶喜棍藏的圈套了。所以他回答說，為他自己，他想學習控制呼吸的密法，以使身體輕靈，無依無靠，盤起腳來，浮在空中。

至於夫人呢？她的目的恐怕也是一樣。他談自己的時候，很有把握；談到女主人，則聲調變了，不無懷疑鄙視的神情。他對於自己可以成功的本領，自信頗深，以為人家值得考慮——有他這樣有學問的人當徒弟，還不是一種榮耀嗎？論到女主人，她不過是一個未受寺院教育的俗家罷了，哪裡配妄測高深呢？

喇嘛的用意，瑜伽師心裡明白，他不禁笑了笑。這笑是讚許？還是嘲笑呢？這位尚未正式拜認的老師用這種不可臆度的笑，到底有什麼意思呢？喇嘛簡直無所適從。然而他毫不遲疑朝有利的方面去思考。

「你們兩個人都得先受灌頂，然後用三個月的工夫在我指導之下練習各種辦法。在這段期間，要關在暗室裡面，不見陽光，也不見任何別的光，在這附近造上一所房子，兩間完全分開，完全黑暗。我去見女主人，告訴她怎麼準備。你呢！就在這裡教你。」瑜伽師最後說道。

他的話是用權威的口氣說的。從此以後，喇嘛不再是他的同僚，夫人也再不是女主人，再也不必說客氣話；兩人都是他的徒弟，都要給他三叩首，象徵身口意三者都獻給他，皈依於他了。耶喜棍臧坐在墊得很厚的座位上，挺出有力的胸膛來，凝目注視著驚慌失措的喇嘛，有如神殿壁面上的憤怒金剛。

「走吧！現在。」他說了。

喇嘛站了起來，明白這種情形之下所該做的事，乃叩首三次，然後合掌伏首，請瑜伽師加福。後者用右手在頭上按了一下，他才走了。

喇嘛只得到一半滿足。耶喜棍臧答應教他了，可是未勉態度倨傲。恭恭敬敬的請他加福，他滿可以回敬以禮呀——喇嘛終究是一個有學問的人，在正統寺院的地位不是比他還高嗎？他應該承認這位並非尋常的徒弟所表現的謙卑，他應該用頭觸他的頭，以示平等；最少，也該表示敬重，用雙手按頂呀。然而他竟只用一手按頂！

達賴喇嘛對寺院徒眾，連最低級算上，不也是一手按頂嗎？這個瑜伽師竟會和達賴一樣，一手按頂，他以後不會只用杖端條帶輕拂一下便算了事？有如對待鄉下人或婦人那樣……然而，成事不可追了，侮辱是受了。現在所能辦的，只有加緊學習，學會了老師之所以得名得利的密法與超自然的本領而已。

土官夫人閉關修法

土官夫人很高興瑜伽師允諾了。她終於要「閉關」，要在暗室裡與世隔絕，這是多麼難能可貴呀！至於在暗室內要做什麼呢？她並沒有追問。她的喇嘛已經告訴了瑜伽師，她要不用依靠，盤坐在虛空。這樣說，是應該的，是成體統的。可是她並沒有自信會學到這種本領。然而，無論如何，她並不一定非學到這種本領不可。那長時的靜修，遠在林間，不見光，不見人……就這些已夠滿足她的宗教熱了。

她當天就將這個意見告訴了丈夫，土官則是有點驚訝的。他並不虔誠，當然也不是沒有信仰。他對於守持神秘主義、不為外人了解意義的人有所敬重，所以他毫不反對，毫無異議的答應了夫人所有的條件。

次日，夫人即命管家依照耶喜棍臧的指示動工建造。命令傳給幾名村長，強迫徵工；莊稼雖然成熟待收，但他們也不能不遵守，只能敢怒而不敢言，默默建造起兩間房屋，以備土官夫人及其野心勃勃的喇嘛修練浮空術之用。

除了「閉關者」所用的兩間暗室以外，又在附近蓋上一所茅屋，當作廚房以及傭人的臥房，就像瑜伽師的住所一樣。

兩人開始「閉關」的前夕，耶喜棍臧的徒弟進入暗室察看，確保沒有可以透光的罅隙。在這以前，他的徒弟不止一次試過，一切疏忽的地方都已修正過了。瑜伽師自己宣告滿意以後，即焚香作法，召使某種神祇注意。他在暗室裡搖鈴敲鼓，外面聽得到，只是看不見作些什麼法。

夫人與喇嘛入室另有一套儀式。在夜間，瑜伽師只用一名徒弟當助手，極端秘密的將一方白布釘在自己屋的地上，畫上一種象徵圖案，再將各種供物擺在圖案的各處，以當神祇的宮室（曼陀羅）。

東方發白的時候，兩人走進曼陀羅的屋子，只有瑜伽師與之同在，舉行灌頂之禮。然後領著他們到了閉關的地方。瑜伽師一面念著經咒，一面領著土官夫人走上樓梯，到了走廊，進入暗室——暗室的門是開在走廊旁邊的。那是一個長方的屋子，裡面只有鋪了墊子、毯子的臥具，還有一個矮桌子。兩層門的洞可作飲食輸送之用，以免人家看見她，或者她會看見人家。滿屋的牆都用黑布遮起來，地板的一角留了一個窟窿，上面有蓋，板下有坑，便是廁所。

夫人進了暗室以後，瑜伽師即用私印將門封好。

喇嘛也同樣進入了他的暗室。這一間比起來小很多，而與那一間相隔的牆壁則十分堅厚。陳設也同樣，只是品質次了一些。瑜伽師也將喇嘛的門封了以後，即退了回來。

兩人都隔離起來了，他們在暗室做些什麼事，除了瑜伽師以外，是不許旁人知道的。

原來經文是有意義的

彌伴受命為夫人準備食膳，每日在洞口敲四次，使她知道飲食盤子已經送來了。他要在附近候著。夫人用過飯，把盤子放回兩門之間的桌上，然後閉上內層門，敲兩下，他即打開外重門，取出盤子，關好門，交與聽差。聽差再送回廚房。彌伴可以離開，但不能走遠；於是，他索性便在走廊上休息，因為他睡覺也就在那裡，只是鋪一塊毯子而已。

這樣輕鬆的差使，使他有了很多空閒的時間。他在附近徘徊，充滿了玄想，也認識了瑜伽師的兩位徒弟。他們告訴他西康家鄉與漢地的情形，因為他們曾陪老師朝過峨嵋山。彌伴注意聽著，又引起了原有的漫遊欲望。看他們大半時間都在念經，他也急於獲得新的知識。

有一天，他去拜訪他們，正值他們辯論甚烈，聲音不知不覺提高了甚多。

「你絕對是錯了。」一個說。

「作者所要解說的，你一個字也沒有懂。」另一個說。

「未懂字義的是你。你所說的，正與作者的意思相反。」頭一個反駁道。

「我們用不著辯論，只照本文讀下去，你就知道你錯了。」另一個一面說著，一面搶過經來，翻開看，找到那一頁經文，高聲朗誦，然後開始講解，證明持論不誤。

彌伴並不關心他們討論的問題，然而有一事使他不能不注意——原來經上的話是有意義的，可以理解的，有如聽人說話一樣。在占卜家希若那裡，經不過是一串聲音，只要按著順序背下去就是了。他第一次從希若習經的時候，不是也問過字的意義，而被老師面現不悅之色規避過去，以致不敢再問了嗎？

於是彌伴有了新的想法。仔細思考的結果，他將兩人引到一旁，告知自己的教育過程。他最後表示，他想要像這兩位徒弟一樣，能夠了解經文所指。

「你的情形並不例外，」那位徒弟說：「大多數的喇嘛並不了解他所讀的內容是什麼。也許你的師父就是那樣，所以不能教你。你若打算要通曉文義，必得先讀文法。師父住在此處的時間，我盡可以教你初步功夫，但這是一定要得到他的允許。」

這位徒弟很容易的得到老師的允許，耶喜棍臧即將彌伴叫來。

當彌伴頂禮如儀以後，耶喜棍臧問道：「你想要知道經上說的是什麼話嗎？你原來以為念經就是發出聲音，其實好多人也都這樣想——但事實卻不是如此，裡面自然有一些句子是用梵天的話寫成，或用『空行母』④的話寫成，那就是我們所說的咒，非有高深的造詣，不得了解。可是我們的三藏，大部分是可以了解的。《甘珠爾》所包括的一切典籍，都是古書的翻譯，翻譯了釋迦佛諸弟子所記載的東西。我們讀《甘珠爾》，便知道佛陀如何傳道，如何在古代印度設身處世。我們也有翻譯，譯的是印度各論師的著作。此外，我們自己地方的高僧大德作品也不少，崇論宏議，已非印度或其他地方所能有。所以，我們的地方的確是正教之鄉，勝義奧藏，深於洋海。

「你的樣子很聰明。你希望受教，也值得鼓勵。我打算離開此地時將你帶走。那時，你可以學文法，以及一切你了解的經義所需要的東西。現在，你先跟著我的徒弟學習吧！」

彌伴重新頂禮，表示感激之意，再也沒有比這個更令人興奮的了。現在，經典對於他是充滿生命與靈感了。他急於領略那種世界，那種佛典——聖徒藉著印出來的紙片能向我們說話的世界。他希望成為一個學者。他希望有一天自己能夠寫書，列入浩如洋海的藏文典籍中。

彌伴想到此處，滿懷熱望。第二天，他便開始第一次學習文法課程。

註釋

❶度母：即救度佛母。度母是觀世音菩薩眼淚變化的化身，共有二十一位。

❷贅婚的辦法係來自漢風，在西藏也甚為普遍。

❸岡底斯：西藏西部高山，受藏印佛教信徒的朝拜。印度人稱此山為改拉灑，為八天之居。

❹空行母：梵文Dakini，藏文「堪卓瑪」（Khandoma），一般指展現慈悲、智慧的女性本尊或天女，因其行於虛空，故稱「空行母」或「空行」。

第四章

開罪少爺　兩小夜逃遇奇僧

土官夫人與喇嘛閉關的三個月裡，官邸和別院的生活日復一日，沒有什麼特別變動。耶喜棍臧照例騎著那匹栗色駿馬遊玩，有他的文牘先生作伴。管家則因關心買賣，常與土官的管家長談。所有僕人便鎮日吃喝睡，只有彌伴在讀文法。

騰空而起的輕身術

然而，有天晚上發生了一點「變動」。彌伴睡在原來指定的地方，即土官夫人靜室前面的有頂走廊。一種奇怪的聲音將他驚醒，那是沉重的聲音，隔時許久才有一次。砰……砰……那是什麼？什麼事情發生了呢？靜室是沒有人可以進去的。耶喜大師都沒有進去過，只是偶爾從孔隙向閉關者說句話而已。

砰……砰……到底是什麼呀？夫人病了嗎？要找人服侍嗎？魔鬼在折磨她嗎？有人靜修惡魔是喜歡加以危害的。他是否應該喊人呢？應該告訴耶喜大師嗎？彌伴這個孩子不知所措了。遲疑不決的當兒，他離開了走廊。

砰……砰……砰……同樣的聲音也自喇嘛的密室發出，再沒有可懷疑的了，一定是魔鬼在作怪。彌伴跑到大師同兩個徒弟睡覺的茅屋。跑到門前，停住了，不敢敲門。耶喜會不會因此驚動而見怪？他又注意靜聽閉關的方向。已是靜悄悄的了——也許因為遠了聽不見吧！

他又慢慢走回原處。一點動靜也沒有了。凡是不能理解的事情，還是不去管它吧。反正保護學徒，自有喇嘛負責。彌伴重新在走廊邊圍上毯子，可是再也睡不著了。他一直側耳靜聽，聽到天明，希望可以聽到任何聲音。

那天早晨，好像僕人特別延遲了送飯的時間。他急於將飯拿進暗室，以便證明土官夫人還活著。他不知道是否應該問她平不平安。飯終於來了，彌伴送往洞口，聽見她取進盤子，這才鬆了一口氣，她還活著呀！裡面發出記號，像往常一樣，他又取出盤子，依然未敢向她開口。

可是他充滿了好奇心。他所以特別好奇，是因為他希望學習。他想要了解，閉關室裡的靜修者為什麼會發出那種怪聲音。他想，只有一個人可以使他明白，即教他文法的那位僧人。

彌伴問他的時候，他滿口應答：「當然我是知道的。夫人與喇嘛不過是在練習輕身術罷了。」

「什麼是輕身術呢？」

「那是練習各種奇蹟的方法。學會了輕身術，你的身體便可以極輕，徒步可以遠行，用不著吃喝，用不著睡眠。因為身體輕的緣故，可以浮在空中，可以坐在青稞尖上，而青稞不倒。」

「奇怪呀！」彌伴喊出聲了，「我從來沒有聽見過這樣的事情！您想我那舊師父——我那會占卜的叔叔，能夠那樣坐在青稞尖上嗎？」

「不，一定不行，除了大成就師（Grunb-chen）❶，或者著名的瑜伽師，沒人有那種本領的。」

「夫人同喇嘛呢？」

「他們所冀圖的標的大概不會那樣高。詳情我自然不知道，只有耶喜大師知道他們在冀圖什麼。」

「然而『砰』、『砰』的聲音是怎麼一回事呢？誰發出來的聲音？你既然知道，請你告訴我吧。」

這位青年學者有些躊躇，只見彌伴的樣子十分誠懇，他是極其可愛的孩子，很難令人拒絕。

「大師出去的時候，我再讓你知道。」

彌伴急如星火的盼著大師出去騎馬。騎馬的終於走遠了，他便趕快來找他的朋友。這位朋友告訴他的夥伴站在門外瞭望，以免有人不期而然看見他的舉動。然後他坐在一塊厚墊子上，兩足在上，兩腿在下，兩手相合，拇指向上，繼續深納氣息，節奏與眾不同，接著突然按住氣息，騰入空中，無所依靠而姿勢不變。及至降落下來，在墊子上發出的聲音，與彌伴在夜間所聽見的頗相類似，只是更輕微而已。

「呵！」彌伴喊了出來，驚奇之狀，溢於言表。

他的朋友重新深呼吸，重新按氣而騰入空中。

這樣繼續五次之多，彌伴簡直看呆了。

「我的夫人可能是這樣的嗎？」他問這話的聲調大有不相信的神情。

這位教彌伴文法的朋友叫他夥伴進來，不必守望了。當他夥伴走進來的時候，正好聽見彌伴的話，不禁笑了起來。

「懷疑那個，是可以的。但一個人能夠做他老師所教給他的事之前，是必得練習很長的時間的！有時需要練習若干年。」他順口答道。

「好吧，你是個聰明的孩子，你的老師說過的；你同我們一樣屬於僧伽一類，所以我要告訴你一個實在的故事，那是發生在我們寺院裡的故事。」他的朋友說。

「有一個虛榮心極強的僧人，下了決心，不管費多大勁，一定要出人頭地。結果尋覓一位瑜伽師，以便學習輕身術。他與瑜伽師住了一段日子，受了教誨，回到寺院來。他表現出非凡的樣子，要求使用附近一間茅屋閉關。這一類茅舍本來就是專為靜修的僧人預備的，所以他得到許可去利用。在外邊可以聽見他騰空下落的聲音。砰……砰……砰……砰……他似乎騰起了特別多的次數，而且十分有力。聽見這種聲音的人競相宣傳，表示驚訝。眾僧因為他進步太快，群集於茅舍之外，仔細探聽裡面的聲響。

『他這樣會衝破屋頂而飛升的』，他們說：『憑著聲音來判斷，他每次騰空會使頭部撞到屋頂的。』於是驚動了一位堪布[2]。

「事實上，這位閉關靜修的人並未生活在黑暗中，只要他看不見外面，別人也看不見裡面，這就夠了。茅舍的小窗不過是用紙糊上罷了。堪布領著幾名僧人，偷偷走到窗前。不久，又傳出聲響，而且聲音越來越大。突然間，堪布一彈指，窗紙破了。裡面的騙子誰都看見了。他手執木棒，拼命在墊子上敲。那就是身體落下來的聲音。

「他立刻就被帶出舍外，監禁在地窖裡面。第二天他可盡量的騰空了，因為兩拇指被人拴上，吊起來，又被痛打一番。」

「那麼，」彌伴說：「你想我們夫人是在打墊子，而不是騰空嗎？」

「我沒有那樣說呀，小朋友。」朋友一本正經的說：「你要聽我的話，管自己的事，而不要多說話；不要向任何人說夫人做了什麼事，也不要向任何人說在這裡看見了什麼，聽到了什麼，否則對你不利。」

彌伴點點頭，答應了。他又向老師問道：「你能坐在青稞苗上，使它不彎曲嗎？」

「還差得遠呢！」乃是侍僧的答覆。

「那麼，」彌伴沉吟了一會兒，又問：「耶喜棍臧大師能夠那樣做嗎？」

「他能夠。」兩人異口同聲的說，腔調中有著堅信不疑的樣子。

「呵！」彌伴很驚奇，「你們看見過他那樣做嗎？」

「這等事，」文法師說：「他不許我們看。」

「我們還不夠看的資格呢！」他的同伴很鄭重的補充了一句。

彌伴又「呵」了一聲，然而神情與前者不同。他也不再追問了。

擺在面前的兩條路

彌伴的文法進步很快，開始理解所讀文句的意義。他聽見許多稀奇古怪的故事，只是沒有機會再會見卓瑪而已。夫人靜修兩個月了，不久就會回到官邸。那時，她或許要將小姑娘接來吧？彌伴就這樣活在希望之中。

耶喜棍臧大師可以帶他走的那席話，使他的未來多了些希望，然而這件事是與想念卓瑪的欲望相衝突的。只是，現在的生活使他顧慮甚多。大師同著兩位門徒離開此地的時候，他所視為珍寶的課程便算完了。他又不能不陪著主人家的小姐玩，但這種日子，不是枉費他的少年時光嗎？那樣空虛的生活，會有什麼結果呢？能夠變作富有權勢的人嗎？

跟著大師耶喜棍臧走，可能得到智慧與奇技異能。即使大師不會坐在青苗上使它不彎，但他彌伴總要學會這個的。他熱中的希望能夠獲得奇技異能的聲名。那樣，卓瑪便要羨慕他了。可是她的父親，那個富賈，不會讓她嫁給一個貧窮而無足輕重的人。那麼，即使會了奇技，又怎麼能夠很快擁有財富呢？

彌伴躊躇不決，苦思兩條擺在面前的路，只是任何一條都難以兩全。

有天下午，他離開師父，回到土官夫人閉關的地方，要在廊子底下溫習功課，看見了卓瑪坐在廚房門口喝茶。原來她來了，比他所希望的來得還快。他真是太喜出望外了。

原來，官邸的小姐們因為母親閉關，悶得不耐煩，要求父親派人接卓瑪來作伴。土官答應了，派人送信到拉薩給丹津，丹津也就同意，順便請信差將卓瑪帶來。她已然是十三歲的娉婷少女了。

彌伴與卓瑪言談之間，自然要大吹法螺，誇耀他的學業。他得到她的諾言，絕不洩漏秘密，然後，他便告訴她關於輕身術的經過，並且說，他不久也能坐在青稞穗上，使它不彎曲。

「哇！我要看你那麼做！」卓瑪很欣羨的喊了出來。

「我當然要給你看，還有許多更大的奇蹟！」彌伴加重語氣使她信服。

當然彌伴一面誇張已有的學問，一面表示將來希望的時候，他並沒有忘記心中的困惑——不知怎樣選擇他的道路。假如要當術士，必先投靠師父。耶喜棍臧至少可以幫他初步進修。只是他要離開此地。卓瑪怎麼想呢？於是他同她商量一番。

「你要跟著耶喜棍臧到岡底斯，到白玉，再到西康嗎？啊，彌伴，那是多麼遠的旅程呀！」卓瑪喊著。「你要離開許多年，我要許多年見不著你呀！土匪可能劫路，惡人可能在行人的茶裡下毒藥[3]，妖怪可能引誘他們誤墮懸崖……」

可憐的小姑娘開始哭了起來，眼神中顯露出一種恐懼，比想像中的路上危險所帶來的恐懼還要厲害的恐懼，正襲入她的心靈，於是她問道：「耶喜棍臧大師有沒有『密母』[4]為伴呢？」

「沒有，我沒有聽說他有，」彌伴回答，「他的徒弟談起他在西康的住所，並沒有提到什麼密母。」

「那麼，他是沒有密母的，」卓瑪言道：「像他這樣的瑜伽師，擁有極多神秘的本領，他們會有天女作伴的。當你成為有學問的術士以後，便不會再想念我了。」言下悲不自勝，繼續哭泣起來。

「不，我永遠不會忘了妳的，卓瑪！」彌伴忙著抗議。「我答應妳，我要做了大瑜伽師，我就拿妳當密母。這些話，我可以起誓。但是，妳若不願我走，我就不走。我可以住在土官家裡，或者求你父親教我經商。」

「你的哥哥多佳已經住在我家裡了呀！父親很喜歡他，說他學買賣學得很快。」卓瑪說道。

「我知道他在你們家裡。他跟你好嗎？」彌伴問。

「好，很好。然而他比我大很多。」

「呵，少來了，」彌伴說：「他才二十歲，並不太大呀！」

「彌伴，他不像你漂亮，也不像你有學問。」

「當然，他知道的沒有那麼多。」彌伴感覺受到了稱讚。

「彌伴，你不能到拉薩去念書嗎？那裡有師父，同耶喜棍臧大師一樣有本領。記得我的父親說過，你可以住在我們家裡的。」

「自然，那是一個好辦法，」彌伴說：「可是土官能夠允許我離開他嗎？」

「你要跟隨耶喜棍臧大師，同樣也需要經過他允許呀！」卓瑪指了出來。

「那倒不必要。我可以夜間逃跑，或用什麼藉口，在耶喜大師走前或走後，路上與他相會，他是走遠路的人，我跟著他可以快快離開這裡，土官便無法找我回來。到拉薩就不同了。他在那裡有朋友，而且你的父親做著他的買賣。只要他打算捉我，便可被他捉回來挨打。」

「我不要他們打你。」卓瑪抗議著，情緒有些憤然了。

彌伴沒有回答。他挽住了卓瑪的手，沉浸在這樣永遠牽挽著的快樂中。同時，他想到騎馬遠遊，觀賞奇形異色，學問變得與文法師一樣，而且變得與他的師父耶喜棍臧一樣。這樣想下去，不禁愁腸百結了——因為不管選擇哪一條路，他都是要吃苦頭的——丟下卓瑪？還是丟下野心、他的夢想？

卓瑪打破了他的冥想，說道：「彌伴，我該回到官邸去了。小姐們以為我在管家婆娘那裡，或者在書記的姑娘那裡。假如我流連得太久，她們要打發人找我的。明天，或者後天，只要我偷出空，我便再來看你。」

「卓瑪，我們要等多久才可以結婚，才可以常在一起呢？」彌伴將她摟在懷中，輕輕的說。

「兩年，」卓瑪說：「兩年以後，我就十五，你就十八歲多了。然而，兩年又是多麼久呀！」

「久得怕人！」彌伴深有同感。

兩個小朋友充滿了悲哀。他們所顧慮的，不只是兩年的長期等待。兩人的心靈深處，都爬進了不可理喻的恐懼。他們怕什麼呢？他們沒有說出來，他們互相擁抱，卻都在發抖，他們心裡所怕的乃是對於將來沒有把握，以及日後可能面臨的離別。

卓瑪第二天沒有來，第三天也沒有來。彌伴非常失望，但他又不敢離開閉關房附近去找她。他是沒啥事，但要伺候在那裡，以便不見面的土官夫人隨時喊得著，吩咐得順當。

他去學文法的時候，或者偶爾散步的時候，必有一個聽差守在附近，可以聽到女主人的命令，而給彌伴以警告。因為走進廊子底下，隔著窟窿向暗室裡面說話，在所有傭人當中只有彌伴才有資格。因為這個緣故，他不能離開閉關房太遠。這個地方與官邸的距離使他不能去找卓瑪。而且到了那裡，必被少爺、小姐，或者聽差們所發現，而使土官知道他擅離職守。他認為卓瑪欺騙了他，於是憤怒異常，但他依然想著怎樣再見卓瑪的辦法。

得罪了大少爺

到了第七天，卓瑪終於出現了，而且跑得上氣不接下氣。

她看見彌伴——將來的術士，意中的丈夫——坐在廊子底下念文法。她候著他抬起頭來，才向他打手勢。他像個小豹子一樣，輕跳兩下，便到了她的身邊。

他慌忙耳語道：「走到下邊矮樹林裡躲著，我馬上就來。」

她走下去，彌伴則到了瑜伽師的廚房。他知道那些侍從都喜歡他，即使他們看見他與卓瑪在一起，也不會出賣他的。

「我到林中去念書，請你注意夫人敲洞口板子的聲音；倘若她找我，請你趕快通知我。」彌伴向其中一個侍從說道。

對方答應留心注意，彌伴便跑來與卓瑪相見。

兩個人並排坐下，快快樂樂的談天說地。卓瑪帶來官邸的消息。那裡的生活很苦悶。大小姐與大官貴族訂了婚，可是他比她大二十歲，是個死過太太的。大小姐對於將來的婚事並不高興，也不關心她在拉薩貴族裡面的地位，或者她可得到的滿身珍寶。

二小姐要到一個尼庵裡面做尼姑，地點乃在江達過去，工布地方的極邊，靠近可怕的「波密人」[5]。她的外祖母在那裡有親屬。傳說中的波密人都好像如吃人的魔鬼一般可怕，使二小姐恐懼萬狀，一想到要到那一帶去居住，感覺就像一場惡夢。她常哭泣，卓瑪也替她難過。三小姐的前途則還沒有決定，起碼還沒有人告訴過她；而且，她年紀尚小，不到關心那些事的時候。二少爺被認為是拉尊巴佛爺的化身，雖然另有一名「轉世」存在著，他不久也要到閔珠林寺去學經的。

這一天，少爺小姐們都到水邊去玩了。僕人跟著他們，架起帳篷，預備飲食，享受整天的露天生活。水邊帳篷的所在有山腳凸出，水流環繞，而山上正是耶喜棍臧大師與兩位閉關者修建臨時住所的地方。卓瑪利用了這種便利，趁著小姐們採菌子，她便溜之大吉。爬一段山坡，就到了靜修的處所。

正當兩人聊得起勁的時候，突然被一聲怒喝所驚。

「啊，我終於找到你了，卓瑪！」聲音由背後傳來，「姊妹們在到處找妳呀！妳為什麼同彌伴在這裡呢？」

跑向前來的乃是大少爺。上氣不接下氣，憤怒得滿臉通紅。

卓瑪離開小姐們本有一些時候了，不管是她，還是彌伴，都沒有意識到時間的消逝。小姐們採了菌子，回到帳篷，喊著卓瑪，卻看不見人影，僕人們找她，在帳篷附近也沒有蹤跡。

大少爺異想天開，以為卓瑪或許來到閉關的地方探尋土官夫人的消息，因為夫人十分喜歡她。他怕卓瑪獨自敲響閉關房的門，或向靜修者談話，因為那是絕對禁止的，而且擅自行動也太不應該，於是急急忙忙跑上山來。他所走的路，正是卓瑪來時的路。

然而，他所發現的，比他所想像的還要糟。卓瑪並不在廚房探詢夫人的消息，也沒有在閉關房附近，而是與彌伴藏在矮樹林裡，談得那樣起勁，以致聽不見他的腳步聲。原來她擅自拋開同伴的緣故，並不是關心夫人的健康，卻是和這個村野豎子幽會。

「你為什麼在這裡？我要踢你滾下山去！」他暴躁起來。

卓瑪嚇得不敢動。彌伴明明知道，根據慣有的風俗，與土官的兒子講理是沒有用的；然而，他又不甘心他的卓瑪就這樣同一個無禮的小子下山去了。

「卓瑪不能就這樣回去，少爺，」他勉強客氣的說：「她現在太害怕了，應該先到廚房喝一碗茶。」

「茶，你說茶嗎？」大少爺冷笑，「趕快給我走，不然我會給你一頓鞭子！」

卓瑪本能的退了一步，躲在彌伴的身後。

「少爺，你不能拿鞭子打她，」彌伴絲毫沒有遲疑，更堅決的說：「她也不會跟你去。我要告訴夫人經過的一切。」

「我不能拿鞭子打她嗎？你敢這樣說？那我倒要讓你見識見識，你這村野豎子！我就打她，也要打你……」

從來沒有人敢抵抗他，這一下子簡直氣瘋了。趁著彌伴冷不防，大少爺一把抓住卓瑪的臂膀把她拉過來。可是她的腳被樹根絆住，跌倒了。

大少爺也嚎了一聲。原來彌伴猛力一拳打中他的胸膛，使他滾下石坡。他起來的時候，已是血流滿面，石頭碰破了他的腦袋。

大少爺比彌伴大兩歲，身體也高一些，但未敢前來還手，因為彌伴的臉實在可怕，充滿了殺氣。

「我要叫人把你打死！」大少爺咆哮了一聲，便慢慢退下去，把手從流血的太陽穴挪到腰背，弄得跟血人一般。彷彿告訴人們，他被傷得有多慘，希望他父親可以加重對彌伴的處罰。

彌伴看到大少爺流血，才意識到事態嚴重。

藏區的土官在他的領域內有絕對的權威。任何人膽敢打他的少爺，毫無疑問定要受到苦刑。彌伴倘熬得過，也要終生為奴，服侍土官以及他的子孫。

卓瑪先感到不對。當大少爺怒氣沖沖的走後，她對彌伴說：「彌伴，你得即刻逃跑。土官正在外邊打獵，他到後天晚上才能回來。他的書記、管家都與他在一起，其他的人沒有命令不會有所行動，他們不會積極捉你……你可以有時間逃出禍坑。」

此時彌伴的憤怒也消失了，腦子清醒過來。

「對！」他說：「我必須立刻就走。少爺走向那條難走的路，不會很快。當他們到了帳篷的地方，也許不會騎馬回家，因為他的背是疼痛的。僕人們要服侍他，也許要綁架子抬著他。少爺回到官邸的時候，天就黑了，樹林子裡找不到人。我可以有整夜的工夫趕路……同時，我要砍一根結實的棍子，倘若有人阻擋我，我便可以自衛。」

他的眼神又堅定起來。然而，突然間念頭又轉到卓瑪身上。「妳呢？卓瑪，」他發出愁苦的聲音，「妳怎麼辦呢？」

「我嗎？我當然是跟你走呀！」她說得一副理所當然。

「我們到哪裡去呢？」

「到拉薩，找我父親去。他十分喜歡你，不會讓任何人傷害你。在拉薩，你知道，那裡有達賴喇嘛，還有他的大臣。你的土官到那裡便不是王子了。我父親很有錢，他可以盡量送禮來保障你。來吧！」她說完了話，即堅定而迅速邁開腳步。

石洞裡的喇嘛

樹林障蔽著兩小的身影，繞過耶喜棍臧大師的茅屋，繞過閉關房，繞過所有聽差，掩過所有人的耳目，不讓任何人知道彌伴正在逃跑，也不讓任何人知道他們逃跑的方向。

彌伴一聲不響的跟著她，突然懷念起耶喜棍臧大師以及和和氣氣教他文法的老師。他也許不能再見他們，他更不能練得本領，坐在青稞穗上使它不彎。這一切都完了，可是卓瑪與他同在。卓瑪健壯而敏捷，走在他的前面，跋涉陡峻的山坡，有如他的嚮導。這樣也好，因為他的小天使在前引路。不管走到哪裡，只要有她在一起，他就快活了。

太陽下山了，黑暗漸漸籠罩了樹林。彌伴停止了玄想，趕上卓瑪。他們恢復了信心，有了計畫。

「我們離開靜修的地方已經夠遠的了。我們不會遇到什麼人。不久，天全黑了，走在樹林中間是會迷路的。我們最好找到正路，連夜趕路，然後尋覓隱身所在，白日休息，以便天黑了再走。他們一定到我父親那裡去找我，也會以為你要回家而派人騎馬追到拉薩大路。我們不要走去拉薩的正路，以免被人捉住。假如你能繼續走路的話，我們應該找條便路。我身上有錢——我永遠將錢帶在身上，我們可以買東西吃。」彌伴說。

「我能走，同你一樣能走！」卓瑪的回答是滿意的。「我知道我們應該走向哪裡。我們應該去日喀則，到舅舅鑽追那裡。你不知道他，他是一個商人，而且是我父親的好朋友。他簡直就是和善的代表，每次到拉薩都送我東西。他的大兒子比你的哥哥還大，其他兩個兒子——其中一個是在扎什倫布當小僧。還有一個姑娘，我都喜歡他們。沒錯，我們應該到那裡去。」

彌伴以為這個計畫很好。於是兩人另走新路。不久，走到一條小路，上去便是帕里與崗巴之間的枯旱高原。路長而陡，他們用盡了氣力，走上山口時已經東方發白了。這條路雖然不常有人，可是他們為了小心起見，總怕有人看見。於是喝了一點山口下面的泉水，繞過山端，到了河光石的小谷，不致被人從路上望見，便躺下來休息，深沉的入睡。

那是六月的天氣，彌伴與卓瑪又熱又悶，一直睡到太陽偏西，方才醒來。醒了以後，便餓得著慌起來。他們雖然樂意等到天黑再走，但因饑餓難耐，況且，這個地方是不會有人追趕上來的。

於是卓瑪接受彌伴的建議。取下頭面裝飾，藏在懷裡，以免有人見財起意，然後重新起身。他們走在路上，兩次見到遠遠的村落，彌伴都想前去購買糌粑，或者乞討。然而每次卓瑪都勸阻了他，希望再遠一點才出來露面，以免洩漏了蹤跡。她說，她挨餓得久一點也不要緊。

夜間走到一座小石山的腳下，半山上有一個石洞。彌伴決定在那兒休息。兩人彼此牽挽著爬進了石洞，就像頭一天一樣，他們剛一倒下，即便睡著了。

彌伴第一個先睡醒。太陽已經出來了，下面的深谷還布滿灰白的冷氣。他穩著不動，觀賞光線掃過各個山頭；但他偶一回頭，簡直就嚇呆了。洞的另一邊，有一位喇嘛圍著斗篷正注視著他。是在做夢嗎？不是，喇嘛並非影子，乃是活人，而且說話了。

「不要怕，小伙子。我也是行路的，跟你一樣。」

彌伴站起來，恭恭敬敬鞠一大躬，然後抱歉道：「大師，請你原諒。我們進來的時候太黑了，沒有看見你。」

說話的聲音驚醒了卓瑪。她也沒有立刻看見喇嘛。她坐起來向外邊瞭望。

「啊！彌伴，我好餓呀！」她忍不住喊餓。

「我們今天早上一定可以找到吃的。」彌伴回答。

卓瑪轉向他的方向，正看見那位喇嘛，依然臥著，棕色的斗篷圍滿全身，只剩下兩隻眼睛。

「你為什麼讓那個孩子挨餓呢？」喇嘛向彌伴發問，「『應該消滅眾生的苦難，不該加苦難於他們』這句話你總知道吧？你這剃度過的人。」

這種不公道的責難立刻激怒了卓瑪，「那不能怪他。我們沒有帶吃的，你若能夠賣給我們一點糌粑，我們樂意出錢買。」

「我沒有糌粑。」喇嘛說：「向你的同伴要一些吧！」

「我也沒有，大師。」彌伴有些氣憤。

「你可以有一些。滿懷打算饒益有情的人，到處都有寶藏，為了救苦救難，那是可以取之不盡的。這樣的人，只要說話，河流就可變成奶子，岩石就能變成酥油。從岩石中取一些麵粉吧？」他用手指著一塊凸出洞口的石頭。

彌伴怪異的看著喇嘛，卓瑪嚇得發抖，喇嘛仍臥在圍圈著的斗篷裡，但似乎長大了，倘若站起來，一定是個巨人。他的眼，炯炯似火炬。

「你要學著了解自己，」怪喇嘛接著說：「向石頭上打呀！」

彌伴懾於命令的聲調，走向石前，舉起拳頭，打了下去，奇蹟！奇蹟！拳頭沒有打在硬的岩石，一直打進軟的東西，直到手腕。驚異間，趕緊拔出手來，一道細白的糌粑也就從窟窿流了出來。

「用大衿接糌粑。」又是喇嘛的命令。彌伴照著辦，接滿了糌粑，也就不流了。岩石依然如故，毫無窟窿的痕跡，而且硬梆梆的，敲打不動了。

「走到前面的水邊吃吧！」喇嘛一面說，一面用火炬似的眼睛注視著彌伴，「你的路是對的，一直走，就可以達到目的。」

彌伴被眼前奇事所震懾，呆楞得說不出話來。他將大衿束好，成為一個口袋，即便倒身下去朝喇嘛拜了三拜；然後鼓起勇氣，匍匐低首，請其賜福。喇嘛兩手從斗篷裡伸了出來，按在他的頭上，賜福以後，將手縮回，將衣蒙在臉上。

卓瑪也拜了三拜，但喇嘛沒有睬她。

兩人恭恭敬敬退出洞口，轉身找到原路，彼此不交一語，拔腿就跑。

一直到了水邊，所幸彌伴懷中有個木碗，乃在碗裡用水捏了幾個糌粑球兒。然而並不敢多停，一面吃，一面走，好像潛意識急於離開山洞越遠越好。

「他究竟是誰呢？」卓瑪童稚的聲音說出兩人心中共同的疑問。

「一定是一位聖者或者神佛，」彌伴說：「我們進洞的時候他並不在那裡。天色雖暗，我應該是看得見他的。多虧了他，我們才有東西吃。他對我們很好。」

「彌伴，從岩石裡得到食物的是你，不是他呀。」卓瑪不同意。

「我取得來，乃因為他在那裡，藉著他的力量。」

「不管怎樣也是由於你。」卓瑪執著她自己的看法。

「是我嗎？」彌伴沒有說下去。

兩人沉寂起來走著路，彼此都在深思著。

有情的人到處都有寶藏

三天以後，他們走進古馬村，到了荒原的邊緣。過此以後，即無村落，只有前往日喀則的通路了。彌伴很想在村內買口糧。他們雖然吃得很節省，山洞取出的糌粑也只剩下一把而已。然而卓瑪勸他不要與村人交涉，以免人家盤問。彌伴為了取悅她，於是聽了她的話，雖然明明知道，此時不補充食物，乃是不智之舉。

他們曾聽商人說過，離開大路相當距離的山下有幾處溫泉。於是打算奔往前去，在溫泉附近過夜。因為海拔高的地帶，雖然在夏天，夜晚也是冷的。順著溫泉流出來的水，他們找到溫泉，即在附近暖地上坐下進食，然後席地睡覺。所幸彌伴在下午遇到清水河流時，曾經揑了一個糌粑球兒。不然，此處硫磺質的水便無法飲用了。

「這是最後兩個了，卓瑪。」彌伴從懷中掏出糌粑球，「我們明天早晨沒有吃的。倘若遇不到村莊，明天一天也沒有吃的。」

卓瑪很奇怪地看著他。「你不是有了辦法嗎?為什麼我們還要挨餓呢?」

「什麼辦法?」

「石頭呀……就像那一天早晨一樣，」卓瑪說得理所當然，「打石頭，你在喇嘛面前不是打過石頭嗎?」

「那個奇蹟與我無關。妳在想什麼呢?傻孩子。那喇嘛是個聖者，因為憐憫我們，才作出那種神蹟。」

「誰會知道那是因為他呢?也許他知道你有這種本領，才叫你打石頭。喂!彌伴，也打這一塊——它凸出的樣子，與洞裡的相同。打吧，彌伴，你一打，糌粑就出來——水也可以出來，假如你想要的話……打呀，彌伴!」

卓瑪一心一意要看見奇蹟重演，她寧可相信本領乃在彌伴，不在喇嘛。這是她三天來唯一的念頭，現在再也忍不住了。她要看見彌伴的奇蹟！

彌伴最初笑她太高估他了，然而，因她的糾纏，終於不得不試驗一下，以便證明她的錯誤。他用拳頭猛打在石頭上——出來的是手上的血珠，不是糌粑，也不是水。

卓瑪長嘆一聲，大為失望。彌伴也十分奇怪，他本來並不相信自己有那種本能，為什麼竟因失望而有不高興的感覺？

第二天早晨，他們出發得很早，走向山谷，意在找回正路。可是未到正路以前，又發生了一樁奇蹟。彌伴正在向前行走的時候，看見路上有一個小皮口袋。他拾起來就要告訴卓瑪，只是她落在後面繫靴子帶，有段相當的距離，所以她沒有看見彌伴拾東西。他解開一看，原來袋裡滿裝著乾肉末。他以為這樣湊巧，應該是行路的人去溫泉或離開那裡時所遺失的。然而他也難免有神奇之感，以為有了神佛的恩惠，或者那位喇嘛依然在保佑他們，或者更有奇特的緣故。

「滿懷打算饒益有情的人，到處都有寶藏，為了救苦救難，那是可以取之不盡的。」而且，「你要學著了解自己。」

這句話深深印在他的心中。那麼，他是誰呢？村長的兒子、未出頭的沙彌、土官的聽差，還是另一個他不知道的自己？在手中的這個小口袋，是他為了解救卓瑪的饑苦而變化出來的嗎？他會不會創造別的東西來拯救一切苦難中的生靈呢？

卓瑪疾走幾步，趕了上來。

「彌伴，是我的靴子帶散了，不是我累了。我能夠跟你走得一樣快的。」她急於解釋之所以落後的理由。

「看，卓瑪！」

她看見開了口的皮袋，裝滿了乾肉末。她激動極了，「是你使它從石頭裡或者從地底下鑽出來的嗎？」她一面問，一面否認任何別的解釋。

「是我拾著的，卓瑪。一定是經過的人失落的。」

卓瑪搖頭不信，彌伴也沒有辦法解釋什麼，連他自己也不清楚究竟是怎麼回事。

在日喀則見見世面

兩個逃難的人就這樣走到日喀則，沒有其他值得記錄的事。既到日喀則，就照原訂計畫去見商人鑽追，而且受到非常友好的歡迎。

卓瑪說出所以逃跑的緣故。和善的鑽追聽完後，沉重的搖一搖頭，說道：「你的朋友頗有膽量。他不忍心你受凌辱，可是他自己惹了大禍。他打傷了土官的少爺，而且傷得很重。我可以想像得到那種情景。那個不知好歹的公子哥兒是應該受點教訓，但他的父母可一定不這麼想。」

然後他轉向彌伴說：「過去的事，懊悔也沒有用。做過的事，已經無法挽回了。不要擔心，小伙子，在我家裡不會有人來捉你，這裡是安全的。明天，卓瑪即回父親家裡。現在大概有人告訴他卓瑪失蹤的消息，他一定很著急，不知她下落如何。我要寫封信給丹津老闆，讓送卓瑪的人帶去。他是你父親的老朋友，而且你的哥哥多佳也在那裡。他的意見對你會有好處的。在他回信以前，你就住在這裡，若到丹津那裡，很可能碰上土官派去的人，那就麻煩了。」

第二天一大早，卓瑪脫去逃難穿壞的衣服，換上表姊借給她的鮮美衣服，重新配上頭飾，向彌伴告了辭，上馬而去。

她一面走一面說：「我們不久就要再見面，父親會想辦法，讓你立刻去拉薩念書。」

然而命運所支配的是另一條道路……

幾天以後，鑽追的書啟——同卓瑪一起送到拉薩的那件書啟，得到了丹津的回信。信裡面表示了對彌伴的熱情、友誼，並感謝彌伴不使卓瑪受到土官兒子的凌辱。彌伴一時不得重返家鄉，商人當然要負責他的前途。他勸彌伴不要難過，因為事雖不幸，反而對前途大有裨益。只是為了謹慎起見，彌伴最好不要到拉薩他的家中，等他弄清楚土官的態度以後再處理。

丹津也送一些錢與鑽追，託他給彌伴購置新衣，以便住在大地方與有錢人的來往比較方便。

彌伴聽完了信的內容，不禁感到一陣失望。但是，他了解卓瑪父親的態度——他不欲公開與土官作對。倘若彌伴在他家而土官派人去找，他不是左右為難嗎？

誠如他所言，應該靜觀土官如何處決彌伴。同時，土官夫人閉關期就要屆滿了。她喜歡卓瑪，也喜歡自己。她知道她那個大兒子是個敗類，姊妹與弟弟都在訴苦，她會勸她丈夫的，喇嘛和耶喜棍臧大師也會替彌伴說話。也許土官會決定：不許他再到夫人處服務，甚至不許他再至官邸，不許他再回原籍；寺院的方丈也許為了逢迎土官，取消他在寺院裡的名籍。

但對彌伴而言，他並不關心官邸裡面的職位，也不關心一年去住七天的小寺院。他寧可住在日喀則還快活一些。丹津的信裡也說：「打了少爺的不幸事件，會使前途大有裨益，勝於土官的聽差，或者村間的占卜。」有裨益的意思就是可以多賺錢；多賺錢的意思就是可以和卓瑪成為眷屬。這一切都不過是耐心和時間的問題而已。

彌伴就這樣聽了丹津的忠告，幾天以後，他甚至感覺到快樂。卓瑪的父親原來很肯花錢。他託書記帶來的款子足夠購置兩套新裝。一套是廊內僧服，而且是富僧的僧服，配了金邊，外罩則是嗶嘰的。

另一套是旅行的僧服，裡面有金錦的背心，外面有紫褐的大衣，束腰帶子也是金線。鑽追更是錦上添花，表示對於卓瑪友人的親熱，配上一雙長靴子，一頂好帽子；長子多吉更貢獻了一串念珠、一個木碗——貴重木料的碗。

彌伴未能免俗也有虛榮的。他本來自豪自己的寶貴知識，他能協助叔叔希若作法事，他能背誦很多的經文，他能唪誦經文，發出低沉而響亮的聲音。他既因為卓瑪愛他而自豪，他也因為有好衣服而高興。修長的身子，清秀的面龐閃露出靈活而帶黃色的眼睛。他雖沒有鏡子可以自審容顏，然而也能清楚感覺到，他是一個英姿俊美的少年。

彌伴要到扎什倫布的寺廟去拜神殿，於是穿好新裝，披著斗篷。邁開有節奏的步伐，走向前去，活像一個很有學問的年輕喇嘛。

扎什倫布乃是西藏著名大寺之一，就是班禪大師駐錫的所在。那裡的學術機構等於一個大學，而且學問淵博的教授特別有名。寺址在高山底下，極近日喀則。

那裡的高僧大德以及徒眾之間，並不缺乏有錢的呼畢勒罕[6]，然而彌伴居然引起人們相當的注意[7]，使他不由得特別高興。

彌伴也注意到那個寺院的莊嚴輝煌。不管是神殿，是經堂，還是大喇嘛的塔，都充滿了勝利幢幡，黃金寶頂。殿堂以內的寶物更是多得不可想像。那簡直是金、銀、寶石的藏庫，連地上有的都鑲著大量的貓眼石。

這種富麗堂皇的規模，要與土官官邸的「豪華」相比，它又算得了什麼呢?在那時，他曾相信，而且與同村的人一樣相信，土官的偉大簡直無與倫比了;然而那種信法，是多麼愚蠢而且沒有見過世面啊!

彌伴用演繹想法，一層一層的推下去，邏輯的結論，便是土官的渺小。土官，到底不過是豆大的小官，他的力量遠不如原來想像的那樣了不起。那麼，他是用不著怕他的——不管是在日喀則，還是在拉薩。

他既得到這種結論，便立刻恢復了自信，滿足了自尊心。於是彌伴繼續順序拜廟，頭更仰起來，大衣更擺了起來，有時露出背心上的金錦，閒靜的打量著四周，且在俊俏的眼眸中帶有一絲傲慢。

虔誠的僧眾以為他是某一寺院的活佛來到扎什倫布巡禮，或者新近加入了本寺某一學院，不禁向他致敬。彌伴的回敬，和善中保持相當距離；有人俯首求他賜福的時候，他的態度很尊嚴只用一隻手按頂。

鑽追的長子多吉有時覺得彌伴的自傲有些可笑，然而卻十分喜歡他，有機會總要表示友善。多吉不久就要組織商幫至漢地貿易，乃於行前拜訪城內紳士、寺院師徒，以便他們有所委託：或由內地代購物品，或將得自饋贈或租稅的本地產品，如地毯、氆氌之類，帶到內地求售。

他作這類拜訪的時候，帶著彌伴一同到了幾家富戶。在那裡，彌伴兩相比較，更覺他的家鄉以及土官所謂的「富足」，真是貧乏得很了。他原來想像的情形，得到更為強而有力的證據。

然而無論如何，多少天已經過去了，他不得不明白：土官儘管不是怎樣了不起的人物，也終究會有辦法找到逃犯，危及他的安全。丹津依然沒有通知他關於土官的消息。他不敢詢問，連間接的探聽也怕露了風聲，激起土官或已消沉下去的憤怒。

實際上，兩人逃跑以後，緊接著就有土官派來的人打聽卓瑪已否回家，彌伴曾否同來。商人丹津當時的答覆確與事實相符——都沒有見著。以後，土官便再不見下文了。

這種緣故，乃因為土官自己遭了禍事，無暇追問彌伴或其他的了。

註釋

❶大成就師：藏文Grunb-chen，精通顯密教理的大善知識。

❷堪布：即「掌教」，藏傳佛教寺院制度之一，是寺院具體事務的最高負責者，宗教地位僅次於活佛。

❸藏民相信，某種人，尤其是女人，妖怪附體時，會毒死第一個遇到的人。

❹密母：修密法的人可有女人為伴，是為「密母」。這種神秘的關係可以等於夫婦，然不必建立家庭；可是，普通夫婦可以離婚，這種神秘結合則不得離異。

❺波密：波密在工布東南、察隅之北。

❻呼畢勒罕：蒙語，聖者或大喇嘛的轉世化身，藏語叫「醉背古」，即活佛。

❼因為金線的服裝只有活佛方有資格穿著。

第五章

土官大怒　大師作法誤傷兒

土官夫人與喇嘛閉關這段期間，耶喜棍臧大師繼續指導他們修持。彼此交談，都是隔著洞口的小門；或說明步驟，或報告進展與困難，都是低聲談論

最後，三個月的期間就要滿了，再有十天，便可出關。因為兩人已經慣於漆黑的隱居，恐怕一旦驟見陽光會有眼瞎的可能，所以事先應由大師鑽孔於壁，以便裡面的人根據感光的程度，逐漸按時加以擴大。

耶喜棍臧就這樣用針穿透板壁之間的泥土，引入一絲光線。兩人在裡面逐漸加以擴大，然後多鑽幾個孔隙。到了十天之末，暗室便較明亮了。

第十一天太陽露紅的時候，大師開啟了門上的封條，命令兩人出來。根據慣有的風俗，已有許多人拿著禮物在等候慶賀。

儀式的莊嚴如同開始閉關的時候。大師打著手印，念著經咒，解放了兩人。先出來的是土官夫人，後出來的是喇嘛。兩人都因久不行動，步伐有些不穩，眼睛有些畏光。而且三個月沒有洗過手臉，髒得不成樣子。

兩人被人扶上馬。土官的樂隊敲著鼓，吹著笛子，走在行列的前面。然後耶喜棍臧率領那兩個臨時徒弟回到官邸，享受特別的招待。

貴重的禮物獻給了大師，以表兩人的感激之情。侍從們收下以便裝入行囊，大師緊接

著就表示兩天以後起身，繼續朝禮聖山岡底斯的旅程。

大師的兩個徒弟趁著留在官邸的那天，打聽彌伴失蹤的緣故，於是暗地與大師交換意見，請他替彌伴說個人情。然而大師不主張過問這些事。

「那是沒有用的，」他說：「那孩子有他自己的路子，不應妨礙他的前途。我本來樂意帶著他走，可是另有一種力量趨使他到別的地方。由他去到他所應該去的地方。」

文法師不再堅持。可是，傍晚跟著大師騎著那匹栗色駿馬回到林間住所的時候，不禁思索著大師含糊的說法，而且盼望彌伴的「前途」是幸福的。

栗色駿馬成禍端

第二天準備行裝，第三天一早馱騾即已備好，大師自己也穿好旅行的衣服走了出來。喇嘛與土官的書記同三名跟隨天未亮就候在這裡，以便陪送大師一程，表示敬意。

大師一行人連同送行的隊伍，浩浩蕩蕩緩緩而行，爬上高原，便將碧綠的山谷、清冽的溪流留在後邊了。時間還未正午，大師即命停止前進。解下牲畜馱子，打開食物口袋，就將茶鍋架在三塊石頭上，底下燃著木柴，大家進食。食罷，喇嘛與書記每人拿著哈達，走到瑜伽師面前辭行，預祝一路平安，並請他賜福。

耶喜棍臧和和氣氣的給他們祝福，每人項上套了一條哈達，然後走向栗色駿馬。早晨牽馬的那個傭人已牽馬在手。大師還未走近的時候，書記趕緊躬著腰，兩手托著另一哈達，站到他的面前。

「大師，」他有些發窘的說：「請你原諒，我們是要將土官的馬帶回去的。」

「哪個馬？」瑜伽師問，「你們自然要帶你們的馬呀！」

「大師，我說的是土官借給你的那匹栗色馬。」

「借給！」耶喜棍臧火氣暴了上來，「你簡直瘋啦！那是土官送給我的。我那樣給他面子，做了他的客人，你想一匹馬的禮物還算太重嗎？」

不幸的書記嚇得退到喇嘛身邊，向他使眼色，希望他挺身出來幫忙說話。可是喇嘛裝作不懂。

大師的一名隨從，不由分說即將馬鞍從土官家人手中奪了過來，就像起身時那樣，牽與大師。大師翻身上馬，率領扈從人等揚長而去，只剩下土官的家人目瞪口呆。

果真不出所料，回到官邸以後，土官因為栗色駿馬沒有回家而大發雷霆，怒斥書記不盡責，責備喇嘛沒有利用師徒關係勸說耶喜棍臧；然後嚴重處罰三名隨從，又命書記於次日天亮以前追回馬來。

夜深後，藉著下弦的月光，失意的書記帶了兩名僕人離開官邸。三人坐騎都很強壯，希望追上大師。他們以為瑜伽師的馱騾走得很慢，休息站口應該很短。

然而，不管他們怎麼追趕，及至見到騾幫的時候，已經過了土官的地界。直到第二天天快黑了，才趕上耶喜棍臧一行人，看見他們靠近田園正準備下帳篷。六匹馬則已經入了馬廄。

土官的書記知道這段交涉不易，他對於瑜伽師深懷恐懼。他相信，若激惱了他，便會受到保護神的處罰，因為保護瑜伽師的神哪能容許他所保護的人遇到不痛快的事呢？而且除了保護神以外，他不是也能差遣魔怪嗎？瑜伽師具有巫術，善能差神遣怪，所以既能幫助他所喜歡的，也能傷害他所憎惡的。

書記滿額汗珠，戒慎恐懼的手捧哈達，躬身走向前來。

「啊！」大師用了紆尊降貴的神氣說：「你這次是代表你的主子，求我饒恕你在昨天不該那麼無禮的向我索馬吧？他又交給你什麼禮物來表示他的歉意？」

後面這句話，與其說是問，毋寧說是肯定。

書記更覺不安了。還要再送禮嗎？他是來索駿馬的呀！

「大師，」他說：「敝主人以為大師有些誤會。他原來只是借給大師用，他現在要您把馬還他……我應當明早將馬帶回去。」

「夠了！夠了！」瑜伽師一副不耐煩的樣子，「馬是給了我的，我不能還他。並非因為我用得著牠。我在西康有好幾十匹，都比這匹好。你也知道，我騎出來的也不是壞的。只是當喇嘛的不能將送過來的禮物還出去，那樣就表示對於施主沒有慈悲，施主會發生很多不幸的事故。他這樣堅持將他給我的馬要回去，恐怕現在已經對他有些不利了。你自己更應該小心一點，不要因為幫他作惡而遭禍事。」

瑜伽師這段話，無疑表達了他不還馬的堅決立場。再勸大師退馬是沒有用的，若以武力奪取更不可能。除了瑜伽師自己的眾多扈從以外，田家尚有十餘名慣於遊牧的壯漢，精於拋置套索的技術。即使他能進入院牆盜馬而逃，那些騎士壯漢也會拋索套他落地，奪馬回去。而且耶喜棍臧的書記曾經說過，瑜伽師第二天就要拜訪一位活佛寺主。田園乃係活佛的產業，活佛有權力執行裁判，可以將他當作賊辦，加以鞭打。在這種情形之下，絕對無計可施。所以，只好在瑜伽師帳幕附近一個適當的地方，叫兩個跟隨舉火燒茶。他就在野火旁邊以淚洗面，過了一夜。

第二天太陽上升的時候，耶喜棍臧在眾人擁簇中上了栗色駿馬，轉瞬即逝。土官再也沒有希望了。

土官聽到書記的報告，氣得暴跳如雷，整個官邸彷彿都在震動。書記下了牢，而且要賠出兩匹駿馬，以償一匹的損失。

再追耶喜棍臧是沒有用的了，因為他在途中會受藏地各處首長的保護。土官的指控，在他們的眼中不過是小事一樁而已。

丟了駿馬的人，對於這也是心知肚明。只是心有不甘，總要加以報復。凡是不能公開達到目的的事，總有其他方法可以達到，而最好的方法便是巫術。在他治下有一個本波教徒，信奉比康藏佛教還早的本色宗教，對於巫術具有專長。那正是土官所需要的人。於是將他找來。

「我要報仇，」土官告訴他，「我的仇人曾經對不起我，當面譏笑我。聽說有魔鬼受你差遣，你能差遣他們加害我的仇人嗎？」

巫者進來以前，已從僕人閒話中間聽到有關栗色駿馬的故事。然而，他故意裝作不知仇人是誰。

「差遣魔鬼加害仇人，那我是會的，老爺。可是魔鬼也像人間一樣，本領有大小，地位有高低，我能差遣一些，也要籲請一些。根據仇人的身分與本領，能夠加害他的魔鬼也就不同。那仇人是誰呢？」

「你還不知道嗎？那個瑜伽師，做了我的客人，得了我大量的禮物，最後，偷了我的栗色駿馬。他應該受到懲罰……」

「啊！啊！」巫者說著話，咬著嘴唇，蹙著眉頭，「加害大瑜伽師……那不是好惹的呀！請你聽我勸，算了吧！」

「用不著你的勸告，」土官說：「你要沒有用，即便滾開。我會再找更有本領的。」

「你找不到再比我更有本領的人了，老爺。我只是給你一個警告罷了。倘若一定要辦，我必得籲請最有力量的魔。普通的『非人』❶不能夠加害瑜伽師那樣慣用巫法的人。同時，你要害他到什麼程度？——他既對你不起，而且奪了駿馬，要他的命嗎？」

本波教徒的口氣含著惡意，他的眼睛盯入土官的肺腑。

土官抖了一下。「不，不，不要他的命！」

「害重病嗎？受傷嗎？」

「對了……受傷……」

「嚴重的傷？你的意思是……」

「嚴重的傷……啊……」

真的進行詳細準備的階段，土官不禁不安了起來。加害瑜伽師可不是一件好玩的事，他老早就知道的。平時談話的時候，土官可以不信瑜伽師的厲害。可是現在，他也開始害怕了。

「不能針對他的財產嗎？」土官反過來問巫者，「比如他的馬，不能使牠失蹤嗎？或者他的行李，也可以落在水裡呀！他既然偷了我的馬，那壞了他的衣物也許算是正當的懲罰吧。」

「好了，老爺，」巫者的話簡潔起來，「告訴管家，預備一頭牛聽用。」

「我今晚就告訴他。」

談完了話，巫者到廚房進酒。他儘管對於談話的內容保守秘密，可是他受召一事已夠明顯的了。官邸內外傳遍了土官要加害耶喜棍臧的耳語。所有的人都恐懼起來。

魔神夜降對敵瑜伽師

兩天以後，巫者帶牛到一棵樹下，獻給他所籲請的魔鬼。殺了牛，剝了皮，解剖了，便與徒弟將肉還有血淋淋的皮，送到離開官邸相當遠的棚子。因為官邸內有佛堂，本波的血祭是不能靠近佛堂的。

巫者在棚子裡面，秘密的將所籲請的魔神的可怕圖像畫在牛皮上面。圖像四周，按照規矩擺上牲品各部：居中是牛頭牛心、外圍是腸子，當作曼陀羅的牆。然後對著祭品念咒，直到夜間，才遵土官之命，暫回家中安息。意思是：魔神夜深降臨，嗅血食精。次早根據某種徵兆，便可斷定法事是否有結果。

夜間落雨，晨曦未明以前，巫者便在潮濕的冷空氣中來到棚子。門前擺著一攤泥，地下有幾處被獸爪挖了洞。這種外力的侵襲已使巫者難安，走進門來更嚇得大叫一聲。晚間供品都沒有了，只剩下一些凌亂的殘餘。原來有狗在門底下挖了洞，進去吃了供物。大骨頭啃光了肉，散了一地。畫了魔像的牛皮撕得稀爛，丟在牆角的一塊露著一隻可怕的眼睛。這隻眼睛塗上血跡，好像瞪住他似的。

他所籲請的魔神竟未戰勝而遭到了傷害。豪無疑義，耶喜棍臧因為天眼通，或各保護神的警告，預先下了手。狗不過是他所利用的工具罷了。到底是神狗，還是普通狗呢？大膽的巫者要請魔神加害瑜伽師，瑜伽師既未受害，魔神是一定會回來算帳的。而且瑜伽師自己也不會善罷甘休吧？巫者正在計算，並不知道還有另一樁更為可怕的事已經發生。

原來土官急得未能睡覺，已經一大早趕來，看看巫者是否開始作法。他既沒有聽見鼓聲，也沒聽見人聲，於是走了過來。土官看見棚內的情形和立在一旁目瞪口呆的巫者，直是暴跳如雷了。

土官扯住他的胳臂，將他摔在地下，就是一陣腳踢，一頓打罵，「你這無用的東西，這就是你的本領嗎？好一個混蛋，你竟敢在我面前冒充精於作法……畜牲！」土官依舊踢個不停。

僕人們聽見這樣的喧鬧，跑了過來，也都相信瑜伽師破了巫法。土官的凶暴更加使他們害怕。因為巫者儘管不如耶喜棍臧的本領，可是報仇的方法則多得很，怎能虐待他呢？他若報起仇來，土官會如何呢？僕人們又會怎樣呢？他們哭了起來，更彎曲膝跪下，只聽見一片哀求聲。

「慈悲的老爺呀！饒了他吧！」誰也不敢走進兩人之間加以勸解。

最後，土官踢得疲乏了，離開棚子而去。僕人們這才將巫者扶起，攙到一個地方坐下，再由女傭給他送來茶酒。

巫者不言語的喝了一些，休息了一會兒，慢慢起來謝過幫助他的人，再挺直身體，注視著官邸的方向，發出詛咒：「你快要得到禍事了，土官。你原來只有一個敵人，現在則是一個敵人加上一個仇人了。」

人們嚇得沒有聲音。在他們沒有作聲以前，巫者便走開了。

土官回到自己的屋子，這時本教法事失敗的事也傳遍官邸。使女告訴了夫人，伺候喇嘛的童子也告訴了喇嘛。

夫人與喇嘛都還沒有恢復閉關的影響。長期的黑暗使他們麻木，他們所關心的乃是弄清靜修的好處。外面的事他們是不大知道的。夫人滿足於閉關者的資望，相信那是可以提高她的身分的。她曾如此苦修，她的名譽還不會傳到拉薩嗎？想到拉薩的人會尊敬她，她不禁嫣然而笑了。

喇嘛所想和夫人大不相同。他以為那樣吃苦，那樣逢迎耶喜棍臧，就能得到什麼事，但並沒有實現他什麼理想。他不但沒有坐在空中的異能，甚至連一樣異能也沒有，因此他的心中滿懷抱怨與懊喪。

童子才報告的消息他不十分清楚，只感到事情嚴重而且是關於土官的罷了。他正打算出去問個詳細，夫人打發來的人正好找他立刻去見她。

他見她淚流滿面。她已追長問短，發現了土官曾召本教徒作法，而且法事被人破壞了。作法要害誰呢？她不禁自問。

「那是栗色駿馬引來的。老爺因為耶喜棍臧大師不還他的馬，所以懷恨在心，才召巫者遣魔加害於他。」喇嘛幫著夫人想。

「天哪！」夫人說：「我們算完了！那樣一個術士怎能與耶喜棍臧大師對立呢？大師即刻可以知道老爺所要做的事，本教徒所遣的魔當即被他捉住，任他宰割。我們要怎樣才可以避免他的憤怒呢？」她說著說著淚流得更快了。

「老爺應該趕快打發人送禮，向大師求饒。夫人應該讓他明白，這是唯一可以避免禍端的辦法。」喇嘛說。

「我這就去見他，」夫人說：「少爺小姐都要去，你也得去，喇嘛老爺。」

他當然不希望去，然而無法逃避。夫人立刻命人取來一盒子哈達，少爺小姐每人拿著一條，也給了喇嘛一條。

「我們走！」她說，於是所有的人都排成單行出發。

他們走在廊子上的時候，官邸內大小職員被她遣人找來的，都加入行列；所遇到的僕役也都跟在後面，要看看主人們說些什麼，幹些什麼。

一行人等到了土官的屋子。土官正坐在高座與人擲骰子，看見夫人領著一群人進來，不勝驚異。眾人深深一鞠躬，夫人先獻上哈達與他，然後每個人都獻上來放在面前桌子的邊上。

夫人向喇嘛打手勢，「向老爺說明一切。」

喇嘛恨不得躲起來，情勢所迫，他也只好勉為其難。他先對土官命人作法事沒有成功表示遺憾，之後，方始說明來意，以為耶喜棍臧大師是被巫法激怒了。這樣激怒他，對於土官及全家都是不利的，不如設法補救。

至於如何設法，土官沒有給他說完的機會。

「滾，滾，全都給我滾！你們偏袒奪我馬的人，簡直是侮辱我，趕快滾開吧！」土官站起來大喊大叫。

小姐們在一旁哭泣，夫人也沮喪得不知所措，只好推了一下大兒子，「你向你父親說，請他聽喇嘛的話。」

大少爺看了母親一眼，走到父親面前，然後轉過頭來，向著眾人說道；「主子的話是對的。瑜伽師惹了他，搶了他的馬。你們反倒勸主子向他求饒，不是糊塗無禮嗎？狗吃了棚子裡的肉也是自然的，哪裡用得著瑜伽師的驅使呢？你們沒有聽說過狗進屋子吃肉的事嗎？那太普通了，和瑜伽師有何關係？本教徒也該知道血腥氣可以招狗。他自己在棚子裡過夜，或者找別人替他看著，都是可以避免狗來搗亂的。算了吧！不要麻煩主子了！」

他現在十八歲，長得十分像他父親，將來會像父親一樣孔武有力的。他平常不大說話，不大在乎的樣子。此刻堅決的態度則使人吃驚，特別是他的父親格外高興。

夫人也明白了，再多說也沒用，於是她悻悻然離去，大家也跟著退去。

當喇嘛快走到門口的時候，土官將他留住，說道：「先生，你方才的態度一定是夫人所指使的。我們不必再說那些。狗入棚子，不與瑜伽師相干。我不該請那個沒有知識的巫士。你是知道密教師臧葛爾先生的。他住在不丹國的邊境上，離此有三天馬程。我給你預備好禮物，你明天帶著去見他，請他預備好殺人的法術到這裡來。你不必再說什麼，選兩名傭人服侍你一同去。」

他就這樣打發了喇嘛。

喇嘛所受的委任完全違反他自己的本意。他以為耶喜棍臧大師永遠等候一種靈性的感召。因為密教師對於徒弟本有這種關係，不管是長期的徒弟，還是短期的徒弟，他應該對於大師極端恭順，不應該存有任何不善的心。他這樣想，也這樣相信。

他自己知道，只有逃跑，才能避免他在土官與大師兩者之間的難關。然而逃跑就等於放棄官邸的舒適生活，放棄土官轄境他所有的土地、房屋以及一切珍寶，而要走到遙遠的寺院，變成一個不足輕重的窮僧。這樣做他又受不了。

一個星期以後，喇嘛隨著臧葛爾大師回來了。

臧葛爾大師帶來一個徒弟，還有一名伴者。官邸所有的人，一見著他們的面，便知道是怎麼一回事了。

然而土官並沒有因為這個而減輕憤怒。相反的，憤怒反比之前更多了。因為大兒子相信耶喜棍臧祖護了彌伴，將他藏在什麼地方，所以彌伴沒有回到老家，也沒有到拉薩丹津那裡。這時土官也有這種想法了，所以才會怒上加怒。至於大兒子，也沒有因為彌伴的父親彭錯已受處罰而心滿意足。

實際上，不幸的村長對於幼子的行為完全一無所知，可是村長的職務被土官革掉了，牲畜以及一半以上的財產也被沒收了。慈祥的母親章珀爾更因為聽不到兒子的下落而難過不已。這個降生時充滿了吉兆的幼子到底怎麼了？是像一般傳說，跟著瑜伽師逃跑了？還是病了？或者是死了？還會有知道他下落的一天嗎？

卜者希若因為既是彌伴的叔叔，也是他的師父，所以也逃不了土官的罰金。他的罰金自然比彭錯所受的輕了許多，但也使他賣了一塊地，還變賣了一些太太的首飾。陪瑪本來與希若相當和睦，可是這樣不由分說被人剝奪了珍寶，實在無法忍受而經常與希若吵嘴。希若這時也忘了彭錯當時給他的厚重禮物，只是抱怨他不該送來那樣倒楣的孩子，使他受到這樣的連累。

密教臧葛爾大師

臧葛爾大師一到，土官便告訴他，要作法事害死一個仇人。

土官雖在外表上與大少爺抱著相同的意見，認為本教徒法事的失敗，乃是由於狗聞血肉臭味所致；然而，在骨子裡頭，則如夫人與喇嘛所想的一樣，深深感到耶喜棍臧在作祟。所以他現在不似從前只要耶喜棍臧受到損失便算報復，而是想要鏟除他，以免受他法術的威脅。有法術的人既然知道有人暗算他，便不會輕易饒人的。耶喜棍臧一天在世，土官以及全家人就一天不得安寧；只有他死亡了，才能使土官安心。所以這個法事，非得不是殺人的法事不可。

土官簡潔的說了他的意見以後，臧葛爾大師便進一步追問有關耶喜棍臧寄居在林旁高崗的情形。他找人領他到那裡。臧葛爾大師一個人留在茅屋中閉門許久，才回來說明需要準備的東西——最要緊的是在那個高崗上建造一所三角形石室，牆要緊，基要深，頂梁要堅實，上面覆以平板石。最後石室內舉行七天法事，且進石室以後，即將門口堵起來，只留一個空隙，以備受了咒術的箭發出神力，穿過空隙扎入仇人的心窩。

土官的大少爺因為彌伴將他打下石坡，臉上留下不好看的疤痕，所以，也希望法事同時害死彌伴。但當他提出這意見的時候，臧葛爾大師嚴厲的瞪了他一眼。因為大師係土官請來的，只能協助土官；這種一箭雙鵰的想法，實在不自量力，而且褻瀆神靈。

臧葛爾大師原籍不丹，不在土官治下，所以毫不客氣，不但無所畏懼，反而提升了他的身分。土官更是清楚：欲得他的法力，自然不能開罪了他，所以他替兒子道歉，請求大師原諒兒子年幼無知，大師也就罷了。

至於那個特殊石室，只有內行人才知道在裡邊要修什麼法，但任何藏民都能知道造石室的目的是什麼。土官找來的二人，一聽見要讓他們造這個，便打算規避。因為造這類石室已夠使人驚心的了，再加上以前所發生的事故，施法對象是瞞不住人的。

這些可憐的山民想到他們要參與加害著名瑜伽師的工作，當然不勝惶恐了。這簡直是要他們的命！他們為了逃避這種危險，乃央求管家與喇嘛替他們說情。管家等人的想法本與他們一樣，也十分同情他們，但要土官收回成命，卻不是他們所能辦到的事。

土官夫人也拒絕工人們的求見，因為她知道她沒有力量替他們說情，她也知道任何人都不能使她丈夫放棄報仇的念頭。大少爺對於他們的哀告更是譏笑而兼恐嚇。他說：他們的生命算不了什麼，因為他們本來就沒有價值，而且像他們那樣的百姓還多得很，即使死掉一些，也算不了什麼損失。

最後兩個人逃跑了。一個在林間被捉住，挨了打，發了瘋；另一個則比較幸運，再也不見蹤跡了。

石室終於在十天內修完，裡面甚為狹窄，連一個人躺的地方都沒有。可是作法的人七天都要留在裡面，本來就不正式睡覺的。他們只是趺跏而坐，偶爾打個瞌睡罷了。

工人走了以後，臧葛爾大師即同一個徒弟、一個傭人住到耶喜棍臧住的茅屋。茅屋的附近就是那個三角形石室，正居高崗的中央，任何人都不准走近它。

大師離開官邸以前，還有最後一次與土官會見。他問他是否一定要報仇。土官的回答是肯定的，並且詢問大師還需要什麼？他不要屬於瑜伽師任何的東西嗎？可惜耶喜棍臧什麼也沒留下。他不但沒有留下衣服，連個布條也沒有。

臧葛爾大師以高傲不屑的神氣拒絕了這種建議。「這類東西只是對於法力不高的人才有用，」他說：「對於我是用不著的。」

土官派人恭恭敬敬的送大師到高崗邊，讓大師自己留在喇嘛住過的茅屋。徒弟幫著他做了許多各式各樣大大小小的糌粑供「多爾瑪」❷。有些多爾瑪臧葛爾大師用他們祖師傳承的巫力加持過，有些則由他的神祇所加持，更在居中三角形多爾瑪法中拘留住他所籲請的大黑天❸，以便那具有毀滅性的力量，催動弦上的箭命中了耶喜棍臧以後才遣放出來。

所有的糌粑供都由徒弟擺在石室的平石供桌上。然後給臧葛爾大師預備下飲食。

臧葛爾大師鑽進多半在地下的石室，再與傭人合作，築死了出路。徒弟便到耶喜棍臧的茅屋裡面，不停的念著咒語，防備相反勢力的侵害，並以消除大黑天的憤怒，使他不致反抗而順順當當的進到三棱供裡面。徒弟一刻不停的這樣做著，乃至因飲食不得不停止的時候也由助手代勞。這類的預防措施是不可少的，因為舉行此等法事，萬一注意力鬆懈，或者當初學者沒有充分的本領降伏召致來的種種勢力時，都有性命的危險。

石室裡的七天法事

土官因不能走近作法的地點而不耐煩，索性出外去打獵。他打算法事完畢的那一天才回家，第二天便可問臧葛爾大師法事有沒有效。

大少爺則因悶氣難出，沒有跟著父親去打獵。他以為父親過於信賴臧葛爾，那種態度他不喜歡。他相信，曾與被害者有過接觸的東西，或者屬於他自身的什麼東西，如頭髮指甲之類，乃是法事的要件。然而臧葛爾竟說用不著。這是由於自信法力殊勝？還是因為不敢加害於那個瑜伽師而裝著作法以騙土官呢？

他思慮了許久，心中對於臧葛爾拒絕加害彌伴一事，仍難以釋懷。他以為射出箭來乃是法事的主要部分。術士在石室裡一切秘密法事，自然都以那箭為關鍵，箭才是致命的武器。假若使箭穿過瑜伽師的什麼東西，他才會必死無疑。對於彌伴，自然也是如此。

想到這裡，他的意志更堅定了。除了耶喜棍臧臨別送給他的哈達以外，他沒留下什麼。但哈達是經過瑜伽師的手的，那也許可以吧？這，他不能十分斷定。然而無論如何，加上一條哈達，必然增加法術的效力。至於對付彌伴，更是沒有困難。因為他逃跑以後，他的毯子，還有他的背心，都拿回官邸來了，而背心正是他所要用的東西。他知道在哪裡可以找得到。

黃昏以後，這位少爺偷偷的穿過樹林，繞過石室與茅屋的所在，走到高崗的邊上。他看得見石室罅隙放出來的光線，那就是供桌的燈。光線給他一種目標，知道箭射出來的方向。他正對著這個光線，將那「哈達」以及彌伴的背心展掛在灌木枝葉上。箭與這些之間沒有什麼障礙，箭一發出，一定穿過灌木，射透哈達與背心。灌木的葉子，還有深深的茅草，正好擋住這兩件東西，不致被人看破。

少爺這樣布置妥當以後，便回了官邸。

第二天傍晚，他又來到這片樹林。他知道發箭一定是在天黑了以後，術士的徒弟以及傭人們必緊跟著拆毀石室的牆壁。

他們忙著這些的時候，他有足夠的時間看看哈達與背心是否已經穿透，並將它們收拾好回到官邸而不被察覺。他藏在草叢裡面，候著日落。他躲藏的地方可以看見整個高崗上面峙立著作法的三角石室。

天已經黑了，他小心翼翼的鑽出草叢走到林邊，躲開箭的方向，停住腳步。他一面等著，一面注視著燈光。少爺激動得發抖，向前進一步，以便看得清楚一點。箭射出來了，可是突然一陣風，使它轉了方向，穿進他的心窩。「呀」的一聲，他應聲倒地死了。

當時徒弟與傭人還在石室旁邊，一邊一個，候著箭發以後，解放大師出來。他們聽到這種聲音，順著方向跑去，立刻發現了少爺的屍體。

他們嚇壞了，一面跑回石室，一面嚷著：「禍事來了！」急急忙忙拆了石室，向臧葛爾大師報這個凶信。可是大師嘴唇不動。沒有回答。石室終於拆大了個口子，徒弟鑽進去，見供桌上的小小燈光，照見大師趺跏而坐，瞪著眼睛，文風不動；脖子青紫，那是他被掐死的痕跡。

註釋

❶非人：即阿修羅。

❷多爾瑪：即施食。

❸大黑天：即「瑪哈嘎拉」，密宗重要的護法神。

第六章

佳人相許　浪跡天涯觀音緣

鑽追在店舖裡坐著，四周都是等待運往漢地的馱包，他正在念著老友丹津打發人送來的書信。他皺著眉頭，念了又念。

丹津的信上說，土官有個親戚在拉薩作官，他正打發人尋找彌伴；他也曾派秘書到丹津家裡打探彌伴的消息，因為不得要領，所以差人徒步四處搜索。

丹津也敘述了土官家中的悲劇。土官官邸因大少爺誤死，沒有一個人不深深陷入悲哀的。跟隨臧葛爾來的兩個不丹人，因為聽說土官要打他們，連夜抬著師父的屍體繞路逃走了。稍晚他們發現了彌伴的背心和哈達掛在灌木枝葉上，正對著三角形石室，誰也解釋不出何以那些東西出現在那裡。

可是愛子心切的土官，偏以為那是彌伴耍的把戲，好誘引少爺到那個地方，然後再使箭路轉了方向，殺了他的寶貝兒子。這樣不合理的念頭占據了他，他不顧一切尋找殺兒子的兇手，要將他施以殛刑，凌虐致死。

丹津在信末強調，他認為時機已迫，彌伴應該馬上離開西藏。

鑽追的意見也是如此。像這樣的小案子，平時拉薩或日喀則的行政官自然不會放在心上；然而，土官在拉薩的親戚和親友則不會輕易放過彌伴。而且這位特異獨行、身著華服的彌伴，已在扎什倫布寺及拉薩市引起人們的注意了。所以，彌伴必須離開此地，而且事不宜遲，越快動身越好。

可是丹津在信上也提到另一問題，即卓瑪非親自話別不可。她知道彌伴不得不離開，可是她必須同他到觀音面前供燈，保佑他一路平安。卓瑪表示，彌伴若不是為了她，他生命也不會遭到危難；有彌伴，才使土官兒子不致打她，或者戕害她，那個少爺可能在盛怒之下將她推落石崖；若非彌伴挺身仗義，她就糟了。

她堅持履行她的義務。倘若不與彌伴共同到一個特別靈驗的廟裡在觀音像前獻燈，他倆必將同遭厄運。丹津看著她那神情激動、面白身顫、幾乎昏絕的情形，簡直無法拒絕她的請求。

他已答應卓瑪可以和彌伴見上一面，但在哪裡見面？這一點他要問鑽追拿主意，唯彌伴絕不可到拉薩他的家去，以防有人看見。

然而，鑽追也有他的顧慮，卓瑪最好也不要到他這裡來。她在這裡會難過，會痛哭，就像在拉薩一樣，那就不得不引起鄰人注意了。況且，彌伴也不能在這裡等著見她，因為土官正要害他，危險是隨時都有的。

他左思右想，怎麼都不妥，乃找兒子多吉來商量。

兒子看了丹津的來信，便說：「彌伴必須明天天未亮就起身，要在天亮以前走得很遠才成。」

「可是他要走到哪裡去呢？」

「跟著我到西北部呀！我不是再三天就動身嗎？他跟著我到那裡，等風平浪靜後，不就好了嗎？」

多吉想了想，又向父親說道：「假如你同意，先讓彌伴同丁賴出發，他是照例跟著我的商幫走的。我有一段路沒有他也不要緊。他既可靠，又心細，而且路徑熟悉，可以帶著彌伴離開江達大道，選著人少的路走向羌塘草原，我們在黑河口（那曲卡）北邊一點的地方再相會。他們既比我先出發，又沒有貨馱子的累贅，自然比我走得快些，雖然繞點路，也耽誤不了我的路途。那樣，彌伴可以盡快安全的離開此地，你也不必顧慮鄰居的耳目。讓他同商幫一起出發，再穩妥不過。」

「你的主意很好，我完全同意，」父親說：「只是你忘了卓瑪了。不過那也不要緊，我可以答覆她父親，說是為了彌伴的安全，無法等著她。」

「她可以自己去獻燈，給觀音大士一個，也給釋迦太子像一個[1]。我自己也要在扎什倫布各殿獻燈，而且給寺院所有僧眾供茶，以求彌伴路上平安，並在西北地方發福生財。丹津可將此事告訴卓瑪，使她寬心。」多吉說完笑了一笑。

「真是再好不過了，」鑽追說：「你說的都對，彌伴當然需要佛菩薩保佑。只是不管怎麼樣，卓瑪既然非要見他的恩人不可，這辦法是無法讓她安慰的。實際上，我已經想到了。彌伴與卓瑪可由不同的途徑到甘丹寺相會，那不是靠近江達的路嗎？他們盡可以在那裡給菩薩獻燈，並至宗喀巴大師塔前頂禮。在西藏，沒有再比這個更神聖的了。彌伴還不到處處受人監視的程度，只要避開人多熱鬧的地方就夠了。」

「您要馬上給丹津姑父寫信嗎？」多吉問，「倘若打發人馬上走，還有半天的路程好趕。他應該今晚多趕一程，以便見著丹津之後卓瑪可以乘早出發到甘丹寺與彌伴會合，而不致耽誤。」

「這個主意好極了，」父親說：「你就讓哥令即刻趕去拉薩。等他備好糧食和馬，我的信就寫完了。這事暫且先不要告訴彌伴，我打算飯後和他談。」

飯後，彌伴正打算去散步，鑽追叫住他。

「小伙子慢走，我有些事同你說。」

彌伴應了一聲，留下來。

「你明天要離開這裡，早在天亮以前動身。你去收拾衣物，多吉會給你一些毯子，還有禦寒的衣服。不必在路上將新衣服弄髒。」

「啊……我要到拉薩去！必是丹津先生請人來找我了！」彌伴喜歡得不得了，以為可以和卓瑪在一起了。

「不，你是要去西北地方。你的土官正在找你，要加害於你。你立刻去找多吉吧！」

彌伴的命運又被人決定了，這次他仍然沒有過問的餘地；從頭一次，到卜者希若家；第二次，土官夫人要他離開師父，到官邸去伺候她；到這一次往西北去，同樣的身不由己，似乎冥冥之中真有一雙看不見的命運之手把他推向前。

多吉不像他父親那樣直截了當。他將丹津信上的內容詳細的告訴了彌伴，並告訴他土官兒子和不丹術師慘死的悲劇。彌伴聽後不勝欷歔，但隨後可以在甘丹寺與卓瑪相會的消息又使他高興了起來。

幸好，彌伴生性喜歡冒險，冒險也對彌伴極具誘惑力。這樣長途跋涉，騎著馬旅行，同著有經驗的夥伴，走向少有人煙的途徑，然後加入商隊，穿過強盜出沒的荒原，想來既興奮又刺激。到了西北，還可在市場貿易、賺錢……這些都是他的大好機會。難道還有比這更美好的嗎？說不定，一、兩年以後，他便可以騎著高頭大馬，走在貨馱的前面回到拉薩。那時，所有的冤枉事件早就被人遺忘了，他又可以風風光光大搖大擺的走在街上了！

他想像著自己未來如何在丹津門前下馬，教人安放他的牲畜、他的貨物；自己如何走到丹津面前，獻上一條上等哈達，說：「丹津老伯，我帶來的這一切都是給您的，錢！我再去賺來就是，算不了什麼難事。我所要求的，只請您將卓瑪許配給我。」最美麗的結局是他和卓瑪那場富麗堂皇的婚禮……

二人相會於甘丹寺

滿天星斗，冷風刺骨，丁賴在鑽追的庭前備好兩匹坐騎，木鞍子下面是毯子，可減輕馬背的重壓，又可當作旅人的鋪蓋；馬的鞍轡頭也都力求平實不致引人注目。彌伴穿了一件略褪了色的深紅呢大氅，丁賴的服裝也差不多；他們扮作叔侄出外經商的模樣。

為免引人注意，鑽追和多吉已在前晚先向他們道別了；鑽追給了丁賴他們所需的川資，又用丹津的名義給彌伴一百五十兩銀子，作為經商的本錢。

一路上由丁賴引路，約莫傍晚時分他們繞過拉薩郊外，在落日的餘暉下，他們看到了閃著金光的「聖城」布達拉宮。最後他們到了甘丹寺的山麓，在一處農民家裡歇息。次日早晨，將馬留下，兩人單獨上山。

草坡底下有個小帳篷，那就是卓瑪與女僕過夜的所在。送他們的男丁帶著馬吃草去了，到中午才會回來。

卓瑪見了彌伴，只簡單的說：「我是來送你遠行的，要在佛菩薩像前獻燈，祝你一路平安。」說話的語調壓抑不住感情的激動而有些顫抖。

「我太高興看見妳了，卓瑪。」彌伴一時找不到合適的話來表達他的情意。兩人手牽著手，走向甘丹寺。丁賴落在後面幾步跟著，手裡提著添酥油的壺。

卓瑪終究是壓抑不了自己的情緒，泣聲說：「你若有什麼好歹，那都是因為我，你要討厭我，也是十分應該自然的。」

「我哪來的理由討厭妳？」彌伴急道，極力安撫心上人，「妳也知道，我沒法子討厭妳。妳不要擔心。朝遠處看，也許一切困難都是有益於我們的。我可是十分的樂觀。」

「當然，你的前途會很樂觀，彌伴。」卓瑪破涕而笑。

「妳也一樣，卓瑪。反正對我好的事也對妳好，因為我們要共同享受的。」

「我很難過，彌伴。」一想到他們又要分開，卓瑪禁不住傷感了起來。

「我也一樣的，卓瑪，但我們不要灰心。你聽著，到了旅行目的地後……」

他們手牽著手，細細訴說，從這個殿走到那個殿，他描繪著未來給她聽，說他要怎樣光榮的回到她父親家，怎樣用厚禮打動丹津的心，使他同意兩人的婚姻，然後怎樣按著兩人的理想建立家室，享受美滿的生活。

到了主殿，彌伴接過丁賴手裡的壺，在每個燈盞裡倒上溶化了的酥油，即與卓瑪虔誠的跪在神像面前。

在觀世音像附近，卓瑪、彌伴二人給執事一些香油錢，請他幫他們點上一百零八盞小燈。執事受了布施，趕緊備妥燈盞。他倆就這麼三叩首，手裡各持著一盞燈，舉在觀音像面前，默默靜禱。

卓瑪先將燈放在供桌上，彌伴還在高舉著。卓瑪很有信心且低聲的向他說：「觀世音一定垂聽你，你的禱告必可如願以償，因為你是他的兒子。」

彌伴對於這個早已忘懷的說法，乍聽之下頗為感懷，不自覺把燈舉得更高，由心靈深處發出一個誓願：

「但願我實在證得菩薩子姓的境界！」

火焰突然伸長了，光盈滿殿，映得菩薩像的慈悲千隻手好像環抱著彌伴，而彌伴的顏面更是光輝耀眼，好像自己就是個發光體。

卓瑪嚇了一跳，殿內執事不禁呆了，回神後，他用奇異的眼光看著彌伴，怯生生的走近，說：「觀世音垂聽了你的心願。我從未看見過這種吉兆。你是轉世的喇嘛嗎？」

「是的。」彌伴不自覺的答道。他不知自己怎麼會這樣說，這完全不是出自他的本意，而是一股力量在驅使著他。

執事僧合十頂禮，請求賜福。彌伴也賜了福，但依然處在出神狀態。

卓瑪淚流滿面，「彌伴！彌伴！」她嚷著說：「你不會作商人，你一定是一位喇嘛，比耶喜棍臧大師還要神氣；但我會是你的明妃，不是嗎？」

「是的，卓瑪。」彌伴仍是恍恍惚惚的。

隨後他們到宗喀巴祖師的聖塔，加入了一群善男信女繞塔左旋的行列。兩人繞著，走著，一種莫名的情緒占滿了彌伴的心窩，刺激著他的靈智，解脫了他一切的憂慮，取消了他原有的打算。一個新的主意悄悄產生。

靠近宗喀巴祖師的靈塔有一道窄門，門內有黑幕遮著，彌伴揭幕而入，走向他命中注定的未來。

卓瑪本來打算也跟著進去，可是一隻著僧服的手伸出來阻擋去路，喊道：「女人不能進來！」

卓瑪退了回去。西藏常有些地方不讓女人進去，並沒有什麼稀奇。她原以為彌伴發現她沒有跟著就會出來。可是彌伴在憤怒的「歡喜佛」像前深思了許久，男女兩像擁抱著，頭佩骷髏，腳踏魔王。

他雖然不只一次看見過這一類的佛像，但因他不明白意義所在，便從來沒有注意。就連這一次，他也沒有追問本尊與佛母那樣可怕的樣子象徵著什麼。可是他在出神，到了另一個世界，他在那種境界中，只是莫名其妙的感覺到身臨黑暗懸崖，彷彿就要失足……

殿內執事，披著僧服，走來走去。他看到彌伴出神不動，樣子極其虔誠，不禁拿著一盞燈走了過去。他這一動作，打破了彌伴的冥想。彌伴接過燈來，舉在面前，就像在觀音像前舉燈的樣子，只是沒有禱告什麼。然後默默將燈放在供桌上，放下一點錢，緩緩走出神殿。

卓瑪正在外面等著。她那錦鍛的衣服反映著太陽的虹光，胸前的珠寶也在閃爍著。她真是一個光豔奪目的天人，正是他初次藉著灶火相見的那個可愛仙女。彌伴不禁再次悸動，他趕緊走向他這愛人，未來的夫人。是的，他們會成為眷屬的。

這次他感受到的徵兆，雖與他從商的意願相反，但他還是要設法實現原來的美夢。他要在西北地方發財，騎著駿馬回到拉薩；他的商隊，貨馱子，笑逐顏開的丹津……都一幕一幕如在眼前，代替了目下的現實。

「怎麼，卓瑪，妳哭了嗎？」

「你為什麼把我拋在一邊呢?殿中執事不讓我進去。這大半天,你都在那裡面幹什麼來著?」

「大半天?我沒有在那裡待多久呀。執事給我一盞燈,我獻上就出來了。」

「唉,可是彌伴呀,你就要遠行了……我還見得著你嗎?我難過極了,彌伴。」

一種痛苦的感覺襲入了兩人的心裡。

「卓瑪,要難過的人是我。妳已經是個大姑娘了,一個富商大賈的掌上明珠。許多商人的兒子,甚或貴族少年,都會對妳朝思暮想,並託媒人找妳的父親。我又能怎樣呢?卓瑪,假如我在外面沒有運氣,發不了財,妳的父親還會要我這樣的女婿嗎?」

「他會要你的。彌伴,」她相信父親會聽她的話,「我會告訴他,我愛你。」

彌伴不禁搖了搖頭。

「彌伴,」卓瑪一再的要彌伴相信她,「你不用擔心我。我告訴你,我要嫁給你。我會等著你。我要不嫁你,我寧可落髮為尼。我起誓……」

她躊躇了一下。起誓是要找可靠的見證的。找哪個呢?她看了看甘丹寺,似乎對她不利。觀世音聽了他兒子彌伴的禱告顯了靈應,可是沒有理她。

她不能不靠自己,不能不靠乃祖乃宗對於本教神祇的原始信仰了。本教並沒有被佛教在藏民領土中拔樹刨根的。

「我要不嫁你，我就落髮為尼。」她又重複了一遍，而且指父神母神為誓。

她一著急，不自覺的呼喚出祖先的保護神，保佑平凡的在俗女人的幸福，以與大寺院的敵對之感相抗衡。那個高踞山巔的寺院，理想的象徵，可就是把她摒棄在外面的那個東西呀！

這時丁賴不識相的走向前來，扮著行旅的身分，笑向彌伴道：「侄子呀，時候不早了，我們走吧。」他一面說，一面看著太陽，已經正午了。

那是應該回去的時候了。女僕已收拾帳篷，男丁也牽著馬回到原處。

「我們的馬匹在山下。丁賴和我是要走了。」彌伴向卓瑪說。

「我同你一塊兒走。」卓瑪說。

她將手緊緊握住彌伴的手，兩人默默的並肩慢慢循徑下山，越近山腳，靠得便緊些。丁賴走在前面，很快由農家牽出馬匹。兩人分別的時候到了，彌伴將卓瑪抱得緊緊的，兩眼注視著她，好像要將她的模樣永遠印在他的心裡，然後扶她上馬。

「一路福星，身體健康，彌伴。」卓瑪在滿臉淚痕中喃喃道著，「不要忘了我。」

「再見吧，卓瑪，不久就會再見，妳是知道的，我不久就回來。」彌伴又靠近她的耳邊低聲說道：「沒有妳，我是活不成的。」那樣動情的聲調，是卓瑪還沒有聽過的。

丹津的男僕乘馬在前，姑娘與女僕的馬隨著走了。

「慢慢走，先生，慢慢的走。」僕人們恭敬的道別。

「慢走。」卓瑪也同聲說。

三匹馬向南馳去。彌伴站在路的中央，望著他們遠遠離去。卓瑪的錦鍛衣服在日光中閃爍，她的紅色長袖子在塵土飛揚的路上依然看得一清二楚，彌伴屹立不動，直到那個影子剩下一點，直到影子不能見……依然瞻望著那肉眼已不能見的影子。

「先生。」丁賴為他的深情所感動，竟將偽裝的叔侄關係忘卻了。

「吃他爸爸的肉❷，那個土官……」彌伴恨恨的罵了一聲，然後翻身上馬，敲鐙加鞭，向北疾馳而去。

等候多吉的騾幫到來

一路上，丁賴恭敬的說著：「賢侄，我還不知道你要作商人丹津的女婿哩！那是百裡選一的岳父啊，那麼多財富，卻只有這麼一個漂亮的女孩，誰作他的女婿，誰就是他的繼承人……

「一年以後你就可以回來，那時土官即使還沒有死，事情也會平靜下去的。同時，旅行也是件有意思的事。我曾到過打箭爐（康定）、北京、庫倫，都是同著商人去的。拉薩若同我所見過的大城市相比，不過是個村子罷了。大城市的各種貨色，名目數量，都是在西藏看不見的……至於吃的，那就更好了……

「賢侄，你會看見的，我不知你到內地後還會到哪裡，但無論到哪裡都是有意思的，你可以相信我。一個男人不能像女人那樣守在家裡，他必須到各處見見世面。那才是人生，美好的人生！」

老實的丁賴只管說下去，一面要使彌伴開心，一面也以回憶旅途經驗自喜，只是彌伴並沒有仔細傾聽。

他們在走到墨竹工卡以前，即離開江達的路，沿著吉水穿山越嶺而行。到處不見人煙，路徑也模糊不清。彌伴所見的景色與故鄉大不相同，頗覺賞心悅目。

幾天下來，他們都在水邊進食，撿牛糞為薪火，置三塊石頭為灶，煮茶喝，吃糌粑。夜宿在鑽追給他們的小帳篷裡。這種生活對彌伴來說是全新經驗，他感到別有風味。

一天傍晚，丁賴在山邊深谷處停宿。

「賢侄，」他說：「我們今天不架帳篷，也不舉火，且將馬匹絆了前蹄，不讓牠走遠就好，因為此地很不安全，馬賊時常出沒。我們不能讓賊人看見，以免馬兒被偷去。」冒險的生活開始了，夠刺激，夠新鮮。彌伴那一夜沒有怎麼睡，然而那是他離開卓瑪以後最高興的一夜。

兩人的坐騎踏上了被無數商隊踏硬了的土。

「到大路了！」丁賴說。

彌伴張望四面無垠的荒原，問道：「多吉在我們前面，還是在我們後面？我們怎樣斷定呢？」

「那不是難事，」丁賴說：「假定他在我們前面，不會離得很遠，像過去這兩天的好天氣，馬蹄的痕跡是可以看出來的。」

丁賴下了馬，牽著韁繩慢慢走著，注視地面。

「除了舊蹄印以外，沒有新的。」過了一會兒工夫，他說：「最新的是牛幫的蹄印。少東家多吉帶的是騾幫，這自然不是他的蹤跡。」

他又繼續前進，仔細查看這裡的路面。

「沒有少東家的痕跡，」他下結論，「我們走在少東家前面了，還沒有到會面的時候。我們最好找到合適的地方就歇下，等著他們。」

「若是他們已經過去了呢？」彌伴說。

「還沒有過去，」丁賴的話平和而堅定，「假如他們走到前面而我們沒有追上，少東家一定打發人回頭找我們的。」

「假如他們已經很早就過去了，又沒有找到我們，我們在此地等下去不是更糟嗎？」

丁賴不禁大笑起來。

「那是不太可能的！」他說：「即使如此，我們也沒有什麼可慮的。只是我們不能再走這條路罷了。因為這條路要經過絕無人煙的荒野，非有大量的食糧不可；然而憑著我們的食物，可以走東邊另一條路，那是能夠遇著牧人的帳篷。我們有錢，可以買點吃的。」

「那條路走到哪裡呢？」彌伴指著另一條路。

「走到結古多（玉樹）。很多藏漢商人曾由那裡到湟源——那就是少主人多吉要去的地方。我們可以加入他們的幫，也可以自己走。那條路我走過很多次的。」

「可是多吉怎麼辦呢？他遇不著我們，那是多麼不安，多麼的不高興呀？」

「不安……是的，也許有一點，可是他為什麼不高興呢，那是沒有理由的，就連不安，也沒有真正的理由。少主人從小就知道我，他九歲第一次加入商幫旅行，還是我帶著他的。他十分肯定，我不會使你迷路的。」

「是……你的話不錯。」彌伴驀然同意了。

他有一點傷心。他是多麼相信多吉的友誼。可是，這友誼就像丁賴所想的那樣淺薄嗎？假定他沒有加入他的大幫，多吉總要派人找尋呀！對於他，無足輕重的彌伴，他會漠不關心讓他流落曠野裡嗎？難道他認為彌伴有丁賴作伴，就放心了？

他拋棄了綠草沃土，可愛的村舍，突然流落在渺無人煙的荒野，大風怒號，孤寂異常，實在需要更親密的友情。彌伴第一次感到世界對他無足輕重，所以儘管穿得很厚，仍然冷了起來，而這次，並非由於高原的烈風。孤寂在變成幸福以前是苦的。彌伴嘗到生平第一次苦的孤寂。

兩人向著一脈矮山繼續策馬走了一個多鐘頭，山下有水，所以決定在那等候騾幫。傍晚搭起帳篷，在附近拴好馬匹，即入睡鄉，希望多吉於次早趕到。

可是，第二天多吉並沒有來，第三天也沒有來。

丁賴儘管個性再沉穩，也開始認為這樣的遲延有些奇怪，有些不安。他一面為了找事做，一面為了節省糧食，乃到處尋覓生在地下而味如栗子的「措瑪」。結果，他找到了很多，還有一些野獸糞；更在一處帳篷遺址找到很多的牛糞，足夠數日燃料之用。

丁賴回來看見彌伴在牧馬，便上前安慰他。可是連他自己也開始懷疑，自己是不是忽略了騾幫的蹤跡。他再重新考察一遍，但老天不作媒，到了大路以後，已經下過兩次大雨，土已濕潤，大部分蹄印已經模糊不清了。丁賴心中暗自打算，再等兩日還不見多吉到來，即逕行走向牧場，直奔結古多了。

彌伴笑了笑，不太在意的接受了「叔叔」的安慰。他沒有理會那些話，而是在聽別的聲音。羌塘草地的魔力已經開始影響他了。他童年時，在喜馬拉雅山森林中面對無形存在的無聲對話又恢復了。

「賢侄，」丁賴於第四天早晨提議，「我們不能在這裡久候了。我們應該開始尋覓牧戶，以便加添我們的食物。少主人多吉一定是有什麼事給絆住了。他一定會明白我們不能再等候的理由……我也做了一個不大好的夢。我們備馬前進吧！」

「好，我們走吧。」彌伴此刻也只好同意了。

丁賴將馬找來，備好各人的馬鞍，並帶上一袋糞。丁賴換了一個方向走向沒有路徑的路，彌伴隨後跟著走。

離開原路的第三天下午，看見了黑帳篷。他們十分高興，因為他們儘管節省食物，也只剩下一把糌粑和一點茶葉。牧戶對他們很客氣，給了每人一大壺的奶渣子。可是並無多餘的糌粑和酥油可以賣給他們。牧戶說，他們自己也是不夠的。

「明天再說吧！」丁賴向彌伴說：「也許有辦法跟他們商議一下。」

傍晚圈回牲畜的時候，女人們忙著擠牛奶。她們煮好牛奶，兩位旅客也喝了幾碗，丁賴幫著彌伴架好帳篷，彌伴躺下，蓋上毯子，腦袋一靠鞍子，就沉沉入了睡鄉。丁賴裝著整頓行囊，這時便偷偷離開了帳篷。

第二天早晨彌伴醒來的時候，丁賴已將行囊搬到帳外，準備放在馬背上面了。彌伴因為醒得過遲，有點兒不好意思，趕緊收拾起帳篷，穿好靴子，戴上帽子，兩人向牧戶告別，隨即驅馬上路。

整個早晨都在奔馳。過了河流，丁賴提議停馬進食。

「進食應該很簡單，」彌伴說：「一點糌粑和冷水就夠了。我們沒有剩什麼東西，反不如馬可以盡時吃草。你想我們會很快買到東西吃嗎？」

丁賴笑了笑。「我們生火吧！」丁賴解開裝牛糞的口袋。

「既然無茶可煮，生火幹什麼呢？」彌伴打趣說。

可是看見丁賴高深莫測的表情，只好不作聲。也許丁賴終於向牧戶買到一點茶葉和糌粑吧？但當彌伴見他打開一個大皮袋，不禁奇怪起來。倒出來的東西既非茶葉也非糌粑，乃是一個血跡斑斑的包裹。打開包裹一看，原來是一塊一塊肢解了的羊。

「啊！你殺了羊啊！」彌伴痛心至極，不禁喊了出來。

「不是我殺的。那是牧戶殺的，只不過由我切開罷了。牧戶要我出價，因為他們知道我們沒有吃的了。但這足夠幾天充饑。賢侄，你應該餓了。來，讓我們燒一塊腱子，提提精神。」

彌伴頓時不舒服起來。他從小怕吃肉的習慣，此刻雖然不那麼敏感了，因為在土官官邸時，肉是主要的食物，他經常餓得沒有辦法，不得不吃；而土官家的那位喇嘛，則是每月初八、十五、二十那三天不吃肉——他是有廚子可向管家領東西辦素食的。彌伴並無此特權，主人吃剩下的就是他的主要食品。這些剩餘食品又永遠有肉，而且他也永遠在餓，更不能不吃。然而現成的肉是為了人家預備的，絕不同於專為他而殺生。為他自己而殺生，那是多麼可怕的事呀！這次，正是為他自己而宰割了的肉。

「唉，丁賴，你怎麼……」

丁賴打斷他的話頭。

「我知道你是僧伽一類的人，不應該叫人殺生。你以為我連這個道理也不知道嗎？所以我特別等著你入睡才敢向牧戶交涉。殺羊，切肉，裝起來，都是在你不知道的當兒做出來的。你既無可非議，便沒有不吃它的理由。我知道規矩是什麼，怎樣辦才對。這你大可放心的。」

丁賴似頗通曉喇嘛的規矩，他如此周到的顧慮到他，彌伴也不好再多說什麼。肉在火爐上燒好了，散發出陣陣肉香。彌伴飢腸轆轆得難受，禁不住也吃了，而且覺得好吃……羌塘草原上的羊肉是再鮮美不過的。

彌伴心裡在難過，可是身體安適了，他們重新整裝上馬。對於旅行的興趣，將來的展望，在過去幾天受到的打擊，彌伴一一恢復，也比較樂觀了，不再因見不著多吉，不能加入他的騾幫而難過；前途的不可預知，半孤寂的狀態，都使他興奮的期待著。

最終將入屠宰場的犛牛

丁賴與前幾天一樣，在硬土荒原的邊上勒住馬。那裡的草已被牛馬蹄跡踐踏，中斷了生長。

「大路了，」他說：「以後的路，好走多了。」

他們遇著牧戶的次數更頻繁了一些。丁賴永遠會巧妙遵守著規矩，在彌伴不知不覺中弄到羊肉。彌伴也繼續吃肉，維持著身體健康，同時感到肉食的殘忍，肉食的不合理。

想當年，噶舉派（白教）的祖師米拉布衣聖者[3]，因為無物可吃，不願為覓食而耽誤靜修的功夫，所以快一年的光景都是煮蕁麻充飢。最後他才明白，他不但站起來費力，而且連冥想入定的力量也沒有了。這時，剛好有人給他送肉送酒來，他才飽吃幾頓。於是恢復了神智，重入靜土，而得正覺。

這個故事彌伴是很熟悉的，所以也對其中的矛盾莫名其妙。有些出家人因為悲憫有情的心不夠，而大多殺生吃肉，是不是藉著這個故事當口實呢？聖者米拉既然不放棄慈悲便不能入定，因而給人以口實，那麼，還不如放棄入定更為高超？用不慈悲的方法來入定，這種定功是不是自欺，是不是有害於耶喜棍臧大師的徒弟所說的「深觀」呢？這些問題，他都無從解答。

可是他自己吃了燒羊肉以後，的確渾身輕鬆，走在路上興高采烈。他也不斷的責備自己，為什麼那樣懦弱，為了欲望的滿足而犯下殺生害命的大罪。

兩人在玉樹停了一個星期。丁賴在那裡有認識的商人，大部分時間都是同他們商量事情；彌伴則不是在野外獨步，就是在客棧裡冥想。

丁賴打聽到，他們兩人可以搭幫去湟源——那就是多吉應該去的邊城。

彌伴對於這消息並不熱中，他已喜愛上荒涼的氛圍，本能的感覺到許多同伴在一起會破壞了恬靜的樂趣。然而，看到丁賴興高采烈的樣子，不想因為自己的感覺而增加他的苦惱。啟程的時候才發現，丁賴之所以高興，乃因他在玉樹作成了一樁買賣——添了三頭犛牛馱著貨物，加入商隊。

龐然大物的犛牛走得很慢，加長了行程的日期。商人們天一亮就起身，走幾點鐘就燒茶，太陽過午就下帳，以便牲畜吃草。

跟著這一群人走，每晚上喝酒喧嘩，是沒有靜思機會的。彌伴自己盤算著前途，將來作何打算。到湟源做什麼？尋什麼職業呢？沒有別的門路，只好去經商。只是——買進、賣出，賺錢的生活是值得的嗎？值得費事的嗎？然而那裡有卓瑪……沒有很多的錢、貨物、馬匹，卓瑪不能和他在一起，那就非當商人不可了。

還有幾天就到托索湖的時候，他問丁賴那兩位領導商隊的人是否住在湟源。丁賴告訴他，他們來自西康的康定，但在別的地方有幾處分號，湟源即為其中的一處。

「那牛自然都是他們的吧？」彌伴問道，「馱著你的貨物的，是你雇來的嗎？」

「他們的牛是他們買的，我那三頭是我買的。」丁賴說。

「你要怎樣處置牠們呢？留著回日喀則的時候再運貨嗎？」

「我要跟著多吉先生的騾幫回去，將貨馱在騾子上。犛牛太慢，是跟不上騾子的。」

「你只有三頭牛，不算多。那些商人會有用牠們的地方，你要賣，他們自然會買的；不過，他們見你非賣不可，就會壓低價錢，讓你賠本，丁賴。」

丁賴沒有回答，於是談話終結。

兩天以後，彌伴偶然與商隊的僕人提起犛牛的事來。

「我們不將犛牛帶回來，回頭貨沒有多少的，」僕人說：「商人要走黃河那條路，有幾匹西寧騾子帶到拉薩去賣就夠了。」

「他們賣犛牛不會賠錢嗎？這個季節用得著很多的馱牛嗎？」

「不，馱牛沒有多大用處。這是販運騾馬的季節，我的主人就是做這個的。可是大多數的犛牛會被屠戶收買，他們肯出大價錢的。」

「怎麼？這些牲畜走完路程即要入屠宰場嗎？」

「差不多都是如此。假如賣的錢比買價差一點的話，也比雇腳力由玉樹到湟源便宜。這樣，貨物的運費便少多了。假定運氣好，牛肉有行市，可以一點也不賠錢。富商能使犛牛購價降低的，都那樣辦，因為那是最划算的。」

僕人談到別的事情，可是發現彌伴心不在焉，就去忙別的事了。

牛群的命運使彌伴不知所措起來。

四周的景色都看不見。他所看見的，只有擠來擠去的牛群，長長的毛，喘息在重載底下，好像一渠混水，慢慢的，悄悄的，流過下面碧綠的草原，而上面一望無垠的青天，毫不在意的靜穆著；只有疲乏了的犛牛渴望著休息，渴望臥在草地上咀嚼，享受著輕鬆。因為人們的忘恩負義，要在旅程終點給牠插進長刀，刺進心坎，或者給牠們套上嘴，讓牠們掙扎著悶死❹。

殘忍呀！殘忍！這些人，歌唱著，呼嘯著，和這些沒有意識的犧牲品走在同一行列，竟不覺悟，而且永遠不會覺悟，他們的行為是多麼的殘忍。

「丁賴叔叔！」彌伴突然叫道。

鑽追的僕人，原是走在這個假侄子的前面的，聽見這種帶著痛苦的呼聲，勒住馬，回頭一望，便撥馬轉來，到了他的面前。

「怎麼了？不舒服嗎？」丁賴看見彌伴痙攣的臉，充滿恐懼的眼神，還有牽著轡繩發抖的手，感到十分不安。

「你要怎麼處置你的犛牛呢？」彌伴沒有答覆他的話，反問。

「我，先生……我的犛牛？……怎樣？」

「你要將牠們賣給屠戶，跟別的牛一樣送去宰殺。……我現在知道了！」彌伴打斷他的話。

「可是……倘若無人出大價錢買牠們，我不能不……那是很正常的事。」

「前兩天你為什麼沒有告訴我呢？」

「因為我不願意讓你難過。你有一些想法……那自然是好想法，可讚美的想法。你是屬於僧伽的，我不過是俗家。……可是，先生，你要相信，我安排得很好，讓你看不見難過的事。唉，我並沒有那麼蠢，我知道僧伽的規矩。到底哪一個混人告訴了你呢？那一定是不懂規矩的人！」

「不要說了！你的犛牛要多少錢？我要從你手裡頭買。」

「買我的牛？為什麼？那是不大合理的。」

「我有錢，預先付；你要樂意，今天晚上就付。」

「為什麼要花你的錢？你有用得著牠們的地方嗎？你買牛幹什麼呢？」

「多少錢？」彌伴問得很不客氣。

「你若非要如此不可，我是每頭牛花了三十兩銀子買的。」

「意思就是說，我要花比三十兩再多一些。你既要賺錢，就希望屠戶出的價錢比原來的高。」

「啊，我現在明白了，你是一個聖僧。我以前如果對你不夠恭敬，請你原諒，原諒我只是一個俗人，一個黔首❺。」

「每一頭多五兩，或者對你不算賺錢，還是要再多一點？不過你要明白，給你的錢越多，便越使我搭救別的牲畜的數目減少。」

「你還要買別的牛！」丁賴吃驚了。「先生，那是沒有意義的事，而且你沒有辦法都買盡。」

「可惜不能都買盡，」彌伴鄭重的說：「不過一個人應該盡量做好事。」

丁賴慚愧起來。「我不打算比原價三十兩再多些，」他說：「我相信，憑著這段好事，我的貨物可以賺錢。」

「好，就這麼辦。」彌伴說完，即轉過馬頭，意在單獨走。

到了晚間，丁賴給牛解載的時候，另外兩隻解完載的牛來到丁賴附近徘徊不去，注視彌伴搭弄帳篷。彌伴在這兩頭長毛動物的疲乏眼神裡似乎看見一絲靈光，從漆黑一團的心靈深處發出不可名狀的呼籲。

「丁賴，在這兩頭牛的角上各拴一段繩子，看看牠們的主子是誰，替我買下來！」

丁賴不敢抗議，他以為是青年夥伴在發瘋。可是在藏區，所有起源於慈悲的行為，即使在粗俗而唯利是圖的農人和商人中間也會引發敬慕。那位象徵著無限慈悲的千手千眼觀世音作了雪域聖地的至高護衛，不是沒有作用的。

彌伴在小帳篷裡躺在草地上想起他的貧窮，急得哭泣起來。他不是因為沒有錢不能將卓瑪娶過來而傷感，而是因他沒有錢，不能解救這一群在地上吃草的不幸牲畜脫離痛苦而悲哀。

註釋

❶釋迦太子像：指釋迦太子身量的像，藏名「覺窩」，在拉薩極受崇拜。據說唐太宗嫁文成公主與藏王松贊干布時，即以此像作陪奩。

❷吃他爸爸的肉，乃是藏話中最惡劣的咒罵。

❸米拉布衣聖者：即密勒日巴（Milarepa, 1052-1122），為噶舉派創始者瑪爾巴的嫡傳弟子，法名「喜笑金剛」，以苦行聞名。「日巴」藏語意為「著布衣者」。

❹藏人以為悶死比較仁慈；同時，血沒有流出來，肉質更好吃。
❺黔首：指「黑人」、「無明」的人。

第七章

寺院奇遇　機緣巧合轉投商

彌伴繼續他的行程，但他依然感到痛苦，那是施與受兩面的痛苦。他記起許久以前，自己無識無知時，在森林隱士的茅屋中過夜所聽見的悲聲；他記起了他所保護的豹子以及離家逃跑的情形……那樣不可一世的童年，如何是將來的商人——在計逐毫末的稠人廣眾中擠來擠去的商人，他不禁自怨自艾了起來。自忖，怎麼會墮落到這種地步？他想到自己心中充滿了物質欲望，又不禁憤怒起來。再思及到了青海後將要做的事，更是極不自在。

雖然鑽追從未對他說過到青海要如何如何的話，自己卻就這麼糊裡糊塗，說走就走，一時之間所有的注意力全在卓瑪身上，也沒那個心思弄明白，甚至也沒問清楚，鑽追怎麼會給他那樣一大筆錢去打事業的基礎。很多發了財的買賣人，一開始都沒有這麼大筆的創業本錢。

根據他的了解，鑽追並沒有打算僱用他，而是要幫助他獨立。若是他猜得不錯，錢是鑽追代丹津墊的，不是送的。所以他欠丹津不只一百五十兩，而是一百五十兩外加商人之間的通行利息。究竟是多少利息呢？他不大清楚，最少是一年五十兩，或者七十五兩，或者還要更多。可是，現在他身上只有幾元錢，乃是由家鄉逃跑時帶出來，依然緊繫在帶子上。原來的錢同卓瑪到日喀則的路上已經用了一些，後來同她在甘丹寺獻燈時又用了些。

緊繫在帶子上的，不過剩餘的零頭罷了。

他發出了一聲諷刺的訕笑，笑起自己的窮途末路。可是，他對於自己的慈善行為並不後悔。反而，他對這些牲畜的愛越來越深，他簡直要擁抱牠們；他寧可經歷一幕苦中帶樂——即便在曠野裡餓死，但仍能守著他那五頭犛牛太太平平的吃著草，既不想去理會他的痛苦，也不想去了解他的損失。

可是，人非要金錢財富不可嗎？一個十七歲的人，除了錢以外應該還有其他路子的。可以肯定的是，他不能沒有卓瑪，因為他愛她，而且答應給她好吃好住的安樂生活；這是他欠她的。彌伴是慣於冥想的。一想到這裡，不知不覺的覺得他對卓瑪是基於一種責任，而非滿足他的情感，滿足他的欲望。

他握緊了拳頭，抬起頭來，大聲道：「就這樣吧！」他接受了他生命的挑戰。但用什麼法子去挑戰，他還沒有想清楚，不過，他相信自己有致勝的本事。

隔院閃爍誘人的神秘黃光

快到湼源的時候，商隊經過一座寺院，彌伴看見寺院，不禁心生嚮往。這個小寺院房屋散發出和平氣息，在在吸引著彌伴徘徊不去。一想到落腳湟源，一大群商人擠在偌小的店裡，一齊喝酒慶祝，那種喧嘩簡直讓他受不了，於是策馬前行，追上丁賴。

「你聽我說，」他告訴丁賴，「你跟著商隊走。到了湟源解下馱子以後，就牽過我那兩頭牛來──那是在角上畫了記號的。那兩頭，加上從你手裡買的三頭，都請你找好地方讓牠們吃草。我要在這裡停留幾天。請你把帳篷跟吃的留給我，你到湟源去買食物，我在寺院附近休息休息。假如我後天還未到湟源，請你到這裡來，告訴我多吉到了沒有。」

「你不舒服嗎？」丁賴關心的問道。「如果不舒服，還不如住在屋裡，有人給你好吃的；一個人在夜間打野，是不方便的。」

「我沒有病，只是有點疲乏，不喜歡人聲嘈雜。」

丁賴考慮一會兒，決定按照他的話去做，答應替他照管犛牛，兩天以後再來看他──假如他沒有到湟源的話。交代妥當後，他就跟著商幫走了。

彌伴已經打定主意在寺院牆外搭帳篷睡，可是他有些放心不下他的馬。強盜不會在這種地方出現，小偷則多得很，會在夜裡摸黑偷馬。想了想，他何不借重寺院呢？也許有善心的僧人可以借他馬棚一用。且藉馬作口實，可以大大方方進入寺院。

彌伴看了看自己的服裝，還算整齊，只是風吹日曬褪了點色，樣子不會太糟，像走遠路風塵僕僕的旅客。不過話說回來，這也是實情，只是該不該就這樣給人家看呢？他以為不應該。

他策馬到山背後，這裡看不見寺院，然後打開行囊，取出出家的服裝——喇嘛旅行時的服裝，換上後復又上馬。他穿得講究，就有勇氣理直氣壯的走向寺院。到了牆外，趕上兩個入寺的僧人，他們向他打招呼、問好，問他是否入寺院找什麼人。

「我在寺院並不認識什麼人，」彌伴答說：「我只希望有人收留我的馬過夜，我自己在帳篷裡住就可以了。」他說著以頭示意，指了指他座下的馬和身後的帳篷。

兩個僧人對於這位體面的旅客十分尊重。其中一位說道：「先生，一定有人幫你收留馬匹的。我的老師就會幫你的忙。你要問問他嗎？我們可以陪你去。」

「那是再好不過了。先謝過兩位的盛意。我就跟著兩位過去。」彌伴下了馬，牽著韁繩，走在僧人的旁邊。

「貴客由哪裡來？」年歲較長的問。

「由日喀則來。我一路搭著商幫來。」彌伴簡單的回了一句。

「那麼，你會經一點商了？」另一個說。

「一點點。經商不是我的本行，我原來是學占卜的，不過我更喜歡法相的學問。」

「那更好呀！」兩僧同時說。他們對於這位旅客的敬意又提高了。

寺院裡的僧眾，看見彌伴同著兩個僧人一起走，又看見他穿著僧服，並沒有人過去盤問他。

兩個人的老師坐在一位活佛的館舍裡面。單獨一所房子，有便門通到街上。彌伴候在門外不久，帶他來的人出來通知他，馬和行囊都可寄存，而且老師請他進去吃茶。彌伴謝謝他，從懷中取出一條哈達，就跟著進去了。

進了喇嘛老師的屋子，獻上哈達，道謝盛意，彌伴就坐下吃茶，也吃一點糌粑。

老師也與兩個徒弟一樣，盤問彌伴來自何處，所幹何事，以及一大堆別的問題，彌伴也沒有說出自己的底細，憑著想像，造了一個他覺得還不錯的身分——這是他自己所希望的，而不是他實在的面目。於是，大家從問答中得到的印象，便以為他是家世可觀，富有資財的。其中有一點特別使主人如此相信，即問到湟源有些什麼熟人的時候，他說去找日喀則的商人鑽追的兒子多吉，且去訪問拉薩的商人丹津的代辦；說是與多吉為好友，而丹津則是他父親的朋友。主人聽見這幾個名字，便說都是熟人。

寺院許多喇嘛，還有本院的活佛，都與那兩個商人有所來往。這樣一來，彌伴便不是生人了，輕易便得到他們充分的信任。在此之下，他們不能讓他在外打野，一定留他住在寺院。因為在寺院留客過夜是需要寺主允許的，老師便命一個徒弟拿了哈達去辦交涉。

寺院當局正式許可以後，留彌伴吃了一頓很好的晚餐，隨即由老師的侍僧帶他到另一小院，他的行囊已經拿到小院一端的一間屋子，擱在鋪座上了。

侍僧在牆柱上燃上一盞小油燈，道了一聲「晚安」，便退去了。

彌伴四處張望著，屋子是空的，長方形的，兩端都有鋪座。門在當中，門兩邊的牆上各有一扇大窗子。窗子有裝飾的格子，格子上糊著半透明的紙。

彌伴將毯子鋪在鋪座上，脫去上衣，穿著褲子，便上鋪去睡。可是滿腔思潮，使他翻來覆去睡不著。他所想的，不是到湟源後將來該怎麼辦，而是此刻的現實問題——即明天早晨太陽出來時，該怎麼辦？他既進了寺院，受了款待，無意中給自己增加了新的困難。

按規矩，早晨要給主人送禮，要還馬料錢的。可是他剩下的一點錢，根本不夠這項開銷。怎麼辦呢？怎麼度過這個難關呢？

油盡燈滅了，他睜著眼躺著。不久，他看見窗子上透進光來。屋內有燈時，他看不見這些，屋內暗了，窗上露出星形，底下有黃光在晃，好像是外面有燈。

原來在這兩間房裡，不像他所想像的那樣，只有他一個人住。隔院一間也有人住著。那個光又一閃一閃的，好像在說「來吧！來吧！」這股不可抗拒的誘惑力不斷驅策著他。

「我要出去透透氣。」彌伴朦朧的想，他翻身起來，穿上衣服，走了出來。他靠著門框，深吸一口氣。他不禁驚訝的問自己：隔院的人為什麼這樣引起他的好奇心呢？那個光依然誘惑著他，又在對面那間屋的窗上波動起來。

彌伴終是抵不住誘惑。於是，他踮著腳走過院子，到了對面屋子的窗前。他在窗紙上找了好半晌找不著洞可以窺看裡頭的情形。

正在這個時候，一種溫和而有權威的聲音由裡面發出來。

「進來！」

彌伴心中無所謂恐慌，也無所謂驚訝。他就好像在夢中，恍恍惚惚，迷迷糊糊的；什麼事都覺得理所當然，什麼事都覺得可能發生。同時，他也覺得自己好像正期待著「什麼」、等著發現「什麼」。「什麼」讓他進去，他進去就是了。

他進去的屋子挺大的，建築在兩個院落之間；因為正對著他進去的門還有另外一個門，而且門的兩旁都有一扇窗子。進來這一面窗子是完整的，可是另一面的門窗戶壁卻是破亂不堪的，窗紙不是半吊著，就是破著，有些地方還可以看見外面的天和黑壓壓的建築。靠近那面窗子的炕上坐著一名老僧人，披著破爛的袈裟。他背後的牆上掛著一大幅文殊菩薩的畫像，鋪座底下放著一個缺了邊緣的大火爐。此外別無長物。只是老僧坐的一角發出不太亮的光。

然而那個最初引他注意，繼而使他不得不注意的燈，促使他到此的燈，卻在屋內遍尋不著。奇怪的是，屋子始終是亮的。彌伴有些出神了，當他打算啟齒，且要走近僧人的時候，僧人打斷了他。

「坐下！」

彌伴順勢往地上一坐。

老者審度著他，沒有說話，彌伴不知說什麼好，也靜默著。

「你的心為什麼像暴風雨的海心那樣動盪呢？」老僧終於說話了，「你那心氣引發的波動都傳到我這裡了。你明天要向主人說老實話，說你無錢報答他的地主之誼，不要擔心，也不要不好意思，那不會使他為難，他是有錢的。為難的倒是你，因為你以為說實話讓你沒有面子。但你為什麼誇大其辭呢？為什麼另換衣服，讓人看重呢？為什麼人家受了你的騙你就高興呢？高興的時刻過了，跟著來的是難過。在心裡忽兒高興，忽兒難過，乃心不平靜的來由。可是這是誰造成的呢？除了你自己還有誰呢？」突然老僧話鋒一轉，問：「你是打哪裡來的？」

彌伴說來自日喀則，但那老僧從破袈裟裡伸出一隻乾枯的手，並做一個平和而有力量的手勢，讓他不作聲。奇怪的老人注視了他一會兒後，便反過來觀他自己心理上的某些事物，就像寺殿壁畫上的佛像那樣，正在「內觀」。

「你救了兩條犛牛的命，那就是你將錢財花光了的緣故；你哭了，是因為你無力解放更多的生命。觀音也會因為不能使一切有情脫離苦難而失望的。」

「觀音，」他喃喃念著，「有人說你是『觀音的兒子』。我在森林裡看見你，你還很小……啊，在你肩膀的疤是怎麼回事呀？一個豹子朋友……牠看看你……去吧！孩子，睡覺去吧！除了慈悲，什麼都是空虛的。」

彌伴對老僧的天眼神通既吃驚又感動。他恭恭敬敬的朝老僧打了活佛行禮，磕了三個頭，退了出來，一句話也沒有說。

他第二次走過院子，好像比他初次從自己的屋子出來時黑暗多了。他回頭看向老僧的住處，原來引誘他的光也不見了。

管家班覺

彌伴覺得才剛進入夢鄉，醒來時天已發亮。突然，他想到解決的辦法了，他應該在寺院，等著丁賴來找他，丁賴身上會帶著錢，那他便可以向丁賴借來酬謝主人，可以走得有面子。而且鑽追在日咯則給他做的上等僧裝，該是很好的抵押品，可由丁賴出售，賣了僧裝丁賴便可扣下借款，給他餘錢。這是再簡單不過的事。

雖說計畫甚為周全，但第一步，與其說是靠自己，毋寧說是靠主人，客人要用什麼藉口才可以等到明天再走呢？

正當他在思索的時候，門開了，昨天送他進來的僧人同著一個小僧進來了。他們提著一壺茶，一小口袋糌粑，還有一個盛了炭火的爐子。

「你一定很累，先生，」僧人見他依然未起床，順口說：「你一定是走了很遠的路。」

彌伴即刻有了主意，找到留在寺院的藉口了。

「我在夜間發燒，現在有點頭昏。我們在路上，為了給牲畜好草吃，曾在沼澤地帶下帳篷。大概那對於我不大好。謝謝你們的茶，我是用不著糌粑的。我口袋裡還有糌粑，也有乾肉。我很快就會好，可以離開這裡的。」

「用不著忙，先生。躺著吧，暖和一些。」

僧人看見客人的碗套子❶，打開，取出碗，倒上茶，遞給他，就退下去了。

「可是，接下來第二步該怎樣辦呢？」彌伴在想，「我方才說就要走，恐怕就要說病加重了，才不必走吧？」可是他沒有機會思索這個，送茶的僧人又回來了。

「先生，老師教我來告訴你：你既然發燒，一定要多住幾宿再走。你應該休息，好好的吃。你要樂意，我們可以派人到湼源告訴你的朋友，說你今天不回去了。」

「啊！多謝多謝！」彌伴大聲說：「老師太客氣了。休息一天一定對我很好。晚間太累了，也頭痛；那就是我打算單獨睡帳篷，不同夥伴到湼源熱鬧的緣故。明天便會完全好了。商人鑽追的僕人與我同路，他今天不見我回去，明天會來找我的。他看不見我的帳篷，自然會到寺院來打聽，請代替我向老師致謝吧！」

彌伴留在自己的屋裡，高高興興穿上衣服，倒了一碗茶，揉了一個糌粑球，從口袋裡取出乾肉，吃個痛快。藏人對於病人主張多吃，所以彌伴儘量吃，也不必擔心人家疑惑他裝病。藏人一般比漢人吃得少些，喝茶則特別多。另一方面，漢人病了講究睡，藏人則怕病人睡，有時設法使病人不睡。

中午的時候，僧人來問他有沒有好一點，是同老師去用飯，還是將飯端了過來？彌伴宣稱好多了，老師如此盛情，他喜歡過去。他離開自己的屋子，望了望對面那間屋子。那好像是空的，整個上午，隔著窗子罅隙望過去，都沒有看見什麼動靜，不像有人住的。

「誰在那裡住？」他問僧人。

「沒有人。這院裡對面兩間屋子是專供客人住的——拜活佛、看管家或看老師的人。」

「沒有人?」彌伴重複了一遍,卻更加糊塗了。難道說,夜間的會談只是一場夢嗎?

他那心緒不安顯在臉上,進了主人的屋子,主人以為就是發燒的結果!

「啊!真可憐,」他望著彌伴說:「你還帶著病容。你的病一定是因為疲勞,還有睡在沼澤地帶。不過,不久就會好的。請好好的吃,那是最能治寒熱的。」

彌伴謝謝主人的盛意,他不管有病無病,難過不難過,都永遠在餓,情緒上的任何變化,對於他的胃口是沒有影響的。

飯後來了一個僧人,服裝很講究,穿著織金線的背心。他來看主人。主人介紹給彌伴,那就是房主活佛的管家,名叫班覺。班覺因為聽說這裡有個丹津的朋友,而他與丹津認識,所以過來見見。

彌伴重述一遍,他的哥哥住在丹津那裡,丹津是他父親的老友,他自己是來青海做生意的。因此,談話便說到生意上去。彌伴對於生意完全不懂,可是正因為他不懂做生意的傳統方法,才將自己的意見說得天花亂墜,使聽話的人都驚奇。他口才十分好,講起來很傳神,大家又不大了解他的意思,所以都讚賞他,認為他有本領,將來可以成功。

「願意到我那裡去一下嗎?先生?」管家要回去的時候向彌伴說道。

「當然很好。」

「我有一些貨，」管家到自己的屋內後向彌伴說：「是寺主與其他僧官交給我代辦的，因為他們相信我會做生意。我原來打算交給別的商人出售，但聽了你的話，我相信你的辦法更多，也許賣得價錢更高，你歡喜看看嗎？」

「多謝盛意，很好。」彌伴的口氣好像飽盈經驗的商人，話說得並不多，態度也非常謹慎。

管家帶他到一所很大的屋子，裡面裝滿了各種貨色，有食品、織物、地毯之類。

「這裡的東西，你以為哪一些可以賣呢？」班覺相信彌伴有經驗。

但彌伴一點也不懂，可是他儘管對於商業沒有經驗，說起話倒是滿有把握的。

「我要不了多少，因為我打算下次多帶內地貨。」

兩人在下午就選好了彌伴要帶的貨。討論價錢的時候，彌伴總以為算得太高了，可是結果議定兩天後派牛來運貨。

一切議定以後，班覺請他吃飯，作為成交的最後表示。飯後，彌伴高高興興的回到自己屋裡，再也不是昨晚的一貧如洗，而是有了初步基礎，財富可以繼續增加了。

「卓瑪，」他喃喃自語道，「你若看見我，是要為我自豪的！」

然而，卓瑪是遠的，使他納悶的則是近在咫尺的謎。即在對面的屋中，他於昨晚去過的。老僧說了些本地無人知道他的童年故事。可是僧人告訴他，屋內並沒有住著人。那麼昨晚的一切都是夢：夢見了引他注意的燈，夢見了走過院子看個究竟的願望，夢見了突然被人叫進去。雖然奇怪，但也可能，因為有的夢，就像真有其事一般。可是……

他藉著窗戶縫，繼續望著對面的屋。他盼望窗戶再亮起來，然而始終是黑的。

他走在外面，走過院子，停在昨晚駐足的地方，盼望再有命令發出來。可是什麼聲音也沒有！他推一推門，門開了。裡邊是黑的，院子還有的光也不能使屋子亮起來。他應該看得見正對面那一道門、兩個窗子、破的窗戶紙。然而什麼也沒有，只是模模糊糊一面牆，屋子好像是小了，兩邊的鋪座也好像是短了。他走過去要找昨晚看見的門，但碰著的是硬壁。

彌伴退出來，要弄清楚是不是走錯了屋子。然而除此之外，再也沒有第二間屋子。小小的院落，只有一面他自己住的屋，一面昨晚去過現在又退出來的屋。這屋子為什麼變了呢？事實上，這間屋子只是現在這個樣子呀！然而他又很清楚，昨晚會見老僧的時候，情景方位，歷歷在目。那麼，……這到底是不是夢呢？

好吧，就當做是夢吧！那個夢讓他記起充滿童年時代的思想，記起尋求友愛之邦走在森林裡的奇異歷程。

第二天快到中午的時候，僧人領著丁賴到了彌伴的屋子。

「我剛才聽說，你曾發燒，先生。這會使我很不安。」鑽追的僕人一進來就這樣說。

彌伴笑了笑。

「我很好，丁賴，不必擔心。多吉到了嗎？」

「他前天就到湦源了。」

「你知道我們為什麼未在黑河口的路上相遇嗎？」

「他說，他由日喀則起身起得晚了。我想那是因為你的事的關係。他會告訴你一切經過的。」

「丁賴，我們先喝茶，管家給我們預備好了，喝完茶，我就同你去湦源。我必須在那裡租一間大房子，明天就帶著牛來運貨，我已經是個商人了，丁賴。」

丁賴則以為彌伴因為發燒在亂說話。

「好的，好的。」他用對付病人的和緩口氣回答他。

彌伴猜出他的心事，不禁笑了起來。「我並沒有生病，請你放心。來，同我去見管家，看看他交給我的貨物。可是，你要先借給我一點錢。我須送點禮，報答喇嘛收容我，僧人服侍我，替我餵馬。因為我差不多花光了。我將鑽追老伯給我做的僧裝作抵押——那是好料子，還新著呢。你將它賣了扣下借款，剩下的再給我。」

「我可以借給你錢，先生。而且不要什麼抵押，你高興還時再還。」丁賴認為上次為了犛牛的交涉，彌伴覺得他愛錢靠不住，心中好不自在。

丁賴背著一個錢口袋，蓋在大衣裡面；於是取出一些碎銀子，遞給彌伴。

「我們找他去吧。」

碰巧，班覺見過丁賴，那是一年以前在鑽追的鋪子裡，現在還記得。因為這種緣故，丁賴又一同來，證明了彌伴的話。與丁賴的老闆有關係，也使管家慶幸將貨物交給他，沒有錯信了人。

在湟源見到了多吉

湟源是個很小的邊城，在甘肅的邊境[2]，靠近藏民區北部大荒原。西藏一些批發商人在那裡置有房產，作為住地，也作為貨棧。

城內一年四季都有很多的流動藏民，保存著一個中國內地城市的樣子。彌伴進了城門，走入窄窄的街道，看見兩邊的店鋪，產生濃厚的興趣。各式各樣的貨色，是這麼巧妙的陳列著，招引過往行人的注意呀！西藏的商人多半不講陳列，除了擺在街上的以外，貨色都在屋子裡收著。彌伴沒有見識過拉薩的市場，他所見到的日喀則遠不如這裡：一家挨著一家的商店，門面對著大街，貨物擺在眼前，顯著令人羨慕。

彌伴在馬上也審視售貨員坐在櫃台裡的樣子，以及站在台外的顧主。這些漢人和藏人不大一樣，他們碩長的體格，穿著綢製的長袍子，直挺挺的坐著，臉色暗淡而沉重，好像在盤算人，思想詭秘，使人不放心。這些人自然是他在商業上的硬敵，他開始考慮，他在漢人之間經商，並不是件十分簡單的勾當。

彌伴在多吉那裡得到的歡迎也使他有些失望。

多吉一看到彌伴劈頭就問：「你為什麼沒有同丁賴一起來呢？你在寺院幹了些什麼？」多吉這兩句話，彷彿當頭澆了他一頭冷水。他所預期的是親熱的懷念，對於他身體健康、旅途情況的詢問，還有在黑河口沒有相遇，假如不是道歉，也該有一種解釋，說是怎樣失了約。可是這時不僅感受不到一絲熱情，有的只是冷漠。

「哦！」彌伴有些尷尬的笑說：「我是僧人呀。僧人自然上寺院啦！」

多吉似乎對這笑話不感興趣，不太客氣的說：「你上這裡本來是為了當聖僧嗎？而且

100

台北市信義路二段213號11樓

城邦文化事業股份有限公司

橡樹林出版事業部 收

廣告回函

北區郵政管理局登記證

北台字第10158號

免　貼　郵　票

姓名：

地址：（郵遞區號）　　市／縣　　鄉／鎮／市區

路／街　　段　　巷　　弄　　號　　樓／室

橡樹林出版●讀者服務卡

感謝您對橡樹林出版社之支持，請將您的建議提供給我們參考與改進；請別忘了給我們一些鼓勵，我們會更加努力，出版好書與你結緣。

Yes！■我希望收到橡樹林出版之相關書訊。 (□尚不需要書訊，謝謝！)

■您此次購書書名：

■您的電子郵件信箱 E-mail：

■性別：□1.男 □2.女　　■生日：西元　　年　　月　　日

■教育程度：□1.碩士及以上□2.大學大專□3.高中職□4.國中及以下

■宗教信仰：□1.皈依佛教徒□2.受洗基督教/天主教徒□3.對佛教有好感但尚未皈依□4.對基督教/天主教有好感但尚未受洗□5.道教□6.尚無特定信仰□7.其他：

■職業：□1.學生□2.軍公教□3.服務□4.金融□5.製造□6.資訊□7.傳播□8.自由業□9.農漁牧□10.家管□11.退休□12.其他：

■您從何處得知本書消息？□1.書店□2.網路□3.書訊□4.報紙雜誌□5.廣播電視□6.道場□7.讀書會□8.他人推薦□9.圖書館□10.其他：

■您通常以何種方式購書？

□1.書店□2.網路□3.書訊郵購□4.展覽會場□5.其他

■是否曾經買過橡樹林的出版品？□1.沒有

□2.有，書名：

■您會選擇本書是因為：(可複選)

□1.主題□2.作者□3.書名□4.他人介紹□5.他人贈送

□6.其他：

■您希望我們未來加強出版哪一種主題的書？(可複選)

□ 1.佛法生活應用□2.教理□3.實修法門介紹□4.大師開示

□ 6.大師傳記□7.佛教圖解百科

□8.其他：

■其他建議：

你將我父親給你的錢都買了犛牛，那是什麼怪主意呢？」

彌伴再也沒有說笑的心情了，多吉的語氣實在太傷人。他冷冷的說道：「買犛牛是我自己的事。我一有了錢，便會還清丹津老伯託你父親借給我的一百五十兩銀子。你要說的話就是這些嗎？多吉。」

鑽追的兒子並不是那麼好計較的人，只是彌伴的怪行為使他不放心，但他對於彌伴並沒有惡意。

「坐下吧，我們一面吃，一面談。你是個小狂士，再也沒有別的了。明天我就給你安排一切。」

「我一切都安排好了，多吉。」彌伴很安詳的說：「可是你要說，我為什麼在黑河口的路上沒有找著你？丁賴和我等了你四天盼著你來。」

「因為有件不愉快的事發生了。」多吉說著臉上又不自然起來。

「那一天你走後，我父親的顧主兼匿名股東──就是你同我拜訪過的那個，找了我的父親去。你那土官的親屬同他很有交情，寫信託他，打聽你的下落。因為你的哥哥與丹津姑父住在一起，他們以為你不在丹津姑父的朋友家中，即在他朋友的朋友家中。那個股東是見過你的，所以用不著打聽，他也知道你是誰。他喜歡你，不願意你吃虧，也不願意麻煩我的父親；可是他也沒有必要為了我們，使他自己跟一個政府的官員發生糾紛。

「我父親無法否認，說你不在我們家裡，說你已經走了。走到哪裡去呢？他假裝不知道。因為你自己臨出發的時候，也沒有一定的打算。你可能去西康，那是很說得過的；既以甘丹寺為目標，還不是去西康嗎？可是那位股東很聰明。他馬上就想到，你是同我一起走，而且也詢問了我父親。我父親不承認，但緊接著就覺得，不應該向一個有社會地位的人撒謊——況且，他很久前就是他的匿名股東了。

「現在你可知道：那位股東會告訴他在拉薩的朋友，說你離開了日喀則，不知去向。以後日子長了，拉薩的那一位聽到你在我的商隊裡，便知道我們幫助你逃跑了。那樣一來，他滿可以疑心他的朋友知道我們的策畫，而且給了援助。他就會不高興，責備他的朋友口是心非；在股東那一方面，也會責備我父親騙了他，幫助一個孩子逃跑，不受主人的處分。他在盛怒之下，也許與我父親斷絕交易，甚至於撤回股本。……現在你可明白了。

「為了證明你的逃離與我的商隊沒有關係，我等了十天才動身。我清楚的知道，你們不會等我等得太久。你們怎麼辦，你們走哪一條路，我無從知道。可是既有丁賴在一起，而且還帶著錢，我就不必替你們擔心。結果也同我預料的一樣，你終於平安無恙，到達此地了。」

彌伴聽了這長篇大論的解釋，一句嘴也沒有插。多吉說完了，停了一下，他方才說：

「我明白。」

商業利益產生障礙，也怕得罪強而有力的股東，權衡之下，很快有了選擇。

彌伴沉默一會兒，想到管家的那批貨，便說：「做商人很有意思。我想我可以成功。我已經開始了，你不必為我操心。我絕不連累你父親，讓他的股東以及拉薩的大官或者其他地方的大官有所懷疑。我從明天起，便是獨立商人！我也有一些貨了。我在寺院，沒有像你想的那樣枉費時機。現在告辭了，我得去租屋子存貨。」

「哪裡來的貨物？都有些什麼？」

「你馬上就會知道的，後天就給你看。」

「那麼你不住在這裡嗎？這裡有房子呀！」

「不，多謝你，我最好自己住，那我學習就會更快一些。」

「你喜歡怎樣就怎樣吧。隨時高興隨時過來，吃點飯再走。」

「請放心，我一定會常常過來。」

兩個青年分手時是夠和氣的，可是彌伴總因自己認為多吉拋了他而有些傷心。愛人可是如此算計、如此理智的嗎？此次的遭逢，又為彌伴心中畫下一些苦惱的記號。

丁賴候著彌伴，陪他看了兩家商人客棧。他所看中的一家，屋子很大，有兩面炕：一面可以睡覺，一面可以放些貨品。丁賴另給他找著管牛的人，將牛趕了回來，以備去寺院運貨。

丁賴走後，彌伴將馬牽入馬廄，餵上草料，然後揭了鞍子，搬進屋裡，與行囊放在一起。他很喜歡自己一個人，稱心如意地安排自己的事。他再也不是永遠聽人命令、依靠他人的小孩子了。

從此以後，他喜歡怎麼辦便怎麼辦。他突然間成年了。一個商人，要自己謀生，自己還債，而且為了擴充，為了致富，也需要自己儲蓄。這自然是勞苦的工作，是一種奮鬥，這種奮鬥的展望使他高興。卓瑪也要引以為榮的。

他現在住的房間，土坯為牆，薰滿了黑煙，一點也不像土官夫人的房間。然而想到她那房間，他不禁覺得當時那種羨慕有些好笑。那算什麼呢？還不是圈奴隸的牢籠嗎？他逃出來了，值得慶幸。

彌伴問客棧主人，拉薩的代辦住在哪裡，他準備去拜訪他。

他在那裡，見到那個胖商人，神氣十足的坐在炕的一角。

彌伴一點也不膽怯。他介紹自己是個初學經商的人，已經有一些貨物，希望知道西北商人的情形，以便進行交易。

彌伴的高個子，堅毅的風格，使他比實際年齡大著兩三歲。可是那代辦終究以為他太年輕，不該獨立經商。依常理，一個年輕人若非自己的父親或親戚是商人，通常是當商人的學徒，練習做生意。只因彌伴穿得很講究，說話很有把握，可看出他是不尋常的。所以代辦也不得不另眼相看，請他喝茶，給他一切消息。

接著別的商人進來了，也送上酒，彼此大談生意經。彌伴注意傾聽一切與他有關的話，一個字也沒有遺漏。他在談話當中，輕輕提及他與拉薩的丹津，日喀則的鑽追，有著友好的關係。這使得商人們以為他家裡很有錢，而有錢人在藏人中是受人崇敬的。

一個商人問彌伴的父親作何營業。

「他是一名武官，一名隊長。」彌伴想起了父親彭錯有過的官銜，那是率領弓箭手眾家「英雄們」參戰的結果。

一名隊長……那就是個貴族，或者差不多就是貴族了。彌伴給自己套上了一個貴族的光圈。

「你為什麼要做生意呢？」

「因為我要致巨富。」

「為什麼要致巨富呢？」

「為的是與我所愛的富家女結婚。」彌伴笑著說。

所有的人都跟著笑了，以為這個貴族子弟看中了一個閣員的女兒，或者是什麼大貴族的女兒。但誰也沒有想到，那就是夥伴丹津的女兒。

註釋

❶碗套子：藏人各自使用自己的碗，旅行也帶著；除了木碗以外，磁碗怕破，便有與碗一樣大的硬盒套子裝著。

❷湟源：現在的青海省，當時還是甘肅的一部分，叫作丹噶爾廳。

第八章

神僧示諭　經商成功遇基督

彌伴正在同股東兼管家班覺在寬敞院子裡點裝貨物。這院子的一邊是馬廄。

「先生，四天以前你到這個活佛館舍❶來的時候，你可曾想到，要在這裡開始你的經商事業嗎？」管家帶著玩笑說。

「我並沒有預料到，」彌伴答稱。「我只是知道，非在此地住下不可。我同著商隊走過附近的時候，你們的寺院向我招手。但我不清楚，那吸引力是關於我的生意的。也許，更與高於商業的問題有關。」

彌伴在想他所經歷的怪夢，正打算在白天看一看夜間去過的那間屋子。

「一定有什麼神佛或者菩薩住在你們的寺院裡，管家先生，」彌伴向同夥說：「我睡在此地的時候，覺得他們掠我而過。我是個僧人，雖然在經商，也知道人世間的一切並沒有多少價值。古人說得好，『夢中景，水中月』，世事不過如此。」

「那是真的，先生。你明白教理。有一天你發了財，要在一個寺院內蓋上一座好房子，念著佛經，便可太平無事。」

「我是一個紅帽僧。我要結婚，住在家裡，可是一定要在我們寺院找個經處，作為不時修靜的地方。」

「好極了，先生！有的紅帽僧很有學問，且有很大的修持，這附近就有很著名的。」

「那就是我住的地方，不是嗎？」

彌伴用手指著背後。

「對，就在那牆背後，靠著牆的老房子裡。」

「那面不是有個窄院子，裡面有對面兩間房嗎？」彌伴更說得具體點。

「有的。一間房靠著牆，與牆這邊朝著這裡的一間分開，另一間跟它對著，像你所說的，那是我們預備的客房。」

管家說著，即用手指向本院的那間房，還有那堵牆。彌伴轉過身，也隨著手勢望過去。他望過去的那間破房子，門口就站著一個老僧，披著破袈裟。彌伴即刻認出：就是晚間和他談話的聖僧。原來那個會晤不是做夢！

「那個老僧是誰？」他喘不過氣的問著夥友。

「一個窮癲，那是我們活佛為了慈悲，管他住，管他吃的。」管家低聲說：「我們不知他是誰，來自何方。他很少說話，說出話來全無意思。他從不離開那間屋子，也不點燈。那就是他的怪毛病之一。他說他用心燈照明一切。可憐的人！我納悶他出來幹什麼，……喂，看，他已經進去了。」

彌伴看著丁賴同幫手快將犛牛馱子上完了，才離開了他們。

「我在這裡還要逗留一下，」他向丁賴說：「你既帶了一個人來，你們兩人就先回湟源去。在客棧裡等著我，我們一起吃晚飯。」

「好的，先生。」

彌伴再走向管家，說：「我樂意見一見那老僧。」

「為什麼？見他幹什麼呢？」

「你不讓我去嗎？」

「你要樂意自然去得，先生。但我必須告訴你一聲，他要同你說話，那全是毫無意思的話。然而他也全無害處，絕不胡鬧，你倒用不著害怕。他從未麻煩過我們。你要我陪你去嗎？」

「不，多謝你，我自己去就好。」

「隨你的便吧。」

看穿一堵牆的商人

管家離開院子，心中有些不安。新夥友這種突然的想法，在他看來有些奇怪。他為什麼非要與那老瘋子談話呢？也許他自己有些心理不正常吧？若真如此，將貨物委託給他不是太粗心了嗎？但說不定，彌伴有別的想法，想藉著和老瘋子談話加以證實什麼的？那是可能的，所以他也就放了心，不致擔心將資本白白送給彌伴去冒險。

彌伴推開那個老僧剛才出現過的破門，走了進去，夢中所見的情景又看見了。窗紙倒吊著，可由縫隙中看見馬廄的頂棚，那就是夜間所以能辨別出黑洞洞的建築物的道理。

文殊像依然掛在牆上，缺了邊緣的爐子依然放在炕腳下。

老僧坐在炕上，披著破袈裟，一聲不響的注視著他。除了兩點以外，這屋子完全與夢中一樣。一點是這屋子比以前看到的要小得多了，另一點是對著門窗有座黑牆，沒有他原來走過的門窗。他走過兩次的門，有一次走進去看著與這裡相通，有一次就碰了壁；現在白天看起來，才知道兩邊並不通。這是什麼怪事呢？

「你為什麼讓無關緊要的事擾亂你呢？」老僧說得很緩慢。

「先生，」彌伴答覆道，「我認識你，你就是我頭一次進寺院那一晚上叫我過來的。我也認識你這屋子，可是……可是我不是由這一邊進來的，也看見了你；我那時看見你，看見你的屋，同現在看見的一樣。然而那時有兩門相對，由我那院子可以通到這裡，現在當中有一道牆，一道沒有門的牆。先生，我請你說明這一點。我絲毫不得其解，簡直急得發瘋。」

「瘋，瘋的是我呀！班覺說過了，你找一個瘋子幹什麼呢？」

「先生，我知道你不瘋。你是一位聖僧。可以請你解釋嗎？」

「解釋什麼？明白的人不用解釋，不明白的人解釋了還是不明白，你已經忘了有一天怎樣將胳臂打進岩石去；那岩石比這牆結實，你竟由那裡取出糌粑來。岩石裡的糌粑！哈，哈，哈！多麼不可能呀！只有瘋子才想得到那個。因為你同我一樣發瘋，才以為你手裡拿著的是糌粑。可是你吃了也解了你的餓。那就夠了。」

「你怎麼知道那些事呢？先生？」

「萬物都將過去寫在臉上，寫在內部，只要能讀那些符號就可以。」

「怎樣寫上去？用什麼符號？又怎麼讀到內部呢？」

「一個人怎麼看穿一面牆的呢？孩子！」

「看穿一面牆，你說的……就是那個嗎？我在那間屋子的時候，看穿過這面牆，但這是不可能的。人不可能看穿一面牆。」

「我們所看的一切，都要穿過一些什麼才能看見。也許是穿過霧，或者穿過我們放逸了的心，為什麼不能穿過牆呢？只要我們沒有成見，並不承認什麼存在是透不過的障礙，不就夠了嗎?難道必須眼的接觸才能看見圖樣嗎?我們閉著眼，不也看見形形色色嗎?孩子，你看不見的乃是你自己，而且只有那個才是最重要的。」

「先生，你既看見我的過去寫在我的臉上，你自然知道我是幹什麼的。請你告訴我，我會成功嗎?」

「將來──你要知道將來，你以為那也寫在臉上，就等於過去寫在臉上一樣。將來的種子即住在過去裡面;『因』是有了，而影響因，加強因，或者使因不發展的眾『緣』則不在那裡。眾緣可使小種子變成大樹，也可使它才出土，一見天日，就毀滅了那個生機。在過去裡面有將來，那只是產生將來的因，就等於產生樹木的種子。因的潛能如何發展，乃是變動不定，沒有限量的，因為眾緣和合，此世間的勢力與其他世間的勢力都有關係。屬於世間的人，一切想法都限於此世間種種事物的人，怎麼會預測這許多勢力的交互錯綜呢?這許多勢力的性質與活動不都是不同於他所可能了解的嗎?

「你知道將來在眼睛中呈現什麼樣子嗎?好比天旱時空中的陽光在跳動。陽光在空中，隨時反映出其他勢力的刺激。風吹過來，各種分子在升降，在飄動，在接觸，在衝撞，在結合，呈現出各種花樣，隨即分散而去，讓你沒有工夫想像它們到底像什麼。它們是沒有成熟的圖案，未及成，便已毀，因為突然的外力，已將正在變化中的組織拆散了。

「將來的樣子，人能預料的，不過是可能或者概然，而不是必然的。」

老人所表達的意思太複雜了，不是彌伴所能領悟的。這位青年的單純信念同一般流行的想法一樣，以為有學問的星相——最好是個有神通的聖僧，可以絕對預言一個人或其事業的命運。所以他怯生生的又回到本題，「崇高的先生……我的買賣？」

「你的買賣……似乎應該會發達。你有本領使它成功，要發達的。現在滿意了嗎？」

「是的，先生；可是還有一個問題……請你慈悲，先生，請慈悲，告訴我……」

他停住了，很不好意思。

「你想的是那個女孩子，是不是？很長很長的時期以來，為了好也好，為了壞也好，你們的路是錯著的。你們在前生幾度都是同路人。分離了，重新又相會。這一次她又在你的路上。可是同路人不一定常在一起的。一個徘徊一下，走進岔路，或在路旁逆旅延遲一下，或者疲乏了，坐在樹下歇一歇；那一個一直趕路，就將他趕過去了……

「走你的路吧，年輕的商人。你前面有一垛牆，石頭便是幻想；想像中的霧將你圈住了，哈，哈！我是個瘋子呀！孩子。瘋的程度與商人以為看穿了牆是一樣的，與笨頭笨腦的管家將不了解的都認為是癲癡一樣的。哈，哈！」

彌伴感到十分不安，老僧的狂笑使他更莫名其妙了。他行禮告辭而去。他從不疑惑老僧有神通。這一點，由於他知道彌伴的過去，已經證明了。只是他未說明另一點，即彌伴自己為什麼能看穿一面牆，而且能與坐在牆另一面的他談起話來呢？他也不肯確切地說出彌伴在事業上的成就，以及和卓瑪的婚姻。要不要相信班覺的話，把他當成是瘋子？可是彌伴天生的謙虛，寧可相信自己不夠聰明，才不了解老僧話裡所含的密意。

然而，他現在也沒有急於要求深解的欲望。所以他一走出，見了他的夥友，便將一切思想都集中在生意與卓瑪的身上了。將他與其本性分隔在兩邊的牆，比從前更堅實了；圍住他的霧，也更濃厚了。

在湟源定居置產

一般人所說的機會，其實就是本領。彌伴天生的眼光明敏，推理正確，再加上勤勞不息，使他在商業上突飛猛進。他將可以用在較高企圖上的本領都用在生意上，所以他日復一日忽視著心靈深處的需求，安於取得芸芸眾生中的地位，而沒有出世離俗的念頭。

他就這樣繼續努力了十八個月的工夫，便已將丹津在他離藏前借給他的一百五十兩銀子，另加一百兩利息，還有送給卓瑪的極其絕妙的兩疋緞子的禮物，託人帶回了拉薩。

彌伴盼望定居在湟源，因為他喜歡這個草原邊上的小城。他在兩次貿易的行程之間曾到青海海子的近岸過了一日的帳篷生活，當時幾乎忘卻身為商人，而將童年加以回憶，不似平常那樣，日夜盤算營業計畫，不顧其他。

他無拘無束的躺在茂草上，或者紅紫而發銀光的石子上，向著一幕一幕的童年微笑，聽取童年的夢想與志趣：遠遠的童年，模糊的童年，神秘的童年，也是值得懷念的童年。

然後，等到自己規定的假期滿了，他即辭別那種脆弱而甚可愛的玄想，讓它毫無抗拒的逝去，重新恢復那個精明強幹、鷹臨兔脫的商人；他在湟源商人之間，因為年少而有那樣技能、那樣堅毅，已驚異了眾人，大受尊敬了。

一旦情況許可，他就離開客棧生活。因為他依然不耐人多嘈雜，喜歡安靜舒適的生活。同時，他還認為自己有個房子，可以提高身分，增益業務。

恰好當時有房產出售，彌伴即以分期付款的方式將它買下。那當然還不是許給卓瑪的金屋。那座房產是漢人的樣式——臨街一層鋪面，旁門逕通後院；後院房子一樓一底，樓房有一排走廊，底房有一間屋，兩邊一邊是廚房，一邊是馬廄，廚房附近又有一口井。

彌伴將鋪面租給漢商。後院樓下一間屋作為自己的貯藏室兼辦公室，樓上則為臥室或者會客室。會客室只有稱得上朋友的才上去。他的朋友很少，因為他依然不大喜歡與人往來應酬。他在湟源，除了經商業務以外，其餘時間都用來自修。丹津辦事處的會計教他簿記和藏文的書啟，另有漢人教他簡單的漢文，以便應付商業上的信札往來。

彌伴依然講究穿著。他認為他的成功是由於在湟源寺院穿得相當講究。他若不是那樣，喇嘛和管家怎麼會信任他，而有初步的順利呢？他那樣幸運，也有一部分歸功於五頭犛牛。他救了牠們，善事便有了善報。他教看牛的人好好照管牠們；每頭牛在一只耳朵上都穿著紅毛線，表明那是「放了生的」，除了老死以外，不得屠宰。

彌伴並沒有齋戒苦行的要求。所以現在富裕了，還是同貧窮時一樣貪圖口福。他的飯餐永遠豐盛，所以最早用的扎喜，以後用的迦臧，都盡心竭力為他做事。除了彌伴以外，再也找不著那個主人願意供他們好吃好住的了。對他們當傭人的藏人來說，吃得好就是最高的幸福。彌伴也定量給他們酒喝，可是他自己既不喝酒，也不賭錢。這使他的同行大為驚奇，因為他們大部分都是喝得醉醺醺，賭得一塌糊塗的。

阿羅修道的傳教士

彌伴與巴燕戎[2]的土官有些商業上的來往，間接使他認識了住在湟源的西洋傳教士。

他已聽人說過城裡有洋人在傳教，可是他時常出外經商，一回到城裡又難得出門，所以從來沒有機會遇著他們。

那些洋人都屬新教基督徒。牧師是英國人，五十歲，名培瑞；太太是荷蘭人的後裔；一位青年助理，是澳大利亞人。他們除了禮拜堂以外，還有一個藥房，一個專收男生的學校，包括寄宿與走讀的兩種學生。

巴燕戎土官的兒子名叫徒登，十八歲，就是那裡的寄宿生。父子兩人雖然都沒有意思要信基督教，可是土官認為上上洋學堂，也正式念念漢文，總有好處。他認為學堂出身，可使兒子作漢官，管理安多藏民區[3]。

當時，上這樣一個教會學校不用學費，只交入伙的糧食就夠了，土官這方面覺得很划算，虔誠的傳教士也以為這有好處。有土官的兒子到教會來住，一定會影響一般藏民，認為貴族子弟都來了，他們還不該信教嗎？

「你在湟源的時候，時常看看徒登去，」土官委託著彌伴。「我盼望他常同你在一起。你這樣年輕就有地位了，而且在商業上這麼有辦法，當是他的好榜樣。」

因此，有一天彌伴去了教會。

一個十八歲的藏民青年，儘管是寄宿生，也想不通教會可以干涉他的行動。他知道應該按時上課，因為他入學校的目的乃在求學問，可是對於按時吃飯，他不大贊成；他那一份飯，為什麼不能留在廚房呢？那會有何妨害呢？若說一切閒暇時間都要關在院子裡或者限制在花園中，那簡直更沒有道理了。但真有人想出這種主意，在他看來，簡直是莫名其妙的。

培瑞先生完全知道年長的學生有這種心理，所以他儘管不樂意，也不能不允許他們在不上課的時候可以走出大門，到街上閒逛，接受各種試探——在培瑞看來，這批可憐的異教徒，既無基督的救恩，自然無從拒絕試探。他在門房派了一個基督徒漢人當守門人，管制進出教會的人。

這個守門人止住了彌伴。「幹什麼？」

「來看巴燕戎土官的兒子，名字叫徒登。」

「看他幹什麼？」

「幹什麼？怎麼？就是看他呀！他的父親託我找他，看看他。」

「你是什麼人？」

「我是到了達賴喇嘛的布達拉宮嗎？你是他的御前大臣或引禮司嗎？」彌伴譏笑的反問出來。

「這是教會，培瑞牧師的地方。」老漢人惱怒了。

「我知道呀。我沒有請你帶我見他呀！」彌伴一點也不在乎的樣子，「我只見一見藏人孩子徒登。快一點吧，老好人，我沒有許多閒工夫，快去找徒登，不然就告訴我怎麼去找他。」

門房支吾著。

「也好，不然我自己進去找他，」彌伴下了最後決定。「你在這裡，我會找得著他的。他若像他父親那樣高大，也不容易藏起來。」

「我找他去，」門房看見不耐煩的客人進了院子，急忙止住他，喊了出來，「你在這裡等著。」

看門的進去，彌伴留在門房，看見牆上貼滿了圖畫和漢藏合璧的說明，都是引用聖經，非局外人所能了解。彌伴不大留心的移動視線，遇到一幅圖畫，引起他注意：上面畫著各行各業的種種活動，喝酒的，擲骰子的，同著女人騎馬的，都十分快活的聚在大廊子底下；轉過去，便被形形色色的魔鬼抓住，拋到火海裡。另一批人比較少一點，乃是舉止高傲而面帶愁容的善男信女，走向窄門；窄門過去又有十分險峻的階梯，引到山頂。

彌伴在鄉下寺院的壁畫上也看見過類似的故事。可是在那裡，善男信女走向極樂世界的，並不面帶愁容；而且那裡不是跋涉險峻的階梯，而是悠然自得的走在五彩虹霓中。所以彌伴儘管不知基督教，然而這些圖畫，在他看來，確是盲人導盲的工作。

「那幅畫使你發生興趣嗎，青年朋友？」

有人走過來用藏語問他，不過那藏語說得十分生硬。

彌伴回頭一看，原來是一個陌生人站在後面，碩大的身軀，紅圓而愉快的臉，乾草色的頭髮；看到眼睛……彌伴簡直吃驚得發呆了——一雙淺藍的眼睛，就像是天空的顏色。

「那幅畫讓你感興趣嗎？」陌生人重複問了一遍，和氣而面帶笑容。

「不！」彌伴回答一個字，依然注視著那對奇怪的眼睛。

他想起來，這個問他話的人，一定就是此地的主人。彌伴才勉強轉移視線，作出有禮貌的樣子，並說明了來意。

「我與徒登的父親有商業上的來往。他託我來看看他的孩子。我來約他同我吃飯去。」

「商業上的來往？那你是商人了。你給誰作事呢？」

「我經理我自己的事業。」彌伴的口氣好像宣告他是世界之王。

「啊，請你原諒！你好年輕就自己作主人。結婚了嗎？」

「沒有。」

「原籍在哪裡？」

「離這裡遠得很，在拉薩南邊。」

「原來如此。徒登還沒有下課，漢文班還沒有完。請先進來喝杯茶吧！我立刻找人告訴徒登，說他父親的朋友在這裡。」

「你太客氣了。」

「這一邊，請跟我來。」

彌伴進到客廳，培瑞太太同西門先生正要喝茶。桌子上有一個小奶罐，一個小糖盒，還有一個小盤子盛著幾小片麵包和酥油。每一件東西，在彌伴看來都特別小。培瑞太太體格並不高，可是橫寬有餘。她的頭像漢人那樣梳在後面，好像戴著一具黃骷髏頂的帽子，眼睛則比丈夫的還淺，淺得沒有顏色。

西門先生顯得年輕，身子長，體態輕；頭髮幾乎是黑的，一對黃眼睛，表現得誠實與正常，讓彌伴放了心。人家請他坐下，他本能的將椅子移近與他血脈似乎有些類似的這一位。培瑞夫婦，一定是屬於六道中阿修羅一類的人物。

培瑞太太遞給他一杯茶。她要給他倒奶，他謝絕了；又要給他加糖，他接受了。

「我們客人已經是一家商店的主人了，」培瑞向太太和西門介紹。「他與巴燕戎的土官有來往，那就是我們的學生徒登的父親，他來看那個孩子。我在門房裡會著他，他很關心那張畫，就是描寫罪人下地獄、信徒得救上天堂的那張。」

「你那畫很不好看，」彌伴說：「階梯長滿荊棘，也不愉快。我們的畫匠畫那一類的畫畫得好些。我可以給你找一張價錢不貴且很好看的畫。走向極樂世界的人面色愉快，高高興興走在彩虹上，領導人便是服裝整齊的喇嘛。在藏地，那一類的畫都畫在廟門外──而且只有在鄉下才看得見，沒有畫在廟內的。」

「為什麼呢？」西門希望多長一點見識，問了一句。

「因為那一類的畫，表現的是愚民信仰。嫻熟教理的人，則以為天堂地獄均在心裡，思想中不落痕跡，自己也就自由了。」

彌伴背誦了他從耶喜棍臧的徒弟那學來的美妙說詞。他以為耶喜棍臧那樣有學問的喇嘛說出來的話，一定意義特別深奧。儘管深奧在哪裡他還不知道。那句話始終對他具有一種魔力：

「起自心中起，滅在心中滅。」

他不自覺的哼了出來。西門好像發生興趣，培瑞太太則勉強耐著性子，但似乎又耐不住的樣子。

「那些話是錯誤的，」她終於說：「天堂地獄真實不虛。不信天堂地獄的人，等吃了苦頭就不能不信了。『袞卻』[4]犧牲了獨生子，以使我們的罪都得赦免，在天堂裡永生。所有不肯接受他的救恩的，死後就到地獄裡永被焚燒。」

「啊！」彌伴喊了出來，「那並不是善意，絕對不是善意！犧牲任何人都是殘忍的。我自己就救了五頭犛牛的性命，免得牠們賣給屠戶。只可惜我沒有錢，不能收買更多的牛，將牠們的性命解救下來。同時，你的見解也不對。人不能永遠在天堂或地獄，因為在那裡，有如在這裡，總會有個死的時候；既然死了，便因業力投生到應投生的地方。而且你怎麼說『袞卻』來著？『袞卻』並沒有兒子，也不是人。那指的是佛法僧三者。所以我們說『袞曲宋』（三寶）。」

「『袞卻』不是那個，」培瑞太太修正他的話。「他創造天，創造地，以及天地之間的萬物。他的兒子來到世上拯救罪人……」

「你錯了，你錯了，」彌伴抗議說：「你不是藏人，我知道我們的話有什麼意義。」

「你應該給他一些單頁經文讓他念，讓他了解。阿德，也給他《約翰福音》。」

「要給的。」培瑞牧師說。

於是，在彌伴大為驚異之下，那好心的太太用藏文唱起讚美詩來，那個調子絕無西藏意味。

「一起唱，一起唱。」

她停了一句，用英文發出命令，叫丈夫同西門跟著她一起唱。

不久，三人就合唱起來；牧師是很情願的，但他的助手顯得並不熱心。他是寧可與彌伴繼續談話的。

唱得正起勁的時候，徒登在門口出現了。太太強有力的打手勢，不許他前進。可是彌伴，感受不到這種聲樂的美感，又沒有受過西洋禮貌的洗禮，就站起來，迎上前去。

「你是徒登?你和你父親長得一模一樣。我是彌伴，輟莫地方的商人。你父親叫我來看你。我要帶你同我去吃晚飯。」

培瑞與西門都停了聲，培瑞太太完全不受干擾的唱完那首詩。

彌伴向三人行禮告別，感謝他們那樣招待他，即與徒登離開客廳。兩人走過了院子，快到大門的時候，西門也來了。

「培瑞先生叫我給你一些單頁經文……請你等一等好嗎?」他向彌伴說。

他進了一間小房子，手裡拿著一本小冊子，還有幾頁印刷品走了出來。

「這個會使你對於我們聖教有所了解。」他說著交給彌伴。

「謝謝你。」

「請你務必再來看我們。我很希望同你談一談。」

「謝謝你，」彌伴又說一句，「你很客氣。」

在生活中尋找刺激的徒登

兩個青年離開大門，走在路上，徒登笑了起來。

「他們真是與眾不同啊？先生。」

「真的是，」彌伴說：「我還沒有看見過外國人。他們的眼睛怎麼那麼奇怪呀！然而他們也好像看得清楚，跟我們一樣，那不是因為病，才使眼睛的顏色變淡。他們是生來就白的，就像牧戶的獒。我們可以說，那是奶餅子從他們頭顱眼眶中冒出來。真是可怕！」

「是不美麗。」徒登說。

「他們為什麼突然間唱起歌來呢？」

「那就是他們向他們的父神（婆拉）禱告的做法。他們也讓我們每天在班上唱。」

「你會像他們那樣唱嗎？」

「我會。」

「那不如我們的頌讚美。」

「是的，正好相反。」

兩人又談到別的事情，說著說著就到了彌伴的房子。

「我們到家了，」彌伴說：「房子同店鋪都是我的。」

「哇！」徒登讚美著，「你真有錢哪，先生！」

「不，還不夠，可是我還年輕，將來會更有錢的。」彌伴說著，將徒登帶上樓去。

彌伴走到窗前，那是向走廊開著的，他拍拍手，樓底下的廚房就回答出兩聲「來了，來了」。即刻進來一個傭人，彌伴令他到附近漢人飯館叫一兩樣菜，配上自己做的湯同煮羊肉。

從玉樹出發後，犛牛的命運給他的刺激，使彌伴又恢復了素食——儘管不如童年時代那樣嚴格。他與商人同顧客的關係，不得不時常請客；可是除了少數的喇嘛和極其虔誠的在家人以外，沒有肉的款待在藏人是說不通的⑤。這是與內地和尚的差別之一。彌伴因為以肉宴客的緣故，不免自己也嘗一嘗，覺得還可口，就有時陪著他們吃。

當然他不能對徒登例外。上桌子的有煮羊肉、饃饃，還有清蒸丸子。

巴燕戎土官的兒子，性情和善、活潑、個性滿不在乎，但不大檢點。他喜歡喝有力量的酒，欣賞那個刺激，喜歡賭博，尤其喜歡女人。他不滿意他的父親叫他住在教會讀書。他贊成讀書，因為讀書可以有好差事；他的功課也不壞，可是他想要走讀——只要他父親在城裡給他租一間房子，就不會妨害他個人的自由。

彌伴為人隨和又獨立，正是他樂於結交的好幫手，以便逃避培瑞那一家的嚴格管束。

彌伴對客人說：「你不要管我叫先生。我比你大不了幾歲，我們是同輩的。管我叫彌伴好了。」

主人這樣同他接近，徒登就乘機向他道出心聲。徒登自斟自酌，酒過數巡以後，指著主人說：「你有女人作伴嗎？」

「我還沒有結婚。」

「我不是說結髮夫妻，我的意思是姘頭，就像別的商人所有的。」

彌伴的貞操不是出於自然的，乃是由於不關心，沒有興趣。可是他並不道貌岸然，所以他聽了徒登的話，笑了起來。

「我出門的時候，傭人跟著我。要有姘頭，她就得自己獨守，與貨物在一起。那就等於說，叫她難安於室。她必然另找朋友補我的缺，我一疋一疋的上好綢緞也就會變成我那代表的衣服。不，徒登，粗粗的門門門上厚厚的門，裡面沒有女人，這才是商人出門時商店所要的局面。」

「那自然是對的，但你不出門的時候，總有女人來找吧？像我，隨時都要避開培瑞的偵查。你不知道他是多麼的好管閒事，多麼狡獪，他託老滑頭的漢人窺伺年長學生的行動；那些漢人說是信他的教，實在不過為的是騙他的錢罷了。他自己也到處偵查。不管你怎麼辦，他總知道你到哪裡去。……喂，好朋友，我能帶女人到你這裡來嗎？那樣可使培瑞不大疑心；我只說你請我來吃飯。倘若他的漢人知道有女人同我們吃飯，我就說她們是找你來的。」徒登試圖說服他。

「你的計畫不錯，可是對我不合適，我不要女人到這裡，她們永遠不會滿足所得到的東西，而且永遠會額外要求。」

「你對於女人的評價實在是夠高的。」

「只有那樣才不上當。」

「可是你怎麼辦呢？你到她們那裡嗎？」

「她們都很醜陋、愚蠢。」

「她們也有好看的，你要不相信，我可以給你介紹幾位美人。」

「那是徒勞無益的。我心目中有個極美的美人。任何美人與她相比，你讓我看哪一個，都不過是怪猢猻罷了。」

「啊！啊！她住在哪裡？你那美人？」

「在西藏，等我有了錢，向她父親說好，她就是我的太太。」

「啊，那是大事，一個有錢的姑娘，家庭又好……可是那並不該限制你及時行樂呀！你在這裡不是單身漢嗎？啊，你也許在節省？你將來的老丈人一定很苛求。應該說是所有老丈人都是這樣。我有一個姊姊，我可以告訴你，她的丈夫並沒有白白得到她。」

以後話頭便轉到別的題目上，不久，天色也晚了，徒登即告辭而去，因為他是要在天黑以前回到教會的。

教理與事實之間的矛盾

日子一月一月的過去了。因為徒登在教會，彌伴繼續與培瑞夫婦有來往，西門也有時來看他。

他們要使他相信喇嘛教的信仰沒有道理，彌伴就指出基督教的理論與事實之間的一些矛盾；他們要說上帝如何愛他所創造的萬物，他就告訴一切有情如何苦，都是疾病老死的犧牲品；他描述大自然的悲劇，弱肉強食的現象，昆蟲被鳥吃，鹿被豹子吃，草木被寄生蟲殺死，被苔蘚纏死。假如此生以前沒有前生，則生下來就瞎的，就殘缺的，就低能的，到哪裡去找公道，去找神的善意呢？是誰創造了他們來尋開心呢？

培瑞夫婦無可辯駁，十分難於回答。可是他們對自已的教義有了定見，便忽略了深入的考究與反省了。彌伴的問難到了他們的心裡，就像雨點打在光皮的凍青葉子上，毫不停留。他們的固執說詞，也使彌伴更加反對他們那沒有慈悲心的教義。

彌伴覺著西門比較容易懂。他對他有同情。他所親眼見到的一幕，更增加了彌伴對西門本能上即有的好感。

有一天，彌伴由草地辦貨回來，拿了兩塊酥油送給培瑞太太，報答她每次見他去找徒登必請他喝茶的盛情。他在客廳見著培瑞夫婦同西門在一起接見人，那是他們不在飯廳裡接見土人的時候所用的地方。客人是三個漢人，一對中年夫婦，還有丈夫的老父親。

培瑞太太在向他們訓話，有些著急的樣子。

「那是外教的迷信，」她說：「你們要打算受洗，洗掉你們的罪，就要取消那些迷信。你們要燒掉你們家裡的祖宗牌位，以及一切假神的像，然後到這裡來，與教會的長老們用飯——他們是幾位漢人，他們是已經被基督的血贖了罪，要升天堂的。」

那個丈夫低著頭，妻子在涕泣，滿面皺紋的老人緊張了起來，他好像跟自己掙扎著。

「那就決定了，」培瑞太太接著說：「明天有兩位長老到你們家中去，看你們毀偶像；後天到教會來用飯，與我們一同吃肉。」

她正要站起來，打發他們走；那老人竟出其不意的說：

「不！」

「怎麼？不？你反對毀偶像，不取消那不像話的迷信？假如你那樣頑固，拒絕送給你的救恩，你的兒子和媳婦會接受救恩，按照我的話做。」

「不，」老人說著直了直已經彎了的腰。「在中國，父親是一家之主。在我的家，他們不能焚毀我的祖先靈位，也不能焚毀他們所崇拜的神像。如果那樣做，就等於殺人犯。我家裡的人，誰吃肉，提倡屠宰，誰就被逐出。一個當兒子的沒有憐憫心，管不著可憐的牲畜，就會因為貪圖便宜，殺害父母。」

「當一個基督徒，不是必須吃肉的。」西門有意加以調解。

「對，那不是必須。」培瑞太太反駁著。「可是對於這些人，那不過是迷信，迷信不殺生。不殺生則違反上帝創造萬物給人的意思。」

「我們不能那樣絕對肯定。」西門大著膽子緩和的說：「經上說：我將遍地上一切結種子的菜蔬，和一切樹上所結有核的果子，全賜給你們作食物[6]。經上並沒有說到屠宰的食物。」

澳大利亞人這種不合時宜的博學，使武斷的培瑞太太大為惱怒；她氣得指向他，霹哩啪啦說了一堆英國話。

老漢人同兒子無語的注視著他們，媳婦還在哭。正巧彌伴這時走了進來，手裡拿著酥油包，覺察出送禮的時機不大好，打算不失禮貌的告退出去。他看見培瑞牧師有意勸解太太而無效，便坐在躺椅裡不動了，彌伴乃向他打個手勢，讓他看看酥油包，將它放到窗戶台子上，再指一指培瑞太太，表示那是給她的。然後，舉一舉帽子，就走向門口。

彌伴一動，使一群被培瑞太太催眠了的人重新活轉過來。西門說了幾句英國話，站起來，向軟心腸的老異教徒點點頭，離開了屋子。跟著他的榜樣，漢人也站起來；先是父親，後是孝順的兒子同媳婦。

「你們忘了教了一整年的話，忘了救恩的福音，忘了領洗可以得到的永生和天堂……」培瑞太太大聲的說。

「我要追隨我的祖先，他們到哪裡，我就到哪裡。」老人平靜回答。

「那你們呢？」女傳教士指著沒有說話的兩人。
「兒子的責任是遵從他的父親。」男人回了話，女人依然不開腔，可是她抓緊了丈夫的長衫——丈夫就是她的主人，她的指南針。
彌伴在院子裡站住了，因為西門在後面跟了上來。
「那個漢人是對的，」彌伴向西門說：「讓無識無知的牲畜遭到屠殺，吃牠們的肉，乃是殘忍的；那是惡魔的事。為什麼要強迫他們那樣從來不殺生的人去殺生呢？那無疑是作惡。」
「是的。」西門低聲說。
「你既同意，就向漢人說。他們來了。」
三個漢人慢慢走向大門。那個兒子走到西門身邊，很羞愧的問：「先生，你讓我給你做衣服的料子，我該退給你吧？」
「為什麼？」西門吃驚了。
「假如我們不領洗，不再作禮拜，你還同樣讓我給你做衣服嗎？」
「當然，朋友。以後我若用得著，還讓你給我做別的衣服呢！」西門很熱情的說：「你是好裁縫，為人又忠實；我為什麼不作你的主顧呢？」

那漢人很感激的看著他，那女人此時已經不哭了，也向他稚氣的笑一笑。

西門聳一聳肩，很難過的樣子。

「過幾天再向他說吧，朋友。」西門說完，走過便門，往花園那一邊的臥室去。

「我要告訴你他不樂意告訴你的話。」彌伴向漢人宣布。

他挽住老人的胳臂。

「老大爺，你答覆那白眼珠太太的話說得好。牲畜受罪，同我們人一樣；殺生是不對的；你不讓家裡吃肉，做得很對，我們的高僧是不吃肉的，我們這罪人吃肉的時候，也知道來生要變猛獸，得不到佛菩薩的慈悲的。」

「對了，對了，你是明白人。」老人說。

「對，那就算了。」什麼就算了，彌伴並未解釋。

接著父親出了大門洞，兒子跟在後面，媳婦跟在最後面。

處於思想泥淖的西門

彌伴見著西門很煩惱的回到自己的屋子，那一幕使他整天放不下心。他可以想像，西門受著思想衝突的痛苦，受著培瑞夫婦的怨恨。彌伴認為西門的心地實在良善，只是不敢根據自己的慈心去做。為什麼？他怕他們夫婦二人嗎？他們會對他不利嗎？

彌伴並不知道這類的事，可是想過來，推論過去，他那富於想像的心，最後便得到一個結論——西門至少在現在是孤獨的，不快樂的。基於這一點，前去向他表示同情，並盡可能給他幫忙，對於熱心的彌伴乃是自然的步驟。

黃昏時，他又回到了教會。這一次，他沒有找徒登，一直到了西門的花園，走進他的屋子。

一個小小的書房中，西門坐在有扶手的椅子裡，靠近桌子。他顯然沒有做些什麼，因為屋子已經黑得不能讀書寫字，也沒點起燈來。

「你怎麼來了？」西門看見彌伴，表情十分驚異。

「我礙你的事嗎？」

「不，你沒有出什麼事吧？」

彌伴搖搖頭，接著兩人彼此看著，再沒有說話。彌伴離開自己的屋子時，本來十分自然，現在反而侷促不安了。他能向這外國人說嗎？說「你不快樂，我來給你幫忙的」？也許，西門並非不快樂，他很可能以為客人如此想，如此說，乃是多管閒事的。

「你為什麼來呢?」西門很和氣的問。

他的聲調很和善,帶著悲傷與疲倦的樣子。彌伴不再猶豫了。

「你與培瑞太太為了那幾個漢人有些……衝突以後,我回去什麼也沒有幹,只是惦著你,我以為你也許心裡難過,所以我來……」

「多承你的關懷,太感激了。」西門實在大受感動。「我很高興你來看我,實際上還不只是高興。請你務必坐一坐。」

「你與培瑞夫婦不大處得來,是嗎?」彌伴說:「那位太太,比先生更差一點,你的信仰與她的不同。培瑞太太不仁慈,你則仁慈……」

「你還不明白。」西門溫和的說。

「是的,我明白,你給我的書,上面有耶穌基督的故事,我念過的。上面說,有一個晚上,耶穌最難過的時候,走進一個園子。他認為是朋友的人都拋棄了他。很顯然,他的想法與他們不同,也就像你的想法與培瑞太太不相同一樣。遇著那一類的事,只好各人做各人的,管不著誰放下誰。耶穌的父親也拋棄了他,那個書上說。」

「耶穌自然是個好人,儘管有時他的話也不大對。根據那本書,他說過,他的父,他的上帝,不餵養飛鳥。那是不對的。飛鳥同別的野獸一樣,求食甚為困難;到冬天,各處是霜雪，很多的飛鳥都餓死了。耶穌的上帝不但沒有餵養飛鳥，而且也沒有保護耶穌，叫人家將他釘死在十字架上。那是不應該的。」

西門忍不住笑。彌伴評論福音書，說得那樣簡單、實在，使他領略到當他在禮拜天講道的時候，本地人的心是什麼樣子。

彌伴，那個頗有毅力的青年藏人，十分天真的建議著他所認為合理的解決方式。

「假如你與培瑞夫婦意見不合，你就離開他們，住在別的地方；假如你對耶穌的教失掉了信仰，你就離開那個教。不要使你自己難過。」

西門閉了一會兒眼睛，好像在想他心目中的景象。

「朋友，」他發出低低的聲音，「你來看我，是因為你想我會很孤獨，很不快樂；我應拋棄誰都想拋棄的他嗎？」

「我明白。」彌伴停了一下子才說。他舉起帽子，鞠個躬，離開了。

西門，兩肘放在桌子上，兩手抱著頭；也許是哭了，可是並沒有人看見。

註釋

❶活佛館舍：藏語稱為「迦巴」。

❷巴燕戎：今天的青海化隆縣。

❸安多藏民區：川甘青康交界處的藏民區均名安多。

❹衮卻：新教徒用「衮卻」譯西文的「上帝」或「神」。藏人也信神，藏文叫「拉」，漢文佛經譯作「天」，可是神不過是六道輪迴之一，即：人、天、阿修羅、畜生、餓鬼、地獄，絕不配稱為「衮卻」。所以彼此之間誤會百出。天主教則譯作「曩吉大伯」，有「天主」之意。譯者按：「曩」為天空，「大伯」為主，「吉」為所有格。

❺一般喇嘛（實際是所有的喇嘛）都是肉食者。

❻此段出自《創世紀》一章二十九節。

第九章

熱心助人　洋人朋友悲憫心

彌伴繼續與湼源寺管家班覺保持友誼關係。班覺是他第一個股東，使他在商業上站穩了第一步。班覺常向管理寺院財產的當局讚揚彌伴的才能，所以他們承認他為寺院的委託商人。時常委託他代售善男信女們供養來的貨物，或者寺主、法台、佃戶等交來的東西。

彌伴時常到寺院住一兩天。他每次到寺院，無不急於利用機會，拜會那位神秘的老僧。他永遠看見他坐在炕上，永遠是那個地方，永遠披著那個破袈裟。彌伴屢次請求他替換新裝，修修破房，可是他永遠不肯接受。

「一個傻子，一個大傻子。」寺院僧侶聽見彌伴和老僧這樣說，一面可憐他，一面也看不起他。因此，沒有人不奇怪，彌伴那樣精明的商人為什麼要常與他混在一處。他們在一起說些什麼呢？然而，假如他們在場，他們對老僧的態度也會同樣轉注在彌伴身上，說他也瘋癲得不可救藥了。

彌伴常常整個鐘頭坐在炕前，引不出老僧一句話來——老僧好像感覺不到他的存在。彌伴向他說話，他也好像聽不見，以致彌伴最後離開也得不到他的一句話，一瞥眼。有時又剛好相反，彌伴還沒有打算問他，他已將他所需要的忠告或教訓說了出來。

然而無論他說話也好，不說話也罷，只要與他接近，便能得到平安。彌伴覺得老僧在指導他，解答他無從著手的問題，揭開一重幕，讓他窺見一種影子，顯出那種極不同於他現在在過的生活。

來到這裡，他才可以客觀的觀察經商的那個彌伴，看到他像個陌生人，與自己已經不相干了。在這麼觀察的他，才看見那陌生人走得很遠很遠了，已看不清是什麼樣子了。這時他才大為著急，就會突然摒棄那宗迷人的景象，一聲不響的拜在炕前，告別依然不動的老僧。

漢人打官司

除了營利問題以外，彌伴與西洋人的接觸，給他一種快樂，使他能夠親眼目睹、觀察與藏人不同的各種言行。彌伴天生的好奇心、觀察力，使他的觀察結果有時使他開心，有時使他難過。

也就因為如此，他所觀察的白種人，一言一行所根據的動機，常常讓他看錯；西洋流行的一般見解，使他莫名其妙，也會使他突然發笑，或者突然震驚；在他自己，並不以為突然，但對西洋人而言，對於流行見解習而不察，便不值得發笑，而值得震驚。所以西洋人稱他為「那個下愚不移的異教徒！」彌伴卻稱他們為「那些多行不義的蠢傢伙！」

一天早晨，彌伴正在黃河岸邊貴德的一家旅店吃早餐。當時屋門半掩，有個漢人走到門邊站住了。

「我可以和你說句話嗎？」來客說。

「請進，坐下喝茶。」

彌伴就喊傭人拿個碗來，給客人倒上茶[1]。

「找我有何貴幹？」彌伴見客人喝完茶，才如此問。

「我打算入天主教。」

「那不是我的事呀，朋友！」彌伴甚為驚異。「我不是神祇，而是喇嘛；我與耶穌教沒有關係。你是應該到天主堂去找神父的。」

「我知道！我知道！可是你認識這位神父。你是去看他的。最近你還賣給他酥油和餵馬的豆子。你可以替我向他說。」

「你自己去說吧。我不是耶穌教的人，我不能管這個。」

「我已經向他說過了。」

「那麼有什麼困難嗎？」

「他很樂意我到教堂作禮拜，但他不給我頭頂上放水。」

「那是必要的嗎？」

「是不可少的。假如他不弄濕我的頭髮，他就不會保護我。」

「啊，你需要保護，你怕縣長嗎？你犯下什麼事呢？盜竊案嗎？」

「沒有，沒有，」漢人抗議著。「我沒有犯盜竊案。那是爭財產……一塊地，我兄弟向我爭，說是屬於他……」

「你自然說是屬於你的。」商人插句嘴，笑了起來。「而且你認為神父會勸縣太爺判給你。」

「就是那樣，你猜對了。可是他不會那樣做，除非我真是他的教友，除非我的頭髮經他用水濕過，我知道得很清楚。有去教會的人，就是這樣告訴我的。」

「我明白了，」彌伴說：「可是他為什麼不在你頭頂上放水呢？也許他明白，你並不信他的教，只是想設法得到那塊地就是了。那他們是很精，那些神父們。」

「也不是那麼精，他們也樂於有很多的人入他們的教。」

「那他為什麼不要你呢？」

「因為只有我一個人，他是要同時給幾個人施洗的。」

「你為什麼不找幾個朋友同時去呢？」

「那不成，這幾個人必得是一家以內的。有時神父要一家以上的人，要全村農民一同受洗。他說，一個教友活在非教友的人群中，不能按教規做事。辦法是這樣的：一個村長入了天主教，他就向他家裡的人和全村的人說：『你們都要入教。入教有好處，我是得到好處的。』於是，神父就可報告，一兩百名男男女女都入耶穌教了。」

「可惜你不是村長，對了吧？你是幹什麼的呢？」

「我是磨磨的。只要我一家人入教就夠了。」

「那麼，你父親不樂意嗎？」

「不是的，我的父親已經死了。問題在我的幾個太太。」

「你有幾個太太？」「大的給我生了個兒子，二老婆給我生了兩個兒子，一個姑娘，小老婆還幾乎是個孩子。」

漢人提到二姨太太時表現出來的笑容，使彌伴明白他鍾情於她。

「神父只要我和大太太同孩子們，」磨匠繼續說：「並要我遣散大姨太和二姨太。可是大姨太跟我十五年了，又給我生下兩個兒子。二姨太太是我買來的，當時還很小；在我家長大才嫁給我，她的父母已經死了。假如我讓她走，那她到哪裡去呢？誰養活她呢？況且，她也好像懷孕了。可是神父不講理。只要我留下大老婆，那兩個都得走，不然便不給我施洗。」

「那是可恥的事！十分可恥的事！」彌伴動了義憤，「要趕走信任你的女人，給你生了孩子的女人，只有惡魔才會那麼殘忍！」

「我的大太太完全反對這件事，因為她很喜歡那兩個姨太太。那個小的更是她從小撫養長大的，就好像是她自己的孩子一樣。同時，我的母親也十分反對我破壞祖宗傳下來的門風。」

「她很對，完全對。」彌伴堅決主張，「趕快回家，再不要入那樣殘忍的教了！」

「問題在那塊地呀！」漢人很理智的提醒彌伴。

彌伴聽到要放棄兩個可憐的姨太太而義憤時，卻完全忘了磨匠要入天主教的動機。

「呵，是呀，那塊地……」他喃喃自語，忽然想起一個主意來。

「有辦法了，」他向漢人說：「天主堂不是唯一可以向縣太爺說話的人，此外還有福音堂。貴德附近就有福音堂，我近來還賣過羊毛給他們。你去找他們，也許結果不同。我知道在湟源有一個漢人就有兩個太太，依然還是基督徒。他們既然讓他有兩個，就很容易讓你有三個。一個人有幾個太太有什麼壞處呢？只要自己喜歡，而且待她們很好，不就夠了嗎?對，你去找福音堂。」

「我不能。」可憐的漢人更形失望了，「同我爭財產的弟弟已經入了那個教會了!」這種局面實在令人發笑。可是商人既然知道了這等階層的漢人是在怎樣勾心鬥角，便只注意具體解決之道。

「也許還有別的方法可以影響審判，」他想了一會兒，說：「比如，你若能夠證明得千真萬確，你是對的，產業本來是你的……也難說，一個人真有理，縣太爺可能為他作主。你有地契跟中保人嗎?」

「我都有，可是我的兄弟已經偽造地契並且將它呈交到衙門裡了。」

「恐怕你說那是偽造的吧?」

「是偽造，實在話。我為什麼要騙你呢?又不是你審官司。」

「你知道宗先生嗎?那個大商人?」

「誰都知道他，他是有地位的。」

「你去找他，我給你一張片子。宗先生是我的朋友。他有見識，有勢力。他可以指導你，保護你。」

漢人拿著片子，道了謝，便走了。

彌伴在貴德的事情辦完，離開了那裡，也就忘了漢人打官司的事。可是他離開以後，那個人贏了官司，引起意想不到的情節。

福音堂的愛爾蘭牧師

宗大商人並不喜歡外國人，但與彌伴是好朋友。他以為彌伴介紹來的人，若沒有同種的人幫忙，中國的禮教就會發生危險。只是宗大商人過問的事，必得十分站在理上。所以他看了地契，問了中保人，證明了哥哥完全有理，而且打聽清楚了弟弟的地契是偽造的。

這些都清楚了，他才將那受冤的哥哥找來，教給他鳴鼓喊冤的辦法，這種方法是中國百姓伸冤的最後一著，縣官沒有不即刻升堂問案的。可是喊冤的人倘若沒有理，那就倒楣了，他以欺騙手段冒犯法律尊嚴，非重重挨打不可。

磨匠有宗大人壯著膽子，到了衙門口，跪在鼓前，抓起鼓槌，咚咚打了幾下，就大喊起冤枉來。

可憐的人真正嚎了起來。他這樣大膽的做了他不敢幹的事，使他恐懼得忘了他為什麼而來。而且大鼓咚咚一響，他拼命發出冤枉的聲音，更使他嚇著了。所以他「喊」的與其說是冤，毋寧說是怕。

皂隸神氣莊嚴的出現在大堂口，招手叫他進去。磨匠爬起來，腳步不穩的向前走。宗大商人跟在後面，要他放大膽子。

幾分鐘以後，喊冤的人跪在縣官面前叩頭。縣官見有宗大商人在場，也就緩和了一部分威嚴。商人的名譽好，又有錢，有他出面，自然很有力量。

磨匠呈上狀紙和地契，並指明中保人的姓名，宗大商人更從旁證明，原告若不是十分有理，他也不敢前來冒犯。所以縣官以原告人似乎應得產業，當即宣布聽候傳齊中保人及被告再作審判。

七天以後，原告被告兩造與人證物證，都在大堂集合。弟弟的地契確係偽造無疑，磨匠正式得到土地所有權。但弟弟偽造地契欺騙官府的罪，比奪哥哥的產業還嚴重。

「先將被告押起來，」縣官宣稱，「容後判處應得之罪。」

縣官還沒有退堂，與被告有關係前來聽取判詞的，即跑回福音堂報信去了。

牧師是年輕的愛爾蘭人，有著淡紅色的頭髮，灰色的眼睛，熱心而且容易暴怒。暴怒的動機並不是心地壞，只是不可動搖的信心，總以為白種人、基督徒，當然要比黃種人、異教徒更優越些。甚至於要懲罰偽造地契者的縣官，儘管滿腹經綸，也不在他的眼下。

歐開萊牧師聽到判詞，即從椅子上跳起來。跑回屋子，抓出兩件睡衣，一條氈子，拖在手臂上開門而去。剩下報信的人張著嘴閤不攏來。

縣官尚在大堂上審問別的案件，這個發火的愛爾蘭人撞了上去，推開受審人。喘息並氣昂昂的站在縣官面前。

「你將蘇金押了起來！」他霹靂般喊著，「也將我押起來吧！」邊說邊揮動兩臂，炫示出有花紋的睡衣，要在監獄中過夜的樣子。

縣官不慌不忙的抬起小小的黑眼睛，看看高個子的愛爾蘭人。

「我沒有權利監禁你，」他平靜的說：「可是我告訴你，我很遺憾我沒有那種權力。」說著，他指揮衙役重新集合起已被這個外國人衝散了的原被告，繼續審問案情。

彌伴是第二次到貴德時，才聽到磨匠案件的這一幕尾聲。

培瑞先生發了瘋

彌伴坐在湟源他那很舒服的屋子裡，無緣無故的煩悶起來，望著窗外的太陽落到城牆那一邊。心中突然想到：城外就是漫無人煙的草地，一條一條的蹄痕，乃是走向南方前往拉薩的大道。他不久就該長途跋涉，獲取幾年勞苦的代價了。

他有資格當丹津的快婿，丹津那樣精明的商人不會看不出來：他這般年輕已經如此成功，將來的展望更是沒有問題。他與愛人分手在甘丹寺外的路旁，不久就滿四年了。四年的時間，他都在專心做買賣，累積財富，所以對他來說，時間是很快的；可是對她呢？她只能靜靜的等，這四年當然夠長了。對，該是他動身的時候了。

扎喜慢慢熟習了彌伴的業務，已經是他的頭號助手，可以在主人出外期間，繼續例行生意；那個有信用的夥友班覺，也很樂意幫忙他。況且，彌伴也不會離開多久。

到拉薩，也許不必回輟莫溝去看父母，以免土官再捉住他，進行積怨未平的報復。但希望章珀爾與彭錯都到拉薩去，參加他的婚禮。喜事一過，他就帶著卓瑪出來，倘若她不喜歡湟源，她可到相距不遠的大城西寧去住。

彌伴就這樣決定，第二天起就要開始準備。首先向西門告辭。他自上次離開到現在，還沒有見過他。他當時在懷念耶穌，即根據福音書所記載，被朋友拋棄了的耶穌。西門儘管不全信耶穌的話是真的，也捨不得拋棄他。

彌伴認為西門是一個聖人。假如西門可以聽到高僧大德所宏揚的正教，他自然更要高明些。甚至於可以得到正覺，破除一切迷夢。可是對於他，路子上是有障礙的。因為前生的業，他生在沒有佛法的地方。然而到了中國路子不就近些了嗎？反正彌伴去拉薩以前是要見一見班覺的。到了那裡，他非求老僧賜福不可。那老僧，已是彌伴在心靈深處所崇拜的導師了。那麼，他為什麼不帶著西門會一會具有「他心通」的神僧呢？他知道該向西門說些什麼相宜的話，怎樣指導他承認正路，解除他心中苦惱。這正是西門所需要的。

彌伴自認為是個笨商人，不能幫西門的忙，可是那神僧一定可以幫助西門。第二天，他就要想個法子，使二人會面。

彌伴正在思索如何幫西門的忙時，他的傭人走了進來。

「主人，在教會學校的徒登打發人來，向你借一雙靴子、一副帶子，徒登有用處。」

「徒登要靴子？……他要靴子幹什麼呢？」

「我不知道，先生。」

「讓那人上來。」

「好的。」

幾分鐘以後，一個藏人出現在彌伴面前。他臉上帶著笑容，證明打發他來的那件事不怎麼嚴重。

「先生，徒登要我來向你借一雙靴子。」

「你來開玩笑了，徒登有的是靴子呀！」

「對，他在學校裡有，可是他現在沒有在學校，他是為了要求見你，才向你借靴子。他的被人家拿走了。」

「他的靴子被人偷去了？在哪裡呢？」

藏人的嘴笑得更大了，「他和一個女人在一起，先生。」

「喔！她偷了他的靴子……怪事！朋友，我想你是編一個故事為你自己騙一雙不花錢的靴子吧？」

「不是，不是，」藏人抗議著。「我是個誠實人，在鹽局做事，我要靴子自己會買。徒登的靴子不是那女人偷的，是外國人拿走了。」

「你這是什麼話？假如徒登在女人的屋子，外國人怎麼會知道？」

「他是去找徒登，要將他帶走的呀！唉！你要聽見他說的話就好了！哪像教師給學生說的話！兩個人都好像掉在火裡燒得焦頭爛額的……他吵呀，吵呀……那個東不怕西不怕的娜金瑪可是笑得不可開交！徒登氣得發瘋。四面八方擠攏來的人，明白了怎麼一回事，也都笑得不亦樂乎。他簡直沒有羞恥，那個外國人！他在那裡幹什麼呢……他後來發現他成了眾人取笑的材料，而且徒登也沒有理會他，他就將靴子連帶子都拿走了。啊！還要腰帶，我幾乎忘了：徒登也向你借一條腰帶！」
「那簡直是胡鬧，」彌伴說：「可是你怎麼都知道呢？」
「先生，我正在徒登女友的隔壁，守著一個女人喝酒，門開著。我們看見外國人進了院子，一個漢人給他指娜金瑪的屋子。漢人沒有怎麼停留，他顯然怕徒登，這些漢人並不像我們那樣勇敢，我那女朋友一眼就明白，她說：『那個是巴燕戎土官的兒子，我要設法將那外國人引到這裡來。他若在這裡停一停，你就通知徒登叫他逃跑。』
「她離開屋子，趕到外國人面前，笑著，嚶嚶細語，問他是否來散布小故事書和美麗的圖片？她說她很希望要一些圖，她媚態橫生……啊，她是很美的，我隔著窗紙看著他們，假如我是那外國人，簡直不能拒絕她；可是他完全不理會，什麼也不聽，好像發了瘋，他闖到徒登的屋子，拳打腳踢，撞開了門。以後，就像我告訴你的那樣，他用火獄和魔鬼來恐嚇他。我也同女友進去看。我女友一看便說：『這是怎麼一回事？他們也沒有對誰使壞呀！假如你的父母沒有幹這個事，你也不會生出來呀！』
「就是那樣，所有的人才都笑起來，外國人才拿著靴子、腰帶子走了。我不相信他知道他做的是什麼，他是氣瘋了。我在街上碰見那個引路的漢子，我趕上去痛打他一番，教他記著，不要再窺伺藏人的事。我回到女友那裡後，有些人要將靴子借給徒登，可是他那驕傲的樣子，顯然嫌惡靴子太舊了，所以才託我到你這裡來借。他不樂意回到學校去。他要到你這裡來。」

「很好。」彌伴也認為這事十分可笑，說著就告訴站在屋內的傭人：「由鋪子裡取一雙新靴子、靴帶子、一條紅腰帶，給徒登先生送去。」

「是。」傭人答應著走了。

「對了，」徒登的代表這才想到，說：「你不能將你的借給他，因為你的是僧靴，而且腰帶是黃的，這一點我沒有想到。你大概是比丘吧？」他以為這就是彌伴不肯自己到妓院去找徒登的緣故。

一點鐘以後，徒登與高采烈帶著醉意來見彌伴，稱謝不已。吃晚飯的時候，他又重新講了一遍事情始末。

最後彌伴說：「培瑞先生會在學校開除你。」

「他不會開除我，因為我是土官的兒子，他是喜歡保留貴族子弟的。可是我不回去了。彌伴，我已成年，不久就是二十歲了，我不能再讓人家拿我當孩子看。」

「這個我知道，」彌伴勸著他，「可是你還有你的學業。你的父親對你期望甚殷。他會怎麼說呢？」

「我的漢文已經不錯，藏文也十分好，我相信我能在衙門裡得到二等通事的職務，薪水沒有多少，可是在衙門混差事，求你當翻譯的就會給你送禮。同時，也會有人找你出主意，託你向縣官說話。出入官府，永遠有油水吃。我有錢出房租，也可以請人教書。我的父親若肯管我吃的，那破費不了他什麼。我也要請他打發一個人來伺候我。……彌伴，我會同你一樣，自己住在一處，有人給我預備伙食，愛什麼時候吃就什麼時候吃。也可以請人去吃飯。那有多麼愜意呀！我討厭那個學校，鐘一響，你不饞也得吃飯，你不睏也得睡覺。不，我不回學校去。你是我的好朋友，你會同我去見我父親，向他解釋一切，使他不生氣，而且給錢安家。」

「他會讓你回巴燕戎老家。」

「不，我要那二等通事的差事。我知道我能得到。只要給縣府秘書送一點禮就成了。我認識他的。我的父親會因為我成功而滿意高興。老培瑞會活活氣死。彌伴，你會替我送禮，不是嗎？以後我再還給你。」

那小傢伙真會說話，先堵住彌伴的嘴，彌伴又不是給人下不了台的人。

「我可以給你那份禮物，」彌伴說：「可是我不能同你到巴燕戎。我已決定去拉薩，我有別的事要忙。」

「你見我父親費不了你多少時候，頂多一星期。那時，他也許託你在拉薩做一點生意。你實在不能不去見他的。」

狡獪的徒登已經一語中的，生意的魔力捉住了彌伴。

「我鬥不過你的伎倆，朋友，」他拍著徒登的肩膀說：「我就同你去巴燕戎。」

有了憐憫，再用不著別的引導

逃學的青年不欲再見培瑞，彌伴只得第二天到了教會，通知暴躁的校長，說是徒登不回來了，而且取走徒登的衣物書籍。

彌伴其實不喜歡這項任務，去聽培瑞夫婦長篇大論責罵學生的不道德。他在路上就打算找西門解決這個問題。西門自然會將彌伴要說的話簡單的傳給培瑞聽。無論如何，彌伴也要見一見西門，以便約一約與那老僧談話的事。這是最好的機會，免得他好像專為傳教士與僧人相會而來。

西門正在屋內寫字，彌伴進來了。

「歡迎，朋友，」他說：「好久不見了。你又要出遠門嗎？生意興隆吧？」

「一天比一天好，多謝！這次是來麻煩你一件事。你總聽到徒登與培瑞先生昨天的事情吧？」

「是的。」

「徒登實在不大檢點，可是我不明白培瑞先生為什麼那樣干涉人家的私事，我不能不告訴你，他對於那女人的行為已經鬧得滿城風雨了。他的確不該進人家的屋子，他又為什麼將徒登的靴子搶了來呢？那有什麼意思？簡直是發瘋！簡單的說，徒登不樂意再到這裡來，幾天以內，我陪他回巴燕戎，通知他的父親，讓他去發落。徒登已成年，再不能像小孩子似的看管著，命令著。」

「培瑞先生的意思本來很好，只是他的辦法實在太過火。我很了解徒登不想回來。那很可惜，他的書念得不壞。」

「我相信他會繼續讀書的。他盼望在衙門裡得個差事，便不能不繼續讀書。」

「啊！那更好。他很聰明……他是要做一個官來著。」

「我打算求你將徒登宿舍的東西，找人交給我那候在院子的傭人帶回去。」

「你頂好自己去見培瑞先生。」

「我最好不見他。他會向我說一大堆我那朋友的壞話，那是沒什麼用的。」

西門笑了笑，「我來辦。」他十分明白彌伴的意思。

他打發一個看房子的漢人陪著彌伴的傭人，到徒登的宿舍去收拾他的衣物書籍。他吩咐妥當以後，又向彌伴道：「你打算到巴燕戎去很久嗎？」

「不，人送到就回來。去以前，我要先幫著徒登補上衙門裡那二等通事的缺。他有了職務，便可凱旋還家，得到褒獎了。我不明白他為什麼要我陪他去。他是用不著誰替他說話的。他會受到歡迎。不過我要到拉薩去。」

「那可是長途跋涉呀。我知道你們藏人並不在乎在路上走上兩三個月，你們是善於旅行的。」

「我用不著那麼多的日子。我要盡可能的趕路，因為我不是做買賣，沒有重馱子。」

「啊……」

「西門先生，我回來的時候便已經結婚了。我要同我的漂亮太太來看你。」

「她是誰？」

「商人丹津的女兒，即在這裡有分號的那個丹津。」

「誰都說丹津是個大商人，我祝你一切幸運。可是你回來的時候，我沒有機會見你了，我也要離開了。」

「你到哪裡去呢？去多久？」

「我先到上海。我來此地以前已經在學醫了，我要繼續學醫，做個醫生。」

「做醫生是很好的。但你為什麼沒有繼續學呢？」

西門好像望著窗外園子裡的灌木，實際則在回憶自己幾年以前，突然放下醫學，要做個簡單的傳教士，以為救靈魂比救身體還重要。

「我想我是自視太高了。」他思索著說：「我自己不過是個瞎子，可是我想我會給人家指路。我現在才希望能夠盡一點較容易的本分，消除人家一點肉體上的痛苦。」

「那就是說，你不再相信培瑞先生的教，不再打算作傳教的工作了。」彌伴直截了當的說：「因為你有好心腸，所以可憐那些有病的，要治痛他們。你要花多少時候才能學完醫呢？」

「大約三年，我想。」

「那麼，三年以後你會回到這裡來嗎？」

「這裡，或者別的地方……我不知道他們派我到哪裡。」

「派你，你不能隨便到哪裡嗎？」

「大概不能，我的朋友。我屬於一個教會，哪裡需要醫生，我就被派到哪裡。」

「哪裡都是需要醫生的，我盼你回到這裡來。為什麼你還在培瑞先生的教會呢？假如你不再相信他的教。」

「那不是培瑞先生的教，那是耶穌的教。」

「而你不欲離開耶穌，你說過。你既然不信耶穌的話……我知道你再也不信了。」

「我們以為抓住了什麼真東西，還不夠確切，便說我們相信了。可是我們是誰呢？我們是這樣可憐的動物，心是窄狹的，薄弱的，還敢有什麼確定嗎？我們要憑什麼根據呢？我們知道上帝是什麼，他的計畫是什麼，萬物為什麼降生世間來受罪嗎？我們以為能夠知道，那是多麼荒唐無稽呀！誰知道耶穌在他內心相信什麼呢？誰知道他在客西馬尼❷以及在十字架上想的是什麼呢？我這樣渺小的人，怎麼會發現那全真、全聖、全大的他心中的高明境界呢？

「我所知道的，只是他愛世人，而且他教世人彼此相愛。信心不過是一件小事，我的朋友；愛的價值更大。我四周的人為什麼受罪，我怎麼相信，沒有多少關係。他們在受罪，乃是事實。我努力給他們減輕一點痛苦，乃是根據我的心……別的我就不知道了。」

彌伴又一次受了感動。他讚美西門的慈悲，然而同時也知道，傳教士那樣的謙卑使他自己好像陷落於流沙之中，走不上彌伴所想的高僧大德向徒弟們指引的高峰。自然，西門儘管大量且有聖者風度，而他自己更拋棄了童年的理想，做了尋常商人，兩人均不配在此生爬到那麼遠的高峰，可是應該走得上那個途徑。

來生，很多的來生，要繼續著來；死一次，又重生一次，生生世世，有如一階一階的向上爬，總有爬到的一天，看得到光明的一天。只是西門還沒有棄世求道的準備。他還愛著耶穌，依戀著耶穌——凡有所依戀，便是悲哀的泉源！

他應不應該向西門提一提湼源寺的神僧呢？或者應該。

「西門先生，你離開湼源以前，」彌伴說：「我希望你到寺院見一位老喇嘛。那是一個沒有欲望、沒有需要的聖者，且能看見別人的思想。你不知道我們的教是什麼。你所遇到的都是沒有知識的沙彌，都像我們商人一樣，忙著找錢。你最好也知道我們大師們講些什麼，以免你回國時，把關於我們的錯誤見解帶了回去。」

「回國？我永遠不會回國的。我要留在中國。我們國家並不缺乏醫生，我留在這裡更有用。可是……我了解你的意思。你十分愛護我，使我頗受感動，只是那沒有用，因為我不希望明白、了解或得到什麼。我只有一種感情：憐憫，再用不著別的引導。」

彌伴知道勉強沒有用。

「有一次，」彌伴頗動情的說：「我還是小孩子的時候，在林間遇著一位靜修僧，他說我是大慈大悲觀世音的兒子。我想，你才是他的兒子呢！西門先生。」
「對不幸者有憐憫心的人，都是同一天父的兒子。」澳大利亞人說著，把手伸出來。
彌伴後來再也沒見過西門。

蘭州買賣誤了拉薩行

徒登得到了他所盼望的差事，便和彌伴一同回家。土官頗看重他兒子突然在衙門裡有了差事，徒登也沒有忘記告訴父親，他的成功是因為彌伴替他給縣府秘書送了禮。
土官表示衷心感激，回敬的禮物更重，送給彌伴兩匹西寧駿騾。他又建議彌伴，最好同他一起去拉卜楞。那裡到了一群馬，商人也許喜歡買的。彌伴對於有便宜的事從不拒絕考慮。兩三匹好馬，加上這兩匹騾子，是送給卓瑪父親的絕佳禮物，可以讓他更有誠意。
於是彌伴到了拉卜楞，買下兩匹馬，還有許多別的貨物，都可賺到盈利。他知道在蘭州可以出售一部分，所以他又僱了騾腳，運到那裡。蘭州是個大城市，中國貨外國貨都以那裡為轉運口。四方遠來的有錢喇嘛，三倍出價也不吝惜。
彌伴那樣能做生意的商人，自然看得出發財的機會。所以他來回的買，來回的賣，跑了幾次。及至返回湟源，已經過了三個月的工夫了。

季節太冷，已經不便遠涉北部荒原。而且牧戶遷入冬居，不臨大道，旅人也無從在路上補充糧食。草地封了雪，凍草不適於牧馬，更沒有乾牛糞作燃料。彌伴不得不等到來春再去拉薩了。

註釋

❶藏人用碗飲茶吃糌粑，而不是用茶杯。

❷客西馬尼：出自《馬太福音》二十六章三十六節，是耶穌上十字架之前禱告的地方。

第十章

暗夜急奔　佳人含淚話當年

郵政在西藏是比較晚近的新政。一條由拉薩經昌都到內地，一條經喜馬拉雅山往印度。湟源與西藏中部之間還不通郵。藏人旅行各地尚沒有接家信的習慣，所以也不會想寫家信報告旅況。

彌伴到湟源以後，見過一次日喀則商人鑽追的兒子多吉，兩次接到商隊帶來的丹津同多佳的信。一封信中，丹津感謝彌伴，鑽追替他償還的一百五十兩銀子，還有不少的利錢。丹津，卓瑪的父親，本來是把錢送給他，沒有打算要回來，很意外的接到那筆錢，這筆錢證明彌伴的發達。他在兩封信裡，除了說卓瑪平安以外，沒有其他關於她的話。

多佳的信上說，丹津只收了利錢，原來的一百五十兩則送給父親彭錯了。他慶賀弟弟成功，很快的變成了獨立商人。慶賀當中，有著一點欣羨的意思。哥哥依然是個助手，而弟弟已經獨立了。

這些信中沒有讓彌伴知道土官是怎樣折磨他的父親。因為丹津與多佳決定不讓他知道這些，使他安心經商。另一方面，多佳則知道土官的情形，暗地裡供給父母日用所需，而且避免土官知道，以防他會激怒，沒收所有財物。

彌伴第二次接到拉薩的信息時，從丹津給他的禮物中，看見卓瑪寫的字條：「你會很快的回來嗎？」

彌伴不曾想到，他會住在拉薩。因為在那裡他沒有什麼地位，而他在西北的身價則是越來越高了。於是，他決定春天去見丹津，請求他允許和卓瑪結婚。他已經將房子擴大，可以一間給卓瑪。他利用冬季裝修房子，以便卓瑪來丹噶爾（湟源）住的時候，他縱有商業往來，也不妨礙她。

卓瑪即將完婚？

第二個新年，彌伴自己在家裡待客，也到朋友處赴宴尋歡。在富戶人家，整個正月都是在應酬宴樂上度過的。有一天他正與高采烈的時候，聽到了意想不到的消息，使他大為震動。

主人是商業代辦，在眾多客人中有三位拉薩來的香客，曾到內地朝山。他們初到四川峨嵋，在金頂觀「佛光」；繼到山西的五台，崇拜智慧代表文殊菩薩；然後轉道西寧，希望加入來春第一批商幫回到拉薩。主人的朋友有與香客相識者，所以這三人均受邀來參加宴會。

三名香客在賓客中聽說彌伴的父親彭錯與商人丹津是朋友，所以彌伴與丹津有很好的關係。

「我也是丹津的朋友，」一名香客向彌伴說：「原來，不久即將和卓瑪結婚的多佳就是你的哥哥啊！我離開拉薩的時候，丹津告訴我，吉期將在三四月間。我離開的時候還沒有訂出確定的日子。近來收到丹津的信嗎？你知道正確的日期嗎？」彌伴突然感到天旋地轉，心情低落到無底深淵。香客的口氣，其他賓朋的酬酢，都變成了波濤洶湧的聲浪，使他滾入深淵。他兩手抓住墊子，勉強答覆道：「我不知吉期在哪一天，好久沒有接到哥哥的信了。」

報信的人已經喝得醉醺醺的了，沒有看出彌伴的神色不對，竟以為他的不安是由於喝醉了。其他賓客也都酩酊大醉，所以彌伴離開的時候，並未引人注意。

他急忙走回寓所，已有成竹在胸。第二天，或者第三天，他就趕回拉薩。正月剛開始，婚禮最早也不過在三月；假如他走得快，還趕得及加以挽回。

天色太晚了，來不及到寺院去，一切只能等到明天再說。他打算將業務暫託股東班覺代管。夥計中地位最高的扎喜留在湟源，可以再僱一位助手幫忙跑賬。至於迦臧，可以帶去拉薩。到了寺院，一定能夠找到兩三名慣於跋涉高原的僧人同行。

他自己及夥伴的坐騎以外，要帶上巴燕戎土官送他的兩匹好騾子，以及在拉卜楞買的兩匹駿馬。這樣換著騎，可以更迅速。明天才初六，當有半個月的月光照路；牲畜多走夜路，也避免露宿多霜，折磨牠們。

他要盡可能的趕路。他知道卓瑪得不到他的消息，會著急到怎樣的程度。他想像著看見她落髮為尼。他自怨自艾，為何不早點告訴丹津要求婚的意願呢？他本是打算發了財，才用聘禮使丹津驚喜，樂意嫁女給他。

他的虛榮加上不夠積極，害了他自己。他若早求婚，丹津也許答應了；因為他已有的成功，還不夠證明將來可能掙得的財富嗎？

卓瑪是青梅竹馬，與她結婚早已視為命中注定的事，哪裡會想到還有別人可以和她結婚呢？從來沒有想過，哥哥多佳竟會被選為丹津的女婿。可是他現在明白了。選多佳為女婿，乃是選他為繼承人的邏輯結論。

這件事也許卓瑪父親與自己的父親早有了約定。彭錯肯於將心愛的長子入贅丹津家，也許就是為了這個。彌伴第一次透過占卜師的灶火窺見卓瑪的時候，她也許就許配給多佳了。他為什麼那樣老實，這若干年來都未想到這一點呢？

唉！假使他預先想到這一點，那就……那就怎樣呢……他也不清楚。這些他早就應該做的事，現在都還沒有做，真是千不該，萬不該。卓瑪！卓瑪！她一定在咒他，咒他那樣愚笨……竟遭他遺棄不管。

神通老喇嘛的禪示

太陽還沒有出來以前，彌伴已騎馬奔向寺院了。大經堂的房頂上，小僧在吹法螺，召集晨更崇禮。大門剛開，彌伴便在充滿人群的窄巷裡穿行，走向他朋友的住所。經商的管家和寺院的職員一樣，除非季節盛會，是不需要每天參加經堂聚會的。彌伴知道，他一定在家。

屋子雖然不大亮，經商的管家已看出彌伴神色不安。他關切的說：「什麼事？有意外發生嗎？病了嗎？」

「並沒有業務損失，我也沒有病。……我明天要回拉薩。」

「明天？這樣的季節？是為什麼呢？」

彌伴有些遲疑。他要向他說出實情嗎？他得給他可以相信的理由，不該讓他懷疑自己有什麼錯事。既然如此，還不如說老實話了。

「你要保守秘密，絕對的保守，是不是？」

「我起誓，知慧佛母❶！」

「我要結婚的女子，她的父親要將她嫁給別人了。」

「啊！」班覺鬆了一口氣，他原以為買賣出了差錯，婚姻之事不是他關心的。「你也許高攀了一點吧！這一家是誰呀？女人的父親一定很有錢吧？」

「就是商人丹津。」

「那樣，他應該很看重你啊！你不是說丹津是你父親的朋友嗎？」

「是的。」

「他打算找誰當女婿？」

「我的哥哥多佳，他的義子。多佳與他同住了若干年，幫他做買賣的。」

「他自然可以給他另一個姑娘，難道他只有一位姑娘嗎？」

「只有一位姑娘，沒有兒子。我簡直是個呆子，專營買賣，只希望攢夠了錢才去求婚——而且覺得那樣才有把握！原本以為是沒有問題的。誰想到，我耽誤得太久了！我只得明天出發。我的來意，就是請你照管我們的生意。我那兩個助手，歲數大的是扎喜，他可留在湟源，他知道我的規矩，我的主顧。」

「有我承管，你不必操心。」

「有你，我自然不用操心。」

「祝你馬到成功，但盼你不必太認真。好姑娘多的是，而且多少作父親的不希望你是他們的女婿？」

「我要的只有丹津的女兒。」

「他大概會許配給你，你有使人相信的本領，讓人不容易拒絕你。旅程一定很艱苦。你要帶多少人呢？」

「我只有迦臧一人可帶，這就是我的困難。我想在這裡找兩三名喇嘛，有旅行經驗的，一同去拉薩。」

「所有的喇嘛都樂意去拉薩，然而你所需要的是可靠的壯漢，我可以把我的人給你一個，此外鄰邸有兩個應該喜歡旅行。他們的佛爺到蒙古去了。我的同事管家可以給他們兩人的假。好，一切妥當，吃早飯吧！」

早飯罷，彌伴去見老僧。他本打算請求老僧用神通影響卓瑪的父親，使他同意將女兒許配給自己。可是到了面前，這些話都說不出來了。籠罩著他的氣氛，消滅了他的願望。他的不安在老僧面前不久，所有感情的波動瞬間全化為靜慮的波紋，甚至連卓瑪的影子也淡了下來，似乎快要消失。

他閉著眼，看見不可捉摸的波紋泛到小卓瑪的身邊，還是他第一次見著她時的那個裝束，她那紅綠綢子做的雙重袖子飄盪在深色大衣兩邊，就像受了驚的蝴蝶的翅膀，波紋到了袖子，升到肩端，正要升到掛著赤金寶盒子的脖子……

這使彌伴忍不住了。他跳了起來，虔誠的合十鞠躬，渴望著老僧的祝福。他知道用不著向他說什麼，老僧已經明白他的心事，而且答覆了他的問題，不過彌伴不肯接受這個答覆就是了。

老僧將兩手按在彌伴的頭上，說了一句，「五更天。」

老僧說完了這句禪話，就恢復了禪定，好像忘了彌伴的存在，也不覺得他的離去。

到拉薩的旅程

上弦月泛著青光，一批坐騎趁著這樣的光在封了雪的草原上奔跑。高原的四周，黑漆漆的山脈可見，狼在曠野遠處嚎著，結了冰的湖面，傳出轟然的聲音。

月到山顛的時候，顏色變紅了。跑在前面的一匹馬在雪原中尋覓下帳的地點。路到了山腳，發現兩峰之間的缺口，剛剛轉過山頭，地面即露出硬草，不遠就有流水。

「住馬！解馱子，遛一遛，以免牲畜驟然停下受冷！」

眾人一聲不響的照著做了。一個人由河裡取水來，即由行李口袋中取出一些牛糞燃著。帳篷豎起來，茶也燒開了。大家都就著酥油茶吃起糌粑和乾肉來。騾子、馬也餵了一些豆子，然後蓋上氈子、羊皮，讓牠們自由去啃凍了的草。

其中一人穿著老羊皮襖，再披上氈子，就臥在露天地上，抱著槍看馬，而且隨時起來，將走得遠的馬牽近帳篷來。領頭的還有三個隨從，睡在帳篷裡面的地上，皮衣服不脫，絨靴子也在腳上，裹的氈子蒙上頭，枕著馬鞍睡下。

這就是彌伴到拉薩的旅程。

彌伴不管如何急著趕路，也不得不在玉樹休息幾天。騾子和馬都走乏了，而且飼料吃得不夠，得休息一下，餵養餵養。隨從也累了，不過他們在彌伴面前並不表示疲勞。他們不知道他為什麼這麼趕，但班覺告訴他們事關重大，請他們儘量幫忙。

在這趟旅程裡，可尊敬的彌伴的確是變了，變得不像他們所認識的那位商人——他原來老是笑著的，這次則有歷來不曾見過的神情；眼睛在發光，好像盯住什麼無形的東西。他簡直不吃東西，同他在帳篷裡睡覺的人每次夜間醒來，都常見他睜著眼坐著，沉浸在永恆的冥想中。

一個快活的商人怎麼會變成這個樣子呢？他好像變得遙遠，偶爾一句話，聲調都似命令，讓人不敢違背。他們在湟源對他的喜歡，這時變成了驚奇的尊重，還有一點畏懼。他們心中不禁自問：「這個新彌伴是誰呢？」

一天晚上，在山旁下帳篷的時候，熊受驚動跑了來。洞就在附近幾步以內，只因天黑先前沒有看見。牠走到不遠的地方站住了，望著洞穴。可是奇蹟似的，彌伴召牠，牠就慢慢走進洞去，睡了一夜！

「不在洞裡過夜，那是多麼可憐哪！」這是彌伴的說詞。

這類馴伏野獸的本領，有道行的靜修士是常有的。然而彌伴只是一個商人，哪裡來的這種力量呢？

一路遇著好天氣。山顛積雪，自然行路困難；可是老在陽光普照的溝谷裡，氣候逐漸溫和起來，這是相當快活的事。他們上了玉樹到拉薩之間的大路，雖然前途仍屬遙遠，但是艱難的旅程總算過去了。

一天下午，布達拉宮的金頂終於在望了，彌伴想起當年與愛人卓瑪在甘丹寺告別時，是在黃昏離開金頂的景色中走向青海的。那時她愛他，與他愛她同樣熱烈。他擊倒了對她無禮的土官公子以後，她不是毫不遲疑的跟著他逃入山林嗎？逃難時的每一情節，以及走在一起的快樂經驗，此刻都又湧現心頭了。

此刻他已回來娶她……他的卓瑪，他自信有把握向多佳去爭，向丹津去爭。他不是原來只會逃跑的小彌伴。

彌伴正式向丹津提親

到了丹津門口的不是彌伴夢想中大隊的貨馱子，而是五個並不喧嘩的馬上英雄，充滿了長途跋涉的疲勞。

眾人揭鞍牽馬上槽的當兒，早已通報了丹津，於是有人帶著彌伴到屋子裡去會他。丹津接過彌伴獻給他的哈達很驚異，「我真想不到你會在這個季節跑來呀！可是我高興見到你。你變得好多。第一次看見你，你還是個小孩子。據我所知，現在你在青海已經是出色的商人，具有財富的人了。」

他聽見馬在院子裡的聲音，便走到走廊，將騾子、馬匹仔細審量了一番。

他指著兩匹大黑騾子問：「這是你的嗎？」

「是的，馬匹也是的。」

「好坐騎，那是很值錢的。那些人呢？」

「我的傭人。」

丹津點點頭。

「我沒有聽錯，」他說：「你是有錢的人。」

「有錢，還算不上；只不過稍稍自立罷了。我相信我將來會有錢的，因為我年輕，而且生意還發達。」

「很快就會有的，賢侄，你正在青雲直上。我的女人同卓瑪到外邊去了，回頭就會看見的。多佳才去加爾各達，六個星期或兩月之內還不會回來。當然他回來的時候，你還在這裡。」

女傭人送進茶來，還有糌粑、酥油、乾肉、餅乾。彌伴一面吃喝，一面等著傭人來報告，以便把刷洗好了的騾馬獻給丹津。一個人到門口向彌伴打手勢。

「老伯，請你到走廊一下好嗎？」彌伴說。

「好！」丹津說著就站了起來。

彌伴即由懷裡掏出一條哈達，展開，獻給丹津，並指著庸人在院子牽著的兩匹騾子、兩匹馬說道：「老伯，請你收下這四匹坐騎，這是些微的禮物，你收下才表示你不嫌棄。」

「這四匹坐騎，壯碩得很哪！夠得上獻給達賴喇嘛的禮品！我下去看看！」

丹津到了院子，馬兒越看越順眼，他想像得到，將這四匹駿美坐騎炫示給朋友，說是人家送的禮物，那是多麼高興。因為在西藏所受禮物越重，越足以表示自己的身分和勢力，那是可以自豪的。

丹津曾用熱情歡迎這位青年，現在對於他更加上幾分景仰和感激。一切呈現著樂觀的樣子。

商人在觀看傭人分別騎著騾、馬在大院子裡邊跑的時候，卓瑪跟母親回來了。

「太太！姑娘！」他喊著，「彌伴在這裡了！看，他送給我的好坐騎！」

彌伴向伯母道安問好，即趁著她同丈夫好奇的觀看騾馬的當兒，抓住卓瑪的胳臂，低聲向她耳邊說道：「卓瑪，我是來接妳的。」

「是，彌伴。」她點點頭。

她的回答缺乏他所預期的坦白熱烈。他發現她的眼神失掉了原來的勇敢果斷。她的聲音眼神都透露出一種笨重、不自由的神態。

「妳還在愛我嗎？卓瑪。」彌伴痛苦失望的問。

「啊，是的，彌伴。」

回答的話不能說不誠意，可是沒有他要聽到的那種充盈喜悅。他鬆了手，注視著她。他心目中的小姑娘，幾乎在長大成人的卓瑪身上找不著痕跡了。她已發育成熟，在各方面都是大姑娘了。她穿得很華麗，同過去一樣。

卓瑪是美的，只是時間好像在她身上織了一層網膜，就似喜馬拉雅山的林木都掛著一層薄苔一樣。年歲軟化了她眼神中的銳光，束縛了她行動上的自由，或者也影響了她的心思情調，窒息了她那與眾不同獨往獨來的秉性。

卓瑪，他的卓瑪，竟在他的面前蒙了一重雲幕，他必須揭開這重雲幕，才能見到廬山真面目。彌伴的心在痛，宛似走向青海的途中發現犛牛到了目的地要被屠宰的時候，又似在童年走入森林深處隱士茅屋中過夜悲憫有情的那種滋味。

卓瑪也在望他，自然也發現他的面部表情有些異樣。

「彌伴，」她說：「你變成我父親那樣的大商人了。可是，你的臉好像有道的高僧。」

彌伴不禁抖了一下，因為卓瑪的話正刺中了他的心事。

「我變成了商人是為了妳，卓瑪。妳知道我愛妳是超過一切的。我那樣做，完全是為了與妳成為婚配。那不是我們互相宣誓的嗎？」

「是的，彌伴。」

「明天我就向妳父親求親。我在青海已經給妳預備了房子。假如妳不滿意，可以再買一所。」

「是，彌伴。」卓瑪說這句話的時候，聲音帶出快活來。

他們回到屋子以後，彌伴給卓瑪和他母親采郎瑪獻上禮物——每人一疋錦緞，一塊美好的松石兒，彌伴看見采郎瑪很高興，心中兀自歡喜起來，以為求親之事有了內援了。

第二天吃完早飯，彌伴便與主人談起回拉薩的目的。

「老伯，昨天你覺得我回來得奇怪，當時我沒有說出緣故來，要是您不忙，我們談談好嗎？」

「當然可以談談，彌伴。你有什麼話，說吧。」

「老伯，我冒犯的想：倘若我當您的女婿，您總不致於不高興，或者覺著羞辱吧？」丹津沒有馬上開口，他在思索。「我沒有想到你會提出這個來的，」他沉默了一下才說：「這是你來拉薩的緣故嗎？」

「專程為此而來。」

「卓瑪要與你哥哥結婚，他由印度回來就辦喜事，一切都準備好了。」

彌伴不知卓瑪有無對丹津提起他們兩人的事，但他覺得還是假設他不知道的好。「老伯，您和多佳還不知道我要告訴您的故事，卓瑪顯然沒有勇氣向您提過。很久以前，您同卓瑪到不丹去的時候，歸途曾在我的老師占卜家的家中過了一夜。您還記得吧？那時我才離家不久，我的母親曾託卓瑪帶糕點給我。」

「記得呀！師母將糕點放進櫥裡，你到那裡去取的時候，是那麼理直氣壯的向他們爭取呀！她不禁吃了一驚，老師也未敢說些什麼。他們那種狼狽的樣子，幾乎使我大笑起來。你這調皮的傢伙！當時很有出息的樣子……終於很有出息……」

彌伴打斷了他的話頭。

「老伯，就在第二天，你們出發以前，我向卓瑪求了婚，她也答應了我。」

「哈！哈！更好！好一個孩子！那時你有多大呀？」

「十三歲。」

「卓瑪是十歲。兩個孩子那時就決定婚姻大事！哈！哈！」

「那時我們很小，可是三年以前，我出發去青海的時候，我們是又重申盟誓的。我所以如此努力如此上進，如此年輕而有商業地位……」

「很上進，很有地位，彌伴，這是可以自豪的。我本來想也想不到，如此年輕的你會有那樣的成就。」

「老伯，我之所以如此，完全是為了卓瑪，為了向您提親。您是有錢的人，當您女婿至少應該有錢。老伯，我要在什麼條件之下才可以娶卓瑪呢？多佳，我相信他還不如我，而且，遠在您想選他為女婿的時候，卓瑪與我便已海誓山盟了。」

「多佳所有的只是我給他的，彌伴。他是我的職員，不是個獨立商人。你第一次會見卓瑪的時候，我已同你父親約定，假如你哥哥多佳表現出經商的本領，忠誠可靠，他就可以與卓瑪結婚，繼承我的一切。你哥哥為人忠厚，努力工作，是個有本領的經理，管理我那已上軌道的生意。彌伴，我不相信他能幹出你所幹的事業。那些去過湟源的人，都告訴過我你在那裡的超群才能。他們都羡慕你。可是與我唯一的女兒結婚的人必須繼承我的事業，先要歸我管，我還不到退休的時候，而受人管的職務又不適合你。你是慣於獨立自主的。一家不能有二主，而在這個家裡我還是主人……而且，我答應了你父親，負責多佳的前途的；現在你父親貧困了，更不是向他毀約的時候。」

「你說什麼？我的父親現在貧困了？」

「是的，彌伴。我原本不打算讓你知道，怕你過分擔心，妨害你在異地進取。你離得那麼遠，牽掛著家也沒有用。我會按時接濟，不使他們日用缺乏的。」

「他們為什麼貧困了呢？」

「完全是因為你，可憐的彌伴。土官找不著你，便將憤怒轉移到你家裡。不管怎樣，你還是要遠離他的治下。時間並沒有使他氣平，只要他能捉住你，還是要收拾你的。這是很清楚的事。」

「可是，老伯，無論如何，我還是要看看我的母親。她對我是那樣慈祥。假若我繞路去，只同她住一天，土官會以為我離境很遠的……」

「那也沒用，彌伴，你再也不會看見你的母親了。」

「什麼？」彌伴喊了起來。

「她去世快一年了。」

彌伴沒有哭，也沒有說一句話，只是闔上了眼，臉上退了血色，好像死了一般。丹津以為他暈過去了，起來扶他；可是手到身上，彌伴便睜開眼，勉強站起來，擺一擺手，離開了屋子。

「我想不到這個堅強的孩子會如此敏感！」丹津感覺到彌伴那毫無聲息的激動，比他嚎啕痛哭還要厲害。

「呃，呃！」丹津喊他太太，「來，帶點酒來。」

商人感到需要有人作伴，也需要酒來恢復激動的心緒。

「那證明他的好心腸，證明他的孝心。」這是采郎瑪聽見丈夫敘述彌伴的情形之後所說的話。

「當然，當然，」丹津說：「可是，彌伴從小就怪，你還記得他哥哥說他的話嗎？他小的時候，曾用身體保護一隻豹子，使射豹的箭射到他的身上。以後他又離家逃跑，鑽追的兒子也說過他收買犛牛的怪事，他用了所有錢去收買牠們，使牠們不致被人屠宰。

「他在商業上的成功也是特別的。誰聽說過一個十七歲的孩子能像他那樣的獨立經營，且在四年之間致富呢？那雖然很好，但總有些讓人放心不下。我們可以說，彌伴是另一類人。……你猜猜看，他在冰天雪地的隆冬，是為什麼來的？……乃是向我求親，許他與卓瑪結婚。看樣子，那孩子十歲的當兒就答應給他當女人了。他說在甘丹寺時，他又重申前約，就是她到那裡給觀音獻燈，給他送別的時候。你還記得她無論如何要在他出發以前見他一面嗎？卓瑪向你說過這段許婚的事嗎？」

「一點也沒有說過，可是女孩子通常是有話不向旁人說的。」

「結婚的婦女自然也一樣，」商人笑著看著太太，「可是，無論如何卓瑪一定要與多佳結婚，那是已經決定的了。」

「多佳對你自然是個較好的女婿，」采郎瑪宣稱，「他是個忠誠的助手，不像彌伴那樣怪。你跟彌伴在一起，無從斷定將來會怎麼樣，也許他不高興當商人了，也許，一會兒異想天開，離家不知到哪裡去，就像他童年所做的那樣。他性情剛烈，拗起來是誰也管不了的。他竟打他主子的少爺。那少爺自然並非善類，但不致於戕害卓瑪；卓瑪拋棄了小姐們去找彌伴，到底也有過失。他也許再做同樣的事來連累我們。我們與土官斷絕了商業關係，完全是因為他呀！」

「這一點並不重要，土官不會再給我們有什麼好處了。他幾乎破了產，再也沒有錢投資，而且還被咒力追著。那是西康瑜伽喇嘛所放的咒力。土官打算用巫術弄死他，豈知西康的喇嘛是更有本領的巫術師，誰知道那位喇嘛子[2]又與彌伴有著什麼關係呢？多佳曾經告訴我們，土官夫人閉關的時候，彌伴是同瑜伽喇嘛住在一起的。」

「是的，那是很有可能的，」采郎瑪說：「誰能知道大少爺那麼慘死，和他一定沒有關係？」

「我想了一下，」她繼續說道，「當家的，你不能向多佳和他父親毀約，多佳一定要與卓瑪成親。你再沒有比他更好的女婿了！他那樣聽話，那樣恭敬你。」

「那就是我向彌伴說的話；一家不能有兩個主人，我是預備還當主人的。在這家裡，他那樣不循規蹈矩的人，是沒有地位的。」

「不要忙，不要將彌伴拒絕得那麼快。他有錢，而且大方，他在青海經商，可以與你合夥。為什麼要將他正在增加的財富推到另一家去呢？卓瑪為什麼不能同弟兄兩個結婚呢？多佳住在拉薩，彌伴可以往來兩地。他不常在家裡，便不致妨害你。我和你一樣認為他怪癖，不安分；他也許與什麼神祇鬼魔有著密切聯繫，也許有一位巫師在幫他的忙。最好不要惹他。與其惹他，不如籠絡他。」

「你說得對，采郎瑪。你的話永遠是有見識的。對，就這麼辦。多佳是哥哥，即按原定計畫與卓瑪結婚，我們在婚約上添上彌伴的名字，讓他當二夫，各方面就都圓滿了。我的母親就是三個弟兄的太太，這是誰都承認的規矩，這樣便不致財產分家。卓瑪會快樂的；假如彌伴變了卦，離開她，她還有多佳可靠。」

夫婦二人解決得當，共同飲著酒，計畫喜禮的一切準備。

釋迦佛前再度宣誓

彌伴魂不守舍的離開了丹津的家，毫無目的的在城裡走著，他心裡只有一件事：母親死了，再也看不見了，永遠……她愛他多過她愛長子。在這以前，他不明白；可是現在恍然覺得，她所希望於他的，不只是尋常孝子所能給她的安慰。「你降生的時候，屋內有天歌，屋外有吉兆。」她在很久以前曾經告訴過他。他當時太年輕，沒有注意這些話，可是現在賦有意義了。

對於充滿奇蹟降生的孩子，章珀爾是盼望著一個奇蹟的。可是她的盼望落了空。他並不是具有神通的聖者。他離家過早，連個好兒子也沒當上。現在他回來了，了解她的心理了，可是母親已經不在了。

聖僧米拉布衣的詩歌，挨門乞討的香客唱在口中的兩句，他也記起來了：

「母親在的時候，我不在她的身旁；
現在我回來了，徒然悲傷她的喪亡。」

世事無常，色即是空。湟源的高僧曾經說過，現在盤據了他的心。環顧四周的一切，什麼路旁的房屋，路上的行人，什麼釋迦佛殿，達賴喇嘛的宮！這不都是幻影嗎？不都像他母親一樣不能常存嗎？唉！倘再見她一面，倘再抱在懷裡……可是擺在面前的，只有一場空，他們也許就這樣生生世世，彼此相見，生了又死，死了又生，別離顛倒，永未真正了悟，永未真正愛憐。

然後思想轉到卓瑪身上，那種有了距離、完全被動的儀態；突然間，他離開湟源前僧人的一幕影像出現在面前：不可捉摸的波紋，慢慢前進，不可阻擋地沉沒了四周的一切，而且波及卓瑪——那個依然被動、幾乎僵死了的卓瑪。

也像在湟源一樣，一種抗拒的力量斥退了幻想。拉薩，以及拉薩所屬的一切世間，又恢復了原樣；彌伴的思想，也就恢復了人世間的思想。

他對於喪母的悲哀，要用對卓瑪的愛戀來替代，一個愛他的人死去了，他要捉住另一個可以愛他的人。

唉！一個人由這個愛奔向那個愛，可是永遠沒有得到愛，那是多麼悲哀呀！

他繼續向前走，神志清醒了一點，可是他寧可孤獨著，不願回到主人家裡。不久就到了色拉寺的前面，寺院院牆裡面一列一列的小白房，是很好的靜室，在那裡可以產生高尚的思想，可藉宮殿頂上的勝幢把那些思想發揚於聖城之間。勝幢而不象徵勝利，征服偽惡的勝利，建立真善的勝利，還能勝在哪裡呢？

「我給思想像猴子的人，發出極靜的靜光，給他們解脫苦惱的智慧。」

他在什麼時候聽過這句佛語，已經記不得了。

當他能與卓瑪結婚，與卓瑪住在湟源的時候，要在寺院買一所僧房，以備班覺居住，並作他自己的別墅。孤寂生活是多麼舒適呀！緊靠著商人世界就有另一世間，那才是使他嚮往的。

彌伴回到丹津的家，夜已深了，一個傭人尚在等著他，主人們都安歇了。

「先生，夜間在外面是不大安全的。」傭人說：「常有匪徒四伏，搶劫行人。女主人會將晚餐送到屋裡來，現在給你取茶去吧。」

「謝謝你。」彌伴說。

第二天早晨，彌伴決定與丹津繼續談判，因為那是他自己聽到喪母的消息，感情激動，突然中斷的。

他非說服丹津同意他與卓瑪結婚不可，丹津若樂意，依然可以使多佳繼承。而對多佳來說，有財產可以承襲，也沒有吃虧。他自己，只要卓瑪就夠了。他樂於放棄岳父的一切承襲權，自信可以有單獨致富的本領，不會使卓瑪有什麼遺憾。

這樣便可順利解決，但得卓瑪合作才有力量！她像兒時那樣表示決斷與毅力就行了。他應該單獨與她談談。兩人合作，便可得到丹津的同意。

彌伴尋找會見愛人的機會並不困難，他向采郎瑪說，要為母親到釋迦像前供燈，並求卓瑪同去，因為她是認識他母親的。采郎瑪已將彌伴當作未來的女婿，而且是十分滿意的女婿，乃笑容可掬的讚美他的孝心，命人將酥油化在銅壺裡，用絨包袱包上，打算找人提著同兩人前去。

「我自己會提的。」彌伴說。

「不，讓我提著。」卓瑪客氣的搶著。

「隨你們的便吧。」采郎瑪知道他們兩人不願別人插手的。

兩人就這樣出發了。

「卓瑪，你還記得我們到甘丹寺去獻燈嗎？」

「記得很清楚，彌伴。」

「卓瑪，我離開你的時候，非常難過。」

「我也一樣，彌伴。」

「你知道我會回來接你的。」

「我知道你會回來。」

「卓瑪。我們必得趕快結婚，一同到青海去。你還記得我們徒步登山去日喀則的那段時候嗎？」

「我們那時很快活，彌伴。我沒有再比那快活過。」

「我們從現在起會更好，再也不必藏藏躲躲，或者挨打了。我們會有馬匹、傭人、大量的食物。那次，我們逃跑時什麼也沒有，常使你挨餓，你還記得嗎？」

「你從岩石取到麵粉，而且神祇在路上留下肉乾……彌伴，你再次旅行的時候，還從岩石取麵粉，還有神祇在路上留肉乾嗎？」

彌伴很不好意思起來。肉乾的事，他並不以為神奇，因為那可能是旅客丟的；至於麵粉，乃是由於睡在洞裡的聖者的力量。

「我永遠不致缺乏食物，所以用不著奇蹟。」

卓瑪不說了，好像彌伴生活中沒有奇蹟而有些失望。

「我告訴了你母親，彌伴。」

「你告訴了她什麼？」

「父親的友人中，有一個太太是不丹人，她曾去看你父母。在她出發以前，我敘述了你怎樣一拳打進岩石裡去，就有麵粉向外流，我們怎樣充飢，我也敘述了有神在路上給你留下肉乾，而且託她詳細的講給章珀爾夫人聽。你的父親託她帶給我一封信，你的母親託她給我帶來一些餅乾。信上說，她很高興聽見這些，但並不以為奇怪；因為她十分知道，你是神佛轉世，那是你降生時屋內有神歌證明的。我父親託另一對夫婦給你們家帶禮物去，回來也告訴我，你母親十分高興，你父親也說：『不管他們怎樣不承認，彌伴實在是個轉世喇嘛。』」

彌伴的心中感激萬分。他的母親盼望他出奇蹟，卓瑪就將奇蹟歸功於他。這樣一來，他算安慰了母親，使她晚年見不到兒子的傷心有了光明的一頁。這使她多麼高興呀！

兩人在釋迦像前虔誠祭拜。彌伴給侍僧一點錢，侍僧便很恭敬的讓他們上了樓頂。彌伴找著僻靜的地方，談著結婚問題。

「昨天我與你的父親在商談，卓瑪。我沒有想到他不接受我的提議。他要將你嫁給多佳，你該知道吧？」

「知道的，彌伴。」

「那麼，那是怎麼回事呢？你當初應該說話呀，你該告訴他我們兩人的事，不讓他將你許配給多佳呀。」

「我父親說，他早就答應你父親將我許配給多佳了。在我們相見以前，他接你哥哥到家來就決定了。」

「卓瑪，我沒有責備妳。可是，我若沒有回來，妳不久就是多佳的女人，不是我的了。那是妳的意思嗎？」

「你沒有明白我父親的意思。繼母采郎瑪昨晚告訴我，父親要你們兄弟兩個都當我的丈夫。」

「不！」彌伴喊著。

「是的，繼母是這樣說的。」

「妳答應了嗎，卓瑪？妳願意既是多佳的太太，又是我的太太？」

「規矩是如此的，彌伴。祖母現在當尼姑了，原本她就是三位祖父的太太。我不能說什麼，因為父親是一家之主。」

「妳愛多佳嗎？」

「他很和善，工作也很努力，不過只是商人罷了。」

「我也是個商人哪。」

「你是個商人，因為你需要賺錢過活，而且為我賺錢，可是你實在不是個商人。」卓瑪想起彌伴的諸多奇蹟。「洞裡的聖者是知道你的，我也知道你。我夢中常常看見你的樣子是四周有光，有如佛像。」

「可是不管怎麼，妳也願意嫁多佳。」

「不是我願意，而是父親願意。況且，既然你也給我當丈夫……」

「不！」彌伴打斷她的話頭，「妳只能選擇一個人成為妳的丈夫。」

「自然是你，彌伴。」

「真的嗎？」

「為什麼不信我呢？」

「我願意信你，卓瑪。可是事已至此，妳必須向你父親說。妳原來是勇敢的，現在怎麼變了呢？妳還記得嗎？妳要不能嫁給我，便要落髮為尼了。妳要告訴他那個話。讓他知道：漢人的地方不興一個女人有幾個丈夫。我們也不願意這樣，最好今天就向他說。我也跟他說的。兩人夾攻，就可以說服他了。」

卓瑪沒有回答，她低聲的哭了。

「請不要哭，卓瑪。一切都會圓滿的，我有把握。」

「不，彌伴。父親不會改變他的打算，他愛多佳，他要多佳替他管財產，父親老了，雖然他依然健康，可是他怕幾年以後就無力經營了。我知道他很焦慮這一點。就算他不能在屋裡發命令的時候，他知道他有多佳可依靠。多佳聽話，有耐性，而且十分恭敬他。」

「那就讓他留著多佳呀！我是要將妳帶走的。」

「啊！彌伴！」

卓瑪又哭泣起來。

彌伴的心掉了下來。

他不能找她幫忙——她已失去原來奮鬥的勇氣。

「聽我的話，」彌伴說：「我要盡可能說服妳父親。可是妳……」

他停一下，思索著。假如丹津不讓他擁有卓瑪，他就和她逃往青海。他要不要告訴她這個打算呢？他怕她太吃驚，也怕她在繼母面前露出馬腳。可是他希望弄清楚，假如需要逃跑，她是有準備的。

「你不像很有勇氣，卓瑪，也不像很有主意要為自己的幸福而戰，」彌伴很傷心的說：「那，妳就不要和妳父親說好了。儘管由我來，我相信我能夠說服他。假如我沒辦法說服，妳應該偷偷的出來，跟我去青海。這是不是妳的意思？妳知道，妳起誓嫁給我的，妳不能反悔。現在再向釋迦宣誓吧！」

「向釋迦宣誓！」卓瑪戰戰兢兢的說。

「我們再供一次燈，完結我們的誓辭。」

兩人下了樓梯，回到供桌前面，那燈光是輝煌的。

「妳供燈吧，卓瑪。那是妳重申前約。在我是不需要那樣做的。我滿心都在追求妳。這是哄不過釋迦太子像的。」

充滿熱情的逃離計畫

彌伴與丹津繼續談判，但並沒有動搖丹津的立場。彌伴第一次就知道沒有希望了。然而，他認為較好的策略是穩住丹津，使丹津以為他沒有失望，依然還要繼續商談。他要這樣做，為的是使丹津的注意力不致轉移方向。

彌伴實際上在準備與卓瑪逃跑。他將秘密都告訴了迦臧——他與扎喜一樣，藏母漢父的混血兒。主人彌伴的理由，他是不難了解的。

「這些拉薩人真是野蠻[3]，」他說：「文明不會把一個女子許給兩個丈夫的。那簡直是顛倒是非，因為幾個女人嫁一個丈夫才是合理的。」

「我同意你頭一句話，對於第二句話則有一點懷疑。」彌伴笑著說：「也許有的女人喜歡有幾個丈夫，就像有的男人喜歡有幾個太太一樣。任何人都可根據自己的意思安排自己生活的自由，只要沒有人受罪就行。我的意思是當卓瑪唯一的丈夫，也不要別的女人。

因為岳父一定要我哥哥當她的丈夫，所以我打算不管他的意見，帶卓瑪到青海。問題是該怎樣辦？」

主僕二人在野外避開旁人密談甚久，揣度各種情形。

卓瑪在夜間逃跑是不可能的，因為繼母都是與她睡在一個屋子；大門是丹津大院的唯一出路，晚間很早就關上了，而且有幾個傭人在那裡住。另一方面，彌伴也不能在白天將她公然帶出去。她若被熟人看見與他騎馬離開拉薩，人們會感到奇怪而議論紛紛。丹津聽到消息，就不難追蹤而至。

計畫了許久，彌伴決定：他假裝回青海，留下幾天沒有動靜，以便丹津以為他走得很遠了，然後回到拉薩近郊，按照約定的日子等著卓瑪。他打算告訴丹津到澤當買嗶嘰，由澤當回頭便經噶地奔昌都大路，不走拉薩了。

這樣，丹津就不會知道他的方向。丹津受了彌伴的禮物，一定會送他到曲水岸邊。彌伴到了曲水，假裝向澤當走，過山到桑耶寺的北方，不久再回到拉薩附近的德慶。他回來過曲水的時候，另換一個渡口，不走丹津送別的那個。到拉薩西南面等候著卓瑪。同時，他可為卓瑪買坐騎，以及載食物的騾子。春深日暖，旅行不會太艱難。他可由哲蚌寺後面離開拉薩，走向騰格里湖（即納木湖）。丹津絕不會到那個方向去找他，而會去澤當打聽。他這樣延遲幾天，卓瑪他們就到北邊草原了。

剩下的計畫便是卓瑪如何離家的問題了。應該是在傍晚，以便趁著天黑沒有人立刻找她，讓她離拉薩遠一點。卓瑪現在那麼害怕，不能自己走夜路離開拉薩到哲蚌寺——她也許不敢越拉薩界。應該有人陪著她離開家，而那個人又是不引人注意的。

迦臧替他解決了這個問題。「必須有一個女人在丹津門外等著她，」他說：「那個女人應該預備好塗面的糖，好使卓瑪走到僻靜的巷子口，趁著黑暗塗在臉上，使人不易即刻辨認。她就跟著那個女人離開拉薩。我牽馬等著卓瑪騎，裝出去德慶的樣子。等到那個人回去了，我們再繞到哲蚌寺去會你。」

「這主意不壞，」彌伴說：「但到哪裡找那個女人呢？」

迦臧知道一個女人，只要有報酬，就會照計行事。他到拉薩以後常到一家飯館吃飯，女主人的妹妹正合這種身分。她的貪心，使她無所顧忌。同時，可以告訴她，某貴族子弟愛戀上了卓瑪，這是為他做的。她怕懲罰，就不敢多說閒話了。

「你先給她二十元銀幣，並且告訴她，她將卓瑪帶給你時，另外還有一百元。我就向丹津提起出發的事，你即準備買騾馬。」這就是彌伴的結論。

計畫已定，彌伴回去見丹津。晚飯後他說：「丹津老伯，我該向您告辭了。因為這裡離澤當不遠，我打算到那裡買一些嗶嘰，回頭在安多區的寺院出售。我來拉薩的主要任務，這裡不必再說了；不過總有一天你會後悔，沒有將女兒嫁給我。」

彌伴裝出十分失望的樣子。他的態度雖未過分的提不起精神來，可是在莫可奈何的局面下仍是滿臉愁苦，丹津完全給瞞過了。

「我沒有不將女兒嫁給你，小伙子。」丹津說：「正好相反，你們弟兄兩個都要和她結婚。這是我們地方的規矩，而且是有見識的規矩。那樣，才可保持產業不分散，家庭才能富有。卓瑪生了兒子同樣可以娶一個太太，所有的姑娘便可嫁到富商大賈家裡，得到大筆的聘儀。這樣，豈不大家都好嗎？」

「老伯，您的話是有道理的。我大概是受了漢人的影響，不甘心將太太同另一個人共有。只是這個態度改變不過來。」

兩個人的交涉就此終結，彌伴好像完全注意到商業一面去了。出發前兩天的晚間，迦臧為了給彌伴買鞍子請丹津夫婦去看，彌伴就引卓瑪到馬棚，看他新買的騾子。

「妳的父親十分倔強，」他告訴她，「我用盡方法說服他，也答應了他任何代價，但他仍堅持將妳嫁給我們兄弟。妳跟著我走，一切都預備好了。妳看這匹好馬就是給妳安排的，妳父親不會找到我們的路向。記住我們約定的日子，那是本月初八，良辰吉日。為了讓妳父親認為我已經走遠了，我不便自己出面。一個婦人會來給妳引路，引到迦臧牽馬相見的地方。我就在那附近，可是最好不讓她看見我。妳的繼母是每月初八、十五兩天到釋迦殿念佛拜古拉[4]，她說初八那一天要同朋友在那裡待二十四小時，禁食念佛。那是很好的機會，妳只要找個藉口不跟她去，比如下樓梯假裝傷了腳踝，便有理由不去拜古拉。黃昏的時候站在盛馬鞍的屋子窗前，望著門外。婦人來說『釋迦佛知道』，妳便說『卓瑪知道』。趁著院子沒有人，便可跟她溜出去。即使有個僕人見妳同那婦人出去，也不會注意的。不過仍以沒有人看見為妙。一切都好了，是不是，卓瑪？完全清楚了吧？妳再說一遍給我聽。」

卓瑪戰戰兢兢含著眼淚將彌伴告訴她的話重述一遍。彌伴又一次的大失所望，因為卓瑪對於這個冒險計畫缺乏熱情和勇氣。假如四年以前，那是她求之不得的。

「卓瑪，妳不想跟我一起走，和我永遠在一起嗎？」

「實在是高興的，彌伴。能同你永遠在一起，那就好了。」

她的話毫無疑義是由衷說出來的，表示她在心靈深處盼望與彌伴相伴一生；可是話說出來總帶著難過的意味，好像是在哀悼難圓的舊夢。

「卓瑪，」彌伴說：「妳聽見逃跑受了刺激了。妳所想的是明媒正娶，賓客盈門——

然而那算什麼呢？跟我走妳會快樂的，因為我們彼此相愛。我不是帶妳去受窮，妳不會有所缺乏。況且，妳不是屢次宣誓要當我太太嗎？最後又向釋迦佛像宣了誓。」

「我是宣誓了的，彌伴。」

說到這裡，聽見了丹津與迦臧的話音，迦臧特別大聲說話，給主人送個暗號。

「我的妻——我的，我自已的……卓瑪？」彌伴熱情的擁住卓瑪。

「是的，彌伴。」卓瑪說著話，勉強抑制住眼淚。

彌伴佯裝離開拉薩

兩天以後，彌伴帶著眾人和騾馬離開了拉薩。如他預料，丹津送他到曲水河邊，見他走向澤當大路。

看來丹津這次對彌伴並不完全滿意，因為那個意志堅強的青年毫不採納采郎瑪的意見。在這以前，他滿以為多佳是他的乘龍快婿，可是現在彌伴擾亂了他的心思。多佳自然永遠是他所中意的女婿，但是，十分清楚的，彌伴在商業上的前途更不可限量，而且卓瑪的確愛彌伴也是不可否認的事實。

丹津怏怏的回了家，看見卓瑪倒在床上以淚洗面。彌伴顯然擾亂了他的平靜家庭。丹津並不喜歡卓瑪悲傷，因為他是慣於自行主見的人。

「不要哭，好孩子，」他向女兒說：「彌伴是弟弟，他不必在結婚的時候到場，或者必須經他的同意才算是妳的丈夫，只要他哥哥跟妳結婚，我在婚書上將他的名字加在多佳後面就夠了。等彌伴下次到拉薩來，態度自然就會不同的。知道妳也是他的太太，自然就高興了。

「爸爸只是關心妳的幸福。彌伴是個聰明的孩子，可是有時候很怪。像他那樣的人，誰也無法知道他的脾氣。假如他是妳唯一的丈夫，他若一旦拋棄了妳，妳就倒楣了。妳與多佳那種穩重的人結婚，才算終身可靠，生活會舒適的。」

丹津簡短的庭訓完畢以後，離開女兒的屋子，滿心覺得自己的主意不錯，不禁莞爾一笑：「我要在婚書上將他的名字加上。」

註釋

❶藏人起誓，有時指佛經為言。這裡指的是《大般若經》。

❷喇嘛子：指彌伴的文法教師。藏俗視師徒如父子，故有此稱謂。

❸多夫制在西康和安多並不流行。

❹「拜古拉」：即「轉經」，圍繞宮殿或其他神聖事物，按順時鐘方向轉圈。拜時或步行，或叩長頭。

第十二章

婚事不成　何來名利暗傷神

大院子的大門旁邊，四方形的小窗子上，鑲著一個滿面愁容的臉龐。不遠的店鋪門前有個婦人徘徊著，望著那大門。太陽已落，天色已暗，露出上弦的月光。

那是藏曆初八——大半善男信女做善事和宗教活動的日子，更有修行的在習定。

人人皈依佛，皈依法，人人都在佛法裡面尋取所能尋取、所能消化的精神食糧。高下不等的神秘思想瀰漫在喇嘛聖城的空氣，神力在運行著……一對青年男女，不知不覺的浸沉在這種特殊空氣中，為戀愛而奮鬥。

婦人為了有理由徘徊在那裡，買了一副束靴子的帶子，交了錢，走到牆角，靠近窗口，隔著窗櫺，張望那張沒有血色的臉、露出兩隻充滿恐懼的眼睛。

她悄悄的說：「釋迦佛知道！」

「卓瑪知道！」回音是發抖的。

「趕快，我在門前等著。」

婦人向前走一走，又站住，裝著解下舊靴帶，換上新靴帶。院中沒有人，廊子上沒有人，廊子裡面的窗戶也是關著的。機會湊巧，是再好沒有的了。卓瑪就在面前。她來到大門，婦人伸手拖她前進。一條腿已經邁出來。

「快一點！」婦人說：「沒有人看見妳。」

可是卓瑪拒絕了牽她向外的引力，身子在發抖，站住了；面容在緊縮，眼睛深處發出瘋狂的光。

「不要站在這裡，來吧！」婦人又催著。

卓瑪好像聽不懂，兩耳嗡嗡作響，腳下的地也在動搖。

「過來，過來，一會兒就好了；我們過去便停一停，讓妳休息。」

現在輪到婦人發抖了，因為她正急著，怕有人遇見。

「我走不了。」卓瑪無力的說。

假如將她抱到附近胡同口，沒有人看她，她就會跟著走的。婦人想了想，應該冒冒險，於是將卓瑪拖離開大門，彎彎腰，就來抱她。

「攀著我的脖子，我抱著妳走。」婦人說。

婦人一近身，卓瑪卻突然後退，反而進了大門。

一個僕人正出現在院中，前來關門。他看見小姐，又看見婦人彎著腰，拿著帶子，便以為她是兜攬生意的。

「強迫買是沒有用的，」他笑著說：「卓瑪小姐只用絲帶子。」

僕人慢慢推動兩扇大門，卓瑪走了進去，大門發出沉重的聲音轟的關上了。

今世前生是多大的一個謎

在一個不遠的山腳背後，彌伴候坐著。附近有他釘的馬銜木，上面拴著馬匹。夜已來臨，新月發出微光。路上沒有行人，西藏最大的寺院——哲蚌寺，巍然屹立山麓，所有窗戶都沒有燈光。比哲蚌寺更近一些的樹木叢中，神秘的峙立著事業王的護法殿，那就是替拉薩政府說預言的地方。

彌伴在等著。他的愛人不久就會到來，跟他一同走，終生伴著他。此生伴著他，來生也伴著他。她在這個世界永遠歸他所有，她在其他世界也永遠歸他所有。

然而這是不是第一次他等著將她帶走作為伴侶呢？……腦子裡湧起一種感覺——比記憶還強的一種感覺，他感覺今天的事情以前就發生過了。卓瑪——他不是原本就愛戀過她嗎？不是原來就有人爭她，而他非將她奪回來不可嗎？唉！造成今生的前生是多大的一個謎呀！

鈴響了，咚咚的鼓聲也震動了原野；護法殿的僧徒在做晚課。

時間慢慢過去了，彌伴反而不似之前那樣焦急了。他的思想轉移到過去，他在尋索卓瑪在降生為丹津的女兒以前原來是誰，前生相見的時候是怎樣一種情形，前生相戀愛的結局又是如何。他相信，他對於卓瑪的愛，不是起自占卜家中兩小無猜的初會，而是前世就有的。

那個無以數計的久遠的過去，好像隔離得很遠，除了一個影像以外，什麼也分辨不出來。那影像，很遠，很小，只是彌伴與卓瑪手挽著手。

他突然又站了起來，恢復了對現狀的自覺。卓瑪早就應該到了，可是悶人的沉寂中並沒聽見馬蹄的聲音，寺院前面的空地在他心裡作起怪來，它象徵著自己生命的空虛，而這空虛是填不滿的——即使他有商業的成功，朋友的熱情，母親的慈愛，以及卓瑪的愛戀，也都沒有用。他記起拉卜楞寺的高僧有一天引證印度佛經中的一段話：

「我在任何地方對任何人都算不了什麼，也沒任何人在任何地方對我算得了什麼。」

「卓瑪！」他喊著。可是他並沒有喊出聲來。

卓瑪……為什麼還沒有來呢？……彌伴在打冷顫。是她不守信義，不同他走了嗎？不，馬蹄踏地的聲音隱約傳進耳鼓了。卓瑪來了。他趕快跳起來，走向大路。一個騎馬的人出現在黑暗當中。不久，迦臧就在面前下了馬。

「卓瑪呢？」他慌懼的問。

「她沒有來。」迦臧很不好意思的說。

「你所委託的婦人失了信嗎？」

「不，不是。她看見了商人的姑娘，也說了話，卓瑪小姐甚至於離開了大院子一會兒，以後就再也不肯前進了。她縮了回去，有人出來關門。那婦人就不得不離開了。可是她樂意再試試看，她讓我帶她來親自解說，並計畫下一次的辦法。她牽著我的馬不鬆手，她著急得不到她所希望的報酬，所以我帶她來了。你自己聽她怎麼說吧！在黑夜她不會看清你的面貌的；即使曾在丹津家或什麼地方見過你，她也不會認出來的。你就用帽子遮著眼睛，她就以為你是我說的青年貴族了。」

「那又有什麼用呢？」彌伴無精打采的說：「不過，還是讓她過來吧，我想知道事情的經過。」

迦臧不久就帶著婦人回來，騎著給卓瑪預備的馬。

她看見彌伴就行禮不停，要解說所以失敗的理由，可是彌伴不讓她滔滔不絕。

「不要說廢話，只要實實在在說經過的情形。妳要說假話，我是有法子探聽底細的，那就要處罰妳了。」

婦人聽見彌伴的口氣，以為是貴族，於是重新施禮，然後原原本本說出會見卓瑪的過程。她見彌伴沒有說話，又吞吞吐吐自薦第二次機會。

「去，同我的傭人候立一邊。」彌伴發出了命令。

婦人一聲不響的離開。彌伴再也忍不住悲哀了。他重新坐下，感情的激動使他打不出什麼主意來。

原來他的夢想，從童年就懷有的夢想，多少年的心思，竭誠盡力的操持，所希望的夢想，終於成了一場空——由於卓瑪不爭氣，那不是因為她拋棄了他，不是因為另一個愛奪了他的愛，愛仍是純潔的。

她現在愛他仍與原來一樣，她也一樣在難過。只是她長大了，受了教育，被四周的風俗思想給束縛住了；她已不是她自己，她已變成尋常的一份子，一群羊中的羊，低著頭，同別的羊混在一起。卓瑪已不懂得自由意志，只能悲鳴她不敢接近的幸福。

卓瑪，可憐的卓瑪，她比他還要可憐哪！成千上萬的可憐蟲，不都是伸手找東西——他們所要的東西？及至東西來了，反而縮回，不敢摸嗎？

彌伴循著自己的思路，擴大起視野的邊緣。除了他自己和他已失掉的愛人的苦惱以外，他也看到了成千上萬的傷病的心：那些因為自己軟弱而付出的犧牲；那些自造鎖鏈把自己鎖得緊緊的奴隸，眼淚流成了海洋。

他知道，再接再厲，再見卓瑪，是沒有用的。某種勢力將他們分開，不是由於丹津，也不是由於外在的原因。阻礙另有來處，莫名其妙的阻礙，乃是繫在他們生命的深淵的。幾生幾世，卓瑪都是他的伴侶；現在她在歧途徘徊，可是將來有一天，她會與他同路的——只要他們彼此記起了幾生幾世曾經同走多少路，又曾暫時分開了。只要一記起此事的一天，他們便又會在一起了。

彌伴站了起來喊那婦人。

「我要走了。我不能送妳回去，妳能不能找地方在這附近過夜呢？」

「多謝先生，請不必掛念我，這附近就有一個龍王龕，可以遮蔽我到天亮。我只希望能幫忙。我可以……」

「夠了，」彌伴打斷她的話，「妳可以幫我做一件事。有一天妳單獨遇著卓瑪小姐的時候，妳就向她說：『打發我來的人已經走了。他盼望妳快樂，他永遠愛妳。他將妳的誓願帶走了，來生就可如願以償的。』將我的話學一遍給我聽。」

那婦人學了一遍。

「不要忘了這個。這是一百元銀幣，原來打算給妳酬勞。但妳並沒有成功，可是我不希望妳失望，不希望妳恨丹津的女兒。」

「先生，這使小人太感激了。」那婦人囁嚅著，「我一定將先生的話帶給卓瑪小姐。」

「走吧！」

彌伴眼看著她，直到看不見了為止。於是自己上了馬，迦臧跟在後面，離開了哲蚌寺，不久就消失在黑夜裡了。

走向「曙光」與「覺悟」

岔路的旁邊，三個來自湟源的跟人候著主人彌伴。依照主人的話，他們沒有解馱子，也沒有揭鞍子，以便主人一到即刻起身。他們也沒有生火，所以不能喝茶來解一解守夜的寂寥。

主人彌伴的行為在他們看來十分奇怪，可是，沒有猜到用意何在；因為同伴迦臧十分精明，沒有洩漏秘密。啊！彌伴終於出現了。他們看不見主人的表情，只見他擺擺頭，說聲「走！」連馬都沒有停，完全表露出和往常不同的樣子。迦臧也不與人商量，幾乎與主人一樣。

「趕快走！」這是他向同伴說的話。老實說，他並不明白為什麼要趕快走，也不了解為什麼彌伴走得那樣快。卓瑪既然沒有一同來，他是用不著怕有人追趕的。按道理，他們遇著水就應該下帳篷，喝茶睡覺。

可是忠誠的迦臧知道彌伴正難過著，不能希望他在這個時候合情合理的。他可憐彌伴，他不讓跟人向他問什麼話。

「不要說話，不要出聲音，主人需要安靜。」

他們是喜歡彌伴的，所以盲目的遵守迦臧的話，一聲不響的走在夜裡。在背後，拋下了拉薩、卓瑪，還有遠在南方的輟莫村，章珀爾的墳……彌伴的整個童年。

他們繼續旅程。這一次比冬天那一次還難過。那一次急急趕路的激動沒有了，他現在用不著忙，也沒有目的，可是為什麼走向湟源呢？他也不知道——他並沒有考慮這問題。他不過是像一般人或一般牲畜那樣，不自覺的走回家。

春天的天氣暖和起來，路上沒有雪，騾馬可以吃得飽飽的。彌伴有時突然停止，一整天離開人，躺在地上不動，也沒有想什麼。有時候，他聽見遠遠的音樂，不斷的合唱一句話——和諧的、緩慢的一句話。

彌伴受了音樂的催眠，與四周，與自己，都脫離了關係，飛到另一世界，飄在白亮的靜海上面……

迦臧一面限制人去打擾他，一面也不能不以見習商人的資格在旅途中做一點買賣。迦臧沒有從拉薩帶貨，騾子是空著的。所以迦臧得到彌伴的許可，看看牧戶有沒有羊毛可賣——彌伴也不關心任何事，自然迦臧怎樣都可以。這麼一來，迦臧與同伴都有事做，主人也可以盡量沉浸在冥想之中。

路儘管走得慢，但也終於到了湟源附近。有一天下午，彌伴依慣例離開帳篷很遠，做了一個夢，或者得到一種異象，因為他不知道自已當時是清醒還是睡著。

他感覺一種不可抗拒的力量在吸引他，將他吸到湟源老僧的房裡。老僧兩手按在他的肩上，就像上次分別那樣，重新說出那一句莫名其妙的話：「五更天！」

老僧的眼中發出亮光，穿入彌伴，彌伴覺著好像包著他的一個鞘子被火燃著，他抖一抖將要燒化的鞘灰抖掉，可是沒有用。

「五更天！」老僧又說一句，「覺悟與曙光都快到了；迎它們去吧，不要回湟源！」

心神恢復常態以後，彌伴也有了決心，不與從人回湟源，不再以商為業。現在用不著積財為卓瑪了，老僧的謎語似乎有了解釋。「五更天」也許是說蒙著心靈的無明或黑暗已經到了最後階段，「曙光快到了」也許是說幻夢人生原非他的本性使然，快要覺悟了。

他在生活中的一切追求，一切希望，一切恐懼，一切歡樂，以及現在的悲傷，難道不過是影中之影嗎？他在童年時代，要尋求「友愛之鄉」的時候，在森林一株樹下睡醒的當兒，他是要覺悟的嗎？唉！當時他本不欲趕快回家，不欲同著眾人滾在無邊的患得患失的苦海之中，而是一心一意要尋求善，尋求慈愛呀！

再有兩天即到湼源寺院的時候，彌伴將迦臧叫到跟前，給他下面的指示：

「我要離開你們了。你與三個夥伴繼續走你們的路，他們還要回到寺院去。你將我寫的信帶給管家班覺；在我另有決定以前，你就跟著他做事。他會繼續同留在湼源的扎喜照管我的生意。我打算沿著青海海子巡禮，也打算遊覽別的名勝……我不知道會與你們相別多久。」

彌伴給班覺寫了一封信，說明拉薩之行受了挫折，告訴他暫時無心經營商業，託他繼續照管。他沒有給老僧送信，因為他相信他已知道拉薩經過，而且事前就知道，才會現出卓瑪逐漸消失在雲霧裡的幻象。他遵守了命令，不回湼源；他所要進行的巡禮，不像是他告訴迦臧的那樣，走向青海海子，而是走向「曙光」與「覺悟」。

離開沙漠高原，第一個村子是沙拉古托。彌伴在那裡有個代辦，是一家漢商，與左近的牧戶做生意的。他在那裡採購新的日用品，又在自己的名下支了錢，即向海子出發。

「我們的主人到底是怎麼一回事呢？」三個僧人詢問迦臧，他們以為迦臧會知道得更清楚。

迦臧也認為再沒有保守秘密的必要，「他到拉薩去迎他所愛戀的女子，她父親不肯給他，她又沒有勇氣一起逃跑。」

「假定就是因為這樣，那他會恢復常態的，」一個僧人說：「好天氣一過去，雪又封了天地，他會回到自己的好房子去。一見他的堆棧，他的貨物，他的顧客，他便又是我們所知道的精明商人了。」

「除非他變成一個聖者，」迦臧沉吟了一會兒說：「他所有的思想都是宗教。他整個人沉浸在靜寂裡……我曾看見他的四周有過光圈。」

「了不起！」僧人都驚訝得莫可言狀，「那樣，他就不回來了！」

所有的人都敬肅起來，雙手合十舉到頭頂，就像向神聖敬禮那樣，目送主人所去的方向。人間的戀愛在西藏不算一回事，群眾所崇拜的唯一英雄事業，乃是在靈性方面的。

昏沉囈語中的卓瑪

卓瑪現在成了囚犯，回到了自己的屋子。她知道，院外的大門第二天又會開啟的，而且每一天都有逃跑的機會。可是她更知道，她那一猶豫，那一退縮，她與彌伴的繫結就斷得無法挽回了。

她比親眼目睹還清楚，她想到彌伴連夜離開了拉薩，她再不會是他的太太了。怎麼會有這樣違反她本心的事呢？是不是什麼魔怕她幸福了，才使她軟弱起來？是誰走在她與那個婦人之間，將她推進院子的呢？她不能了解此事。她在發燒，她的腦子亂了，而且滿眼都是可怕的影像。

采郎瑪在夜間做完齋課，第二天早晨回家時，看見繼女在囈語，在昏沉，不論什麼聲音都會刺激到她，比如什麼東西掉了，或者寺院吹了長筒喇叭，在在使她難過，使她模仿那種聲音。她的父母怎麼也無法明白，使她生病的聲音原來是關大門的聲音——使她永遠與愛人分離的聲音。

丹津以為她這突然怪病，一定是她或他冒犯了什麼鬼，什麼魔；因為那些東西，稍有不敬，就會進行報復，讓人生病的。而且那些東西，有的只為開玩笑而作弄人生病，用不著有人冒犯他們。

丹津請來一位著名巫醫，請他用巫法治療。他相信，驅逐厲鬼，巫法比藥石還有效。巫法可用禳解、勾召、威嚇、獻祭等手續來調伏他們。只有有本領的巫師，才能辨別誰在作怪，並用何種方法才得當。丹津有本事出高價，請到最著名的一位。

巫醫喇嘛帶著二十來個僧徒到他家，占用一個屋子作起法來。喇嘛有時不在，有時坐在法台上親自主持。丹津的房子就這樣充滿了鈴聲、鼓聲、念經聲、吶喊聲。這對於發高燒害頭疼的卓瑪而言，就等於擴大百倍的大門關閉聲，她大部分時間都沒有知覺，而在夢中溫習那已經失掉的幸福。

有一天，她比較清醒一點，請她父親停止這擾她不安的喧鬧。丹津向徒弟們說了，可是他們一半由於真心，一半也由於怕法事停了得不到好吃的，或者報酬要減少，便堅決認為病人的苦惱，正足證明法事的效力——因為病魔感到威脅，於是拼命了；因為病魔在發愁，所以增加病人的痛苦，希望停止法事，免得被驅逐；若說這痛苦由於喧鬧，當然是錯了。事實上，受痛苦的不是病人，而是病魔。病魔由於法事而受罪，病人則是應該欣賞鈴鼓等樂音而大有裨益的。所以丹津應該設法讓她繼續聽下去。

喇嘛自己的意思如何呢？丹津因為在徒弟們面前得到如此結果，就未敢直接去問。他勸卓瑪忍耐點，說了他們的解釋，而且保證法事的好處不久就會見到了。因此，喧鬧繼續下去，卓瑪的痛苦也繼續下去。

不過卓瑪在高燒和半清醒的狀態中過了幾個星期，終於大有起色了；唯有身體特別弱，必須小心照顧。

多佳在卓瑪病中已由印度回來。在那種情形之下，自然談不到辦喜事，就將婚期無限延長下去了。彭錯是打算來參加婚禮的，所以多佳不能不向父親解釋。

彭錯聽見多佳的吉期沒有定，卓瑪重病以後又復元極慢，心中兀自不快，她若在結婚之前死去，兒子的前途不就成了問題嗎？丹津自然很愛多佳，可是讓多佳繼承的主要理由，乃是為了獨女卓瑪可以有所保障。他希望他死後，卓瑪既是一家之主，又是多佳的太太，所以在丹津心目中，多佳不過是達到另一種目的的工具罷了。

倘若卓瑪死得早，丹津還會那樣愛多佳，叫他繼承嗎？丹津本來有侄子，他們現在不能說話的緣故，是因為在藏地近親不能結婚的。倘若卓瑪死了，丹津可能要多佳而不要侄子嗎？為了保險起見，卓瑪與多佳的婚事必須早日完成。結婚以後卓瑪死了，尤其是給丹津留下個孫子以後，多佳就是已正式繼承，便沒有問題可擔心的了。

彭錯將這意見寫信告訴多佳，多佳也自然看得出這意見的重要。碰巧，這是十二年一個週期應該朝雜日神山的年份，多佳具有極其方便的理由要求提早結婚。他說，他急於陪著卓瑪朝雜日山，以便恢復她的健康。可是為了行路方便，應該先結婚，再出發。

丹津與采郎瑪都是虔誠的善男信女，極信朝山巡禮的好處，十分贊成這個意見。卓瑪似乎一日比一日強壯一點了，所以三人同心，決定在出發以前擇吉日完婚，不令卓瑪預先知道。

丹津不打算告訴卓瑪這個決定乃是有理由的。儘管他沒料到卓瑪逃跑失敗一事，可是思考的結果，認為彌伴離開拉薩太使卓瑪難過了，這可能是她致病的原因。無論如何，是不能讓她的病再犯的。多佳對未來岳丈的決定很滿意，便沒有考慮到岳父為什麼不讓卓瑪知道。卓瑪的健康是值得顧慮的，為喜事而操心，而興奮，也許對她不利。

任馬蹄奔馳在青海草原

彌伴奔馳在北邊的荒原上，可是怎麼跑也沒有用，他的悲傷也在跟著他跑，時而在上，時而在前，時而抱住他，時而牽住他，馬蹄起處，即有卓瑪的影子——縮到院子裡，大門在面前關上。

他知道那兩扇笨重的大門，他住在丹津家中，僕人每晚關門的時候，都發出笨重的聲音。他現在所見的，與卓瑪一樣，乃是關開兩扇大門時不斷發出的悲聲——對於青年之愛的喪鐘。

他的馬跑乏了，才在水邊停住，吃一點糌粑，喝一點冷水，也沒有心思生個火，煮點茶。他甚至常常不架帳篷，露天睡覺過夜，由著馬在附近吃草。

清朗的夜空，滿天星斗，發出誘惑的光。有月亮的時候，荒原籠罩在月光中，到處都是秘密的影子。暴風雨的夜間，高原隨時有冰雹，狼在四周嘶嚎，彌伴便不能不坐以待旦，手中牽著馬，使馬不要驚惶。

他毫無目的的東奔西跑，或者循著青山轉，遇著牧戶就買一些吃的，吃一點就夠，從來不覺得餓。他在青海岸已經過了好幾天，注視著海心的島，島上靜修的人被水圍著，與世隔絕了❶。遠遠望去，島上山顛可與碧水分別得出來。

到了那樣靜的去處，他總可以得到平安吧！可是平安又不是彌伴所求的，一切有情的痛苦、無援、追求幸福的可憐，又重新湧上心來，比歷來還強烈，卓瑪的沉淪，自己的失望，只不過是無量悲劇的小小插曲而已。痛苦！悲哀！他這仁慈的人，不依然天天馬踐花草昆蟲嗎？那些生物不都是要求活，要求幸福的嗎？

一天晚間，落腳在眾多牧戶的帳篷附近，左右也有黑帳寺院❷。第二天早晨，憐憫馬太疲乏了，彌伴決定再歇一天。他來的時候，因為天黑，無人看見；一清早就有人到他下帳篷的地方來，問他是誰，來此做啥。

「我是商人，湟源的彌伴。」他告訴他們。

湟源的商人，自然不是靠不住的生人，他要做什麼生意呢？

「我現在不打算做什麼生意，」彌伴又告訴他們。「我在向著海子和其他名勝巡禮。」

「好極了。」

巡禮的人在藏地是受恭敬的，到處都有招待。像彌伴這樣有錢的人，並不乞討化緣，更是特別受人歡迎。牧戶很高興，這個商人將會同他們熟悉。他現在固然是在虔誠的巡禮，將來難道不會因這層認識而收買他們的羊毛和畜牧產品嗎？那麼，留他幾天以便建立友誼，這不是很好嗎？

牧戶的頭人打算最少留他七天。他們說，歇一歇對那馬匹是有好處的。這話正打動彌伴的心，所以就決定留下。不過他要住自己的帳篷，以免有人打擾他的靜修。

這個條件也正合乎藏人心理，自然是接受了。牧戶將彌伴的馬牽入他們的馬群中，讓牠自由吃草，讓彌伴可以安閒的修靜。婦人們每天給他送茶、煮肉、酥油、奶渣，彌伴自己則有糌粑。

即使是最粗俗的人也了解靈性生活的意義，所以牧戶並不來打擾他。他們自己固然不能深思冥想，可是他們知道，日常俗務以外，還有靈性的生活，這是需要安靜的。藏人從小就明白這個，因為他們經常看得見修靜的人，而且一般人也偶爾會做齋戒。

牧戶儘管不打擾他，彌伴在帳篷裡仍能看見他們來來往往，做著日常細務。這種活動，他起先只是不自覺的望著，最後竟將他拔除於悲哀的苦海以外——他自離開拉薩就沉淪到悲哀的苦海之中，這時才恢復了人生日常的客觀世界。

一恢復了客觀，他即刻就對自己的行為加以嚴格的批評。他為什麼做得那樣糊塗呢？不是莫名其妙嗎？卓瑪曾經自責：她已邁出大門，就能與愛人在一起了，卻反而縮進院子去，那不是鬼魔作崇嗎？他現在同樣自責：是不是鬼魔驅逐他連夜離開拉薩，將卓瑪抛在那裡，而不再接再厲，一有必要就帶著愛人逃跑呢？

況且，即使不親手搶奪，也有的是方法接走卓瑪呀！她在父親家裡並不是囚犯，那個婦人不也在哲蚌寺說過，下次不會再失敗嗎？為什麼不聽她的話呢？那簡直是莫名其妙的事。再一個莫名其妙的，是他回到青海來，沒有目的的在草原上亂跑。

是誰和他開玩笑，將他的理智與意志引錯了方向呢？現在清醒過來了。只可惜，清醒得這樣遲，離開拉薩以後，過了三個多月了。這期間，發生了什麼事呢？卓瑪已與多佳結婚了嗎？可能的，但那個婚姻不足以限制他，那是掠奪，拉薩允許了他的，沒人有權利從他手中奪去她。

他決心即刻前去拉薩；可是有個問題擺在眼前了。他離開沙拉古托時從漢商手中拿到的錢，只夠在牧民中的簡單生活用度，若去拉薩是完全不夠的。他必須親身回到湟源備辦一切，同時讓可靠的迦臧跟著他一起去。那自然要耽誤許多時間，但也找不出更簡單的辦法了。

他正在思索的時候，一群野雁從頭上飛鳴而過，飛向北方。

「這是個預兆，」他想，「指的是我的行程。因為我正決定出發時，野雁飛過了。但預言吉不吉利呢？也許在帳篷寺院裡，有靠得住的占卜師可以幫忙吧？試試看無妨。」

尋覓占卜家卦吉凶

一個大大的黑牛毛帳篷就是那個原始寺院的佛殿，也就是眾僧聚會的經堂。供桌是石砌的，上面供著釋迦佛、黃教始祖宗喀巴，以及黃教特有的其他神祇。

供桌兩邊有幾種經，從供桌到帳門的地上有兩條地毯，地毯上有面對面坐著的兩排僧人，中間留著一條通路。靠近供桌的一端，兩條毯子盡處，堆起數重墊子的兩個座位，一座歸法台，一座歸經頭。大帳篷的周圍有一批小帳篷，那是僧房。

彌伴走近前去，閒談的僧人有一個看見他，迎了上來。

「歡迎，先生，」僧人說：「我在湟源寺院與你會過的，我舅舅住在那裡，收買我們的羊毛。你認得我嗎？我們曾在你朋友班覺管家那裡一同喝茶呀！」

彌伴並不很認識他，但為了客氣，裝出認識他的樣子。僧人因為認識這樣一個富商而自豪，這時法台走了過來，將彌伴請到自己的帳篷裡，在場的人都以為也在受邀之列似的，陪著彌伴進去喝茶。

先談了一些不相干的話，彌伴才說明來意。他希望藉著占卜得到一件要事的答案，想請教一位能解預兆的占卜專家。僧寶當中有這樣的人嗎？

眾僧彼此相顧，有些遲疑。於是法台說道：

「我們中間是有些人替牧戶占卜服務的，但假如你所關心的事是那樣重要，我倒勸你去找翁欽喇嘛。講到通法術，斷未來，再沒有人比得上他。他能說出最隱密的事，一切經他斷定的還沒有不應驗的。不管你要知道什麼，他都可以清清楚楚的告訴你。」

「我很樂意見他。他住在哪裡呢？」

「離此還相當遠。在路上不延誤，也需要好馬走三天才到他的帳篷。」

「啊！」

「我可以為你引路。」在湟源會過的人自告奮勇的說。

「多謝你的盛意。」彌伴邊說邊打著主意。

三天去三天回，就是六天。占卜家要是精細的話，就不會只數數念珠、擲擲骰子、對對數目、翻翻卦書，潦草完事。不，他會請神、作法，那就費事了。一共算起來，應該有九天或十天的耽誤。

另一方面，他到拉薩以前必須預備路費，這是他打算辦的，可是犯不著因為占卜拖延了去湼源的時間。

「這裡有人能騎快馬替我到湼源送一趟信嗎？他是要跑得快的。」

「你要多給錢，值得他那樣辦，我相信倫珠是肯的。」一個僧人說。

「他要走幾天呢？」

「頂多四天。若有需要，他可在路上換馬。他有姊妹們嫁在去湼源的路上，他可從親戚家選一匹不乏的馬。」

「那很好。誰肯幫忙叫他到我帳篷那裡商量嗎？我現在就回去寫信。」

「我去，我去。」好幾個僧人搶著說，都希望得一點報酬。

「我就靠著你給我引路去見翁欽喇嘛了。」彌伴指著自告奮勇的那個僧人說。

「一定的，先生，我高興能幫忙。你要樂意，明天天一亮就出發。」

「就這麼辦。」

「你到那裡去的時候，」法台建議說：「一直向鄂戎寺前進，到了那裡轉向北方就對了，路是好的，你聽過鄂戎寺嗎？先生？」

「我好像聽過，」彌伴答稱，「不是修成就法的寺嗎？」

「一點也不錯。鄂戎寺的人很多都是靜修的，有事才到寺裡聚會。你聽過鄂戎寺的奇事嗎？那裡的馴獸，還有寺主的屍骨塔等？」

「沒有，對不起，我要回去寫那封信。天氣還早，送信的人也許今天就能啟程。」

若是別的時候，彌伴一定喜歡聽一聽法台所要說的話。他儘管聽過上百次了，奇蹟的故事還是讓他高興，他自然不致盲目的相信一切，可是他也並非什麼都不相信。只是此刻他所關心的是就要去拉薩、出發以前的準備工作以及怎麼能使卓瑪逃走。

教他的愛人伴著他在路上跑，跑進漢人文化的邊緣，跑到湟源，跑到他的家，才是他現在所希望的唯一奇蹟。

彌伴回到帳篷，即刻給夥友班覺寫起信來。他簡單的說明，他那麼突然放棄在拉薩繼續努力，現在深感失悔；他決心再去，必達目的。他請班覺繼續照顧他的生意，並令迦臧儘量多帶錢來，帶充分的糧食來。

迦臧要同他再去拉薩，原來同去的人也希望有一個能再去。迦臧同要去的人都要騎好馬，再有三匹好騾子馱東西，一匹好馬給卓瑪，一匹給他自己——因為他自己的馬自從拉薩回來還未休息過。騾馬可由他自己以及班覺的馬廄中選。糧食可由寺院辦，一兩天的籌備就夠了。迦臧兩人可同送信的人一齊回來，彌伴則在此地坐等。

一切按著計畫，倫珠當天啟程赴湟源，彌伴第二天一早即去見翁欽喇嘛。

註釋

❶島與岸上最近地方約有二十五哩，無舟可通；靜修人的食糧是冬天結冰時善士們送上的。

❷黑帳寺院：非固定建築，隨帳篷走。

第十二章

占卜求解　人生大惑鄂戎寺

翁欽喇嘛是西康人，在飽經世故與流浪生活以後，停泊在青海的牧戶群中。他在這裡已有十年之久，給人治病作法，因其本領高強，頗有資產。他的成功，可以說，大半是因為他儀表非凡，身體魁偉，態度高慢。

十年之間，求他的人所送的禮，加上牛羊馬匹繁殖，財富很是可觀。牲畜的數目總有一千頭。千頭牲畜的牧人，夫婦兩人自是十分富足的，翁欽的帳篷離一般牧民很遠，獨處一方。大小不同的帳篷有三頂，最大的他們夫婦兩人住，其次歸僕人，一個小的則是作法和修靜時用。

翁欽喇嘛占卜的結果

彌伴同嚮導到了翁欽喇嘛帳篷附近的時候，按照習俗，嚮導先去報信。他自然說了些來客的重要，如何有身分，如何有財富的話。

翁欽喇嘛因為一個城裡的人，尤其是一個富商來求他，頗以為榮。他雖然仍舊保持著尊嚴的態度，可是十分客氣的歡迎了彌伴。

彌伴向他獻了一端包上銀子的哈達以後，彼此說了一些客氣話。

翁欽喇嘛宣布：「我不想今晚聽取你的問題。你在夜間好好的想一想，想清任何可以影響你那問題方向的。或者使你另發其他問題的細節，然後明天早晨來見我，將問題說得越明白越好。」

這初步結果很使彌伴滿意。他以為「這是一個認真而懂事的人。」

吃完晚飯，談了一些彌伴並不直接關心的事，他就很快回到自已帶的帳篷。

他將已經預備好的問題重新考慮一番，沒有什麼可以修正的，只要照樣向占卜家再說一遍就夠了。

第二天清早他又站在主人的面前。

「請分心答覆我下面的問題吧：我打算進行的這一趟旅行，相宜不相宜呢？旅行的結果是不是我所希望的呢？讓我這樣懷念的人——土雞年生的那女孩子，現在她結了婚沒有呢？四天以前，我決定這次旅行的當兒，一群野雁剛好從我頭上飛過，飛向北方。那是什麼預兆呢？」

「就是這些問題嗎？」翁欽喇嘛問。

「就是這些。」

「那麼，你昨天不是說，旅行的結果對於你極其重要嗎？」

「是極其重要。」

「既然如此，我便不專靠我的天眼通。我要請求更有力量的本尊。關於那女子已否結婚的問題，我也打發精靈使者親自去看一趟，證實我的天眼通沒有錯。這不過是我特別小心，給你一個希望得到的肯定答覆罷了，但這實在都是多餘的。因為我永遠沒有錯。」

「你可以離開了。我有結果以後再找你。」

彌伴就這樣沒有期限的待下來了。他告訴嚮導，他不知道何時能離開；嚮導在帳篷裡有事，便告辭回去了。

術師退到那個小帳篷裡去，彌伴就在自己帳篷的附近漫遊，耐著性子。三天過去了，翁欽喇嘛還沒有來，太太按時給翁欽送吃喝，他就在帳篷裡睡覺，也許是醒著，因為敲鼓的聲音在夜間還是聽得到的。占卜的法師不可諱言的是在認真辦事，彌伴也生起了信心，可是他總以為時間太長了。迦臧不久就會帶著錢、牲畜和給養，到牧戶那裡了；時間是緊迫的。

彌伴機械式的按照他的風土習慣作事，要在出發以前先問命運；可是他已下了決心，不管占卜師的結果如何，他是非去拉薩不可的。

他到這裡的第四天，夕陽西下的時候，翁欽喇嘛打發人來找他，通知他有結果了。

第一層，你沒有理由走那趟旅行。這答覆了你前兩個問題。

第二層，那女子還沒有結婚。

第三層，野雁是指你的方向。

彌伴莫名其妙了。

「你說的話沒有意義！」彌伴喊出來。「我的旅行是有目的的。我並沒有問可否旅行呀。那女子既然未結婚，我是更有理由前去的。這兩種答案互相矛盾，而且野雁指給我什麼方向呢？牠們向北方飛，我是向南方去的。這一切全沒有意思！」

「我的答案從來不會沒有意思！」翁欽喇嘛嚷著，冒了火。「你是第一個敢於這樣衝撞我的。告訴你的真理你不懂，更證明你糊塗。一定是什麼魔鬼蒙了你的眼睛！」

彌伴沒有聽過有人向他說這樣的話，也惱了。

「不管你怎麼說，我明白我的問題目的在哪裡，代表的事實是什麼，也知道你的話是與事實無關的。」

「很好。你要找得到比我更明白的，那你就去找吧！唉，聽我說，到鄂戎寺去，你到耶喜鄂頓的寶座底下，睡在活佛的靈塔前過一夜，人家都說，那些喇嘛對於有問題的人是能托夢指點迷津的。對，快到那裡去，一定要去。那些死喇嘛一定會讓你相信。可是我要告訴你，假如他們的答案與我不相同，就是他們錯了。我永遠沒有錯。好了，滾吧！我現在發了慈悲，算是便宜了你；不然的話，你這麼沒有信心，侮辱我，我早就差遣魔使向你報復了。」

「我沒有存心惹你生氣，先生，」彌伴說。他自然並不膽怯，然而也沒必要去惹一個法師。「我只是說，你的解答與我的問題不相干。而且……」

「夠了！夠了！」翁欽喇嘛打斷他的話，怒火上升了。「我不樂意再聽了。我希望你不必因為愚蠢而遭殃！」

再說什麼是沒有用的。彌伴行了禮，退出來。他走向自己的帳篷，在路上想：「我枉費了時間與金錢。我所知道的只有一件事：卓瑪還未結婚。這一點是我最關心的。我惹惱占卜師，真是糟糕！不管他怎麼說，還是可以向我或卓瑪尋求報復的，啊！不，不行那樣！……」想到他的愛人可能遭難，他更焦急了。他打算無論如何也要與法師和解，最好的辦法自然是給他送禮。

彌伴轉過身，找著一個向圈裡趕羊的人，向他說道：「你將我的馬在晚上牽回帳篷來，我明天天不亮就要啟程。也請你告訴師母，到我這裡來一下。我晚上會給你們酒錢，找你的同伴一起來。」

「好的，我圈上羊就給你辦事。」

「鄂戎寺到底在哪裡呢？你知道嗎？」

「知道的，先生。」

「遠嗎？」

「你要天亮就走，中午打尖不耽誤，第二天行程照舊，兩天可到鄂戎寺。」

「路怎麼走呢？」

「我很樂意帶你去，但要主人同意。」

「不必如此，」彌伴趕緊說：「我現在沒意思要去鄂戎寺，我該回到牧戶那裡，有人等著我呢！」

「原來如此。不過要去還是可以自己去。只要你到山那邊向右轉，沿著山谷一直走，到了山口，即見平原那邊有一條河。過了平原，到河岸，就有牧戶人家可以問路了。」

「好的，好的。」彌伴並未留心那人說的路程，他在想別的事，要不要立刻就出發呢？天黑以前還可以走一段路，明天的路就不那麼長了，越早回去越好。他的人後天就可以到了，或者大後天總要到的。他們一到，他就可以即刻出發去拉薩。

他回到帳篷，等候占卜師的太太。等了很久她才來。彌伴說，翁欽喇嘛誤會了他的用意，使他心中不安；他沒有冒犯喇嘛的意思，也沒懷疑他的本領。為了表示誠意，他用哈達包上銀子奉上。

占卜師太太十分客氣，一再挽留彌伴見過喇嘛再走，而且請他吃晚飯。彌伴有禮貌的辭謝。這一番等待加上談話，費了很多時間，眼見天色已晚，不便啟程了，彌伴只好等明天再走。

鬼魔絆腳誤歧途？

他睡不成眠，反覆思索占卜家的答案，要將互相矛盾的話穿插起來。是不是他行將出發的旅行，以及心目中打算接出卓瑪的辦法，都與目的不合呢？應否換另一種辦法呢？到鄂戎寺也許會明白一些吧？

這是第二次聽見鄂戎寺了。帳篷寺院的法台提到過它，但彌伴記不得說的是些什麼了。他兩次聽見鄂戎寺的名字，是不是一種預兆呢？假定到那裡去問，會不會得到答案呢？也許這一次又是誤入歧途，使他東撞西撞延誤時間呢？他在這遲遲不前的當兒，卓瑪「還未結婚」；若再延誤也許卓瑪真的與多佳結婚了。不，再也延誤不得了。

一夜已過。彌伴收起帳篷，牽來馬匹，備上鞍子，繫好行李，即上馬走向來時的方向。他走得不快，因為天未亮，不易辨出路徑。在草地上走，有時是看不見路的。

他在夜間轉的念頭，重新回來了，對於兩者的選擇更覺猶豫了；困惑不定使他恐慌起來；毫無疑問真有鬼魔作弄他，使他走到歧途了。

「不！」他突然喊了一聲。「我什麼也不聽，我用不著占卜。也不管鬼魔怎樣絆腳，我的愛可以勝利的。我即刻出發去拉薩。」

他打起精神，兩腳急敲馬腹，狂奔而馳。

天已大亮，日在上升。他看見自已走在狹谷之中，不是來時走過的道路。他記得占卜家的帳篷是在平原的那一邊。而且初升的太陽應該在他的左邊，現在反倒在他右邊了。原來馬走錯了路。應該轉回去嗎？背後三條溝合在一處，其中一條是他走過的。

他是順著哪一條來的呢？他一點也不記得。怎麼辨呢？騎馬的人不會在草地迷路的。特別是夏天，牧戶不在蔽眼的地方下帳篷，遲早總可遇到牧戶問路。可是彌伴不喜歡「遲」。他順著三條溝的一條到了此地，那是很清楚的。

他可以隨便選一條回去，假定看不見翁欽的帳篷，再回原處走第二條，以至第三條，總可以找到原來的路。可是，這樣來回走三條溝，並不是好玩的事！也許會繞一整天的。

怎麼這般倒楣呀！

他現在走的路，前面是向著山口上升的。也許到了山顛更容易看出三條溝的來龍去脈，可以看見走過來的平原。山顛好像距離不遠，與其走三條溝，不如上山去罷。他雖然不喜歡越走越遠，但終於決定上山。

一上山，才發現他估計錯誤，到了山頂，足足用了兩個鐘頭。向下望去，便是遠遠的一片平原。平原過去，向北有一道河流在另一重山的腳下。他突然想起了占卜師的僕人給他指的路：「平原那邊有一條河……」他是走上了鄂戎寺的路。

在這種情形之下，沒有藏人再會懷疑是有神力使馬變了方向。彌伴驚奇得發了呆，以為促成這種情形的力量，就是那個統治他命運、妨害他計畫的那個力量。

他避開拉薩，擺布自己，拖延歸程，都是外在力量作弄他，這種神秘力量的用意是為他好呢，還是讓他倒楣？運用這種力量的，是神也好，魔也罷，總是在他不知不覺間窺伺著他。他與卓瑪的距離又遠一程了。

他要怎麼辦呢？既然被迫向北，就乾脆到鄂戎寺嗎？還是繼續抗拒下去，回頭循著三條溝，返到翁欽的帳篷呢？彌伴受到這個神秘性的包圍，簡直無計可施了。

「卓瑪！」他悄悄的念著：「我親愛的小卓瑪……」他兩眼不禁沁出淚來。

「我要去鄂戎寺！」他無可奈何的下了決定。「到那裡也許會找到解釋，解釋出占卜家那不清不楚的答案。我所計畫的，也許不是使我成功的計畫。」

他考慮自己的想法不下一千遍了，事實上他在受著這些思想左右。這些思想一直出現在他心中，屢次出現，又屢次隱去，然而永遠在擾亂他，壓迫著他。

到了河邊，看見翁欽喇嘛的僕人所說的牧戶，彌伴就向他詢問鄂戎寺的道路。

「我明天可以到那裡，是嗎？」他詢問著。

「明天！」他們喊著，「絕對辦不到的，先生。或者後天的晚間，或者大後天的晚間，才可能到吧！」

彌伴並沒有爭辯。那僕人清清楚楚的說過兩天可到，然而他也許聽錯了，僕人也許說錯了。但他已有了決心，不管多麼遠，也認了。

過了河，一上一下的路，使他走在萬山叢中。他在四面環起的小湖旁邊過了夜。第二天他看不見寺院的蹤跡。夜間到山洞前停了馬，不遠就有溪水流出。草是豐富的，馬可吃個飽！他自己當可在崖底下過一夜。

彌伴解了馬鞍，讓馬自由吃草，自己也用點晚餐。食畢，行李運進洞內，將馬用長繩拴在馬銜木上，隨即躺下入睡。

由遠而近的腳步聲，還有吹到臉上的熱氣，使他驚醒轉來。夜間不太黑，看見一隻熊在他旁邊，正伸著脖子端詳著他。那是隻有黃毛叫「扯莫」的熊。熊在北部荒原並不多，可是他在冬天已經遇過一隻了。

那時候，他認為原來驚跑的熊，因為他的同情竟自回到洞裡去。可是，那時彌伴並沒有親自在洞裡，而是與熊隔著一段距離，且有四名帶槍的人陪著他。彌伴再不是小孩子，可以天真無邪的與豹子玩。

他也屢次聽過故事，說孤客投宿熊洞，熊在夜間回來，遂被蹂躪不堪。他知道這類故事都是實情，但他不是那種因為恐懼而向對方進攻的人。現在的熊不像進攻的樣子，牠見洞中不速之客靜著不動，也許能夠放心，逡巡離去。果然牠將彌伴嗅了一會兒，即在洞的另一邊靠著岩石臥下了。彌伴仍然不動。

可是，旁邊守著這樣令人放心不下的伴侶，再也不能入睡了。因為不能入睡，他就想起童年時代與豹子在林中相對的情形，以及本能的保護牠的舉動，使牠不致被哥哥的毒箭中傷。

當時所有的細節此刻都重新活躍起來，使他記起當時行動的心情、尋求普遍友誼的夢想，那時他是愛那臥在旁邊的金錢豹的。現在他也愛這隻大熊嗎？——愛那睡在幾步以外或者尚在反芻的大熊嗎？那樣注意端詳過他的熊，倘若同樣遇到危險，他肯重複童年的行為嗎？

他詢問自己，問到心靈深處；考問的結果，重新燃起童年的神秘之火——已被熄滅的火重新燃起了，燒著他，攻出他的神性。是的，他愛這個長毛笨熊，就像他愛那美麗的豹子一般，可以為牠拼命；也像他愛那犛牛一樣，寧可盡其所有，不怕窮乏，而保全牠們的性命。

他愛一切有情、弱小的。他為什麼不是有力的神，用著愛流光沛這個世界呢？熊睡在彌伴的旁邊，彌伴的思想，被熊的安穩呼吸以及溪流的潺潺不息平靜下去了。

「他們讓卓瑪離開我，」他自言自語，「我愛她，她是我的卓瑪；但若她的幸福比我給的還要大，就讓她離開我去享受幸福吧。卓瑪，我不願意妳當俘虜；我伸開雙臂要抱妳，要將妳帶走，將妳保持住。卓瑪，我愛妳不是為了我，乃是專為了妳！我那童年的小仙女！」

彌伴模模糊糊辯認出一行列兇惡的臉進了洞口，遠遠的樂隊唱著他捉不住的字句……他在出神入定。及至清醒以後，天已快亮了。熊還在睡。彌伴友愛的看了牠一眼，便輕輕走了出去。他在水旁吃了一個糌粑球，喝了一點水，又備馬上路。

中午，彌伴牽馬下陡坡的時候，幾頭羚羊出現在面前；羚羊沒有跑走，一直跟他到山谷。山谷那邊有一曲清水，彌伴就在那裡進中餐。他坐在水邊，解開食袋，那群羚羊還在注視著他。

「這一帶一定少有人走，獵戶更是不來，」彌伴想著，「沒有看見過野牲這樣馴順的。」他吃完以後，用水再和一些糌粑，撮成很多小球兒，都放在石頭上。

「我請你們吃這簡陋的食品。」他笑著指給那些活潑的動物，然後繼續前進，登上山坡。他離開幾丈遠，羚羊就將糌粑球兒吃了；接著又去吃草，且在草地上跳躍作樂。

陡峙崖上的鄂戎寺

彌伴走的路徑越來越不明顯，他開始擔心怕迷了路；可是太陽快要下山的時候，他所遵循的窄徑又寬了起來，轉個彎，鄂戎寺突然出現在眼前。

寺址十分特別，建築在崖角的白石上，那些白石好像是人工開闢成功的。彌伴從所站立的地方，可以看見柱子、走廊、尖頂、縮頭裝飾的牆……這一切都是利用天然，加以匠心連綴的建築，崖上陡峙著這寺院，前面便展開五谷交匯的平原。

各谷之間，到處都是靜室，或者隱藏深處，或者高踞懸崖；而且多與寺院相同，鑽山鑿石，成為天然岩洞。有泉湧溪流，匯為大河，舒暢蔓衍的灌溉著平野茂草。全部景象吐露出和平與恬靜。

原來鄂戎寺就是這樣！只有上寺院的石階看得見，可是由山崖到石階並沒有通路。顯然山底下的路徑是轉了彎繞到寺院的。彌伴走過平谷，涉過淺水，登上高處望見路徑，他走近寺院的時候，裡面發出鑼聲，以後就再也沒有聲音了。

他拾級而上，走到一個崖洞下面，門是開著的，沒有人。路的盡處是高台，便為寺址所在。外邊看不見人。彌伴走向山門，那是製造粗陋、十分笨重的門，嵌在石壁裡面。門關著，彌伴叩了一番。相當時間以後，門閂取開，閃出來一個寺僧，他站著沒有說話，只用眼光詢問旅客。

「我是湟源來的商人，名字叫彌伴。我希望在你們的喇嘛耶喜鄂頓的歷代靈塔前問一個問題，得到一個夢或者其指示。事關重要，比我自己的生命還重要。我能見一見你們的堪布嗎？」

寺僧很好奇的看了看他，即一聲不響，退轉了身，將門開到能夠放進馬去。彌伴跟在寺僧後面，繞著曲曲折折的路，兩旁都是凹凸不平的怪石壘在牆裡，因為寺院的建造只是順其自然加以利用，所以奇形異狀，甚為特別。

彌伴讓人領進一個屋子，屋頂極不規則，石隙透著光線。藉著石隙可以遠望原野，而恰與寺院相對的便是他來的谷口。

「放下你的行李，」寺僧簡簡單單的說：「我帶你到馬廄。」

彌伴照著做了，旋即跟著那不太說話的嚮導前進。

廄裡已有三匹馬，但這可能不是唯一的廄；因為不遠的地方可以聽見馬蹄踏地的響聲，也聞得見馬糞的氣味。三匹馬沒有拴著。彌伴要拴自己的馬，寺僧打手勢叫他不必。然後又指給他臨近一間屋，有玉米黃豆之類的飼料口袋，再過去一點的狹長堆房還有麥稈和馬草。

「餵你的馬，」寺僧說：「你若順著這巷子出去，便有流水可以飲用。我想你回到原來的屋子應該是沒有問題的。」寺僧並沒有給彌伴答話或問話的時間，他轉個彎就不見人影了。

彌伴從來沒有看見過這樣的寺院。

他回到原來的屋子以後，已有一個爐子在那裡。爐子裡有炭火，上面熱著一大壺酥油茶。還有一袋糌粑，一塊酥油，一木碗奶渣子，都在伸出牆面的石桌上。

夜間一來，他在寺外聽見的鑼聲又響三次。復又沉寂。那沉寂的程度超過他在荒原旅行時的任何經驗；那沉寂，沉寂得令人感覺出力量來，連普通人聽不見的思想之聲都給破滅了。

第二天早晨彌伴出去給馬飲水餵料。回到屋子時，冷爐子已經換上新的，上面有一壺熱騰騰的新茶，可是沒有看見人。看門的寺僧是不是明白了他的事呢？要不要再找另一僧人說明來意呢？彌伴有點不好意思在這怪地方去找人，恐怕堪布喇嘛不喜歡他隨意行動。

時間還不到晌午，一個披黃袈裟的靜修喇嘛走進屋來，客氣的向彌伴說：

「歡迎你到鄂戎寺來。我聽說你來本寺的用意，乃在求靈塔。我們很少允許客人為了求解答或者在喇嘛塔前發問題而讓他們進來。他們的事情一定要非常重要，才有考慮的餘地。我們的僧伽給你打了卦，結果是很出乎意料的，我不能告訴你這結果是什麼，我只能說，你是如願以償的得到許可。可是你去拜塔之前，一定要先平平心，考慮考慮用意所在，且用十日閉關的時間加以齋戒清淨。這是我們的規矩。你是不是肯這樣做呢？你若不情願，我們便給你預備糧食，請你明早離開寺院。」

又是一個耽擱！十天！那將是會合他的傭人後走在拉薩路上的時候了！他為什麼來到鄂戎寺呢？這又要陷入什麼新的陷阱呢？……明天就走似乎是最好的辦法，可是他不能這樣做。這個怪寺院已將他迷住了。

每一石砌的尖塔，每一殿頂的聳立裝飾，以及每一曲曲折折的巷子，每一不零不整的窗戶，都好像牢不可破的鎖鏈，將他牽得緊緊，捆得死死的。彌伴感覺到鄂戎寺鑽進了他的筋骨，化作了他的生命，他也擴大起來，包含了全寺建築的每一石塊。

「我去閉關。」他低聲回答。

「好。就在這屋子不許出去。有人會照料你的馬，你不必操心。」僧人說完就走了。

迦臧和達勤等候主人彌伴到來

就在那一天，迦臧帶著錢和糧食，到了帳篷寺院的地方。由湟源來的達勤也同迦臧來了，他原是跟著彌伴去過拉薩的。除了他們每人一匹馬以外，還帶來兩匹馬、三匹騾子。

根據彌伴打發前去送信的人說的話，迦臧是盼望在帳篷地方會到彌伴的。可是日子一天一天的過去，未見主人到來，迦臧與達勤開始感到不安，打算前去尋他。牧戶們曾經注意他的，曾經希望將來同他做一些有利的生意，也都樂意參加尋覓的任務；可是他去訪問翁欽喇嘛這個事實，使他們有些躊躇了。

那法師一定有特別理由留住他，也許在給他作密法；時候如果去得不對，也許使他生氣。牧戶們自然不敢輕易嘗試，怕自己倒楣。他們認為出發以前最好占卜占卜。帳篷寺院的僧人，幾人單獨占卜的結果，都說前往尋覓彌伴為不吉。

這樣一致判斷之後，便誰也不敢去了。牧戶們包圍著迦臧，一面款待他酒肉，一面誇獎起此地羊毛如何好，羊肉如何美，酥油如何淨，牛毛織品如何精，希望迦臧告訴彌伴，可以在此採購一些物品。

達勤本是初級僧侶，所以與帳篷寺院的同伴打成一片。閒談之下，話頭便轉到彌伴爽約的事，而每一個僧人都有各人不同的意見。

「他一定是到了鄂戎寺，」法台有一天說：「翁欽喇嘛不會留他這麼久的。」

「鄂戎寺為什麼會留他這麼久呢？」達勤問。

「為什麼？我也說不上來，可是鄂戎寺是個怪地方，那裡的僧人並不等於我們這樣的僧人。」

「鄂戎寺有什麼特別呢？」

「那是修靜僧人的寺院，都穿黃袈裟，這一點並不特別，因為別處也有修靜僧人的寺院，然而鄂戎寺是個謎，是個奇蹟。」

「何以見得呢？」

「先說那寺院就不是人工建築，而是天然生成的。」

「啊！」

「其次，關於鄂戎寺奇事極多，每一代轉世喇嘛都是了不得的人物。」

「人們說，倒數第二代，耶喜鄂頓，就是第十七代，簡直是個佛陀再生。他的學問，他的善行，真是無與倫比，人畜病了，只要望望他就得痊癒，任何壞傢伙只要有幾天同他在一起，即便仁讓慈悲起來。幾十個魔，原來喜歡作惡的，現在都住在寺院左近的山上，修真養性，慈悲無量，福佑四方了。寺院一帶很大的幅員，一切野獸都是馴順的。牠們不怕人，彼此不殘殺，獵戶也打不著牠們，獵人有些挺身一試的，都莫可奈何。獵犬見著羚羊、野驢、豺狼之類，竟彼此玩耍起來，獵槍不起火，或竟落在地上；他們不管如何硬著心腸，結果都是坐在他們打算傷害的牲畜面前，親愛得將牠們擁抱起來。」

「真是了不起！」達勤喊著讚美，「你遇著野獸到你跟前嗎？」

「我沒有到過鄂戎寺。」

「為什麼呢？難道你不想看看那個自然長成的寺院，或者那樣馴順的野獸嗎？」

「有的，可是我以為不如謹慎一點，不到神鬼充斥的地方去。除非一個人是聖潔的，嫻熟教義的，否則最好不與奇事或奇人為伍。」
「我們的主人知道鄂戎寺嗎？」
「我向他說過一點，可是他沒有注意，心中有別的事情。」
「什麼事呢？」
「他要找一個有本領的占卜師，詢問他認為對他最重要的事情。」
「商人丹津的女孩子呀！」達勤心裡想。
「我們勸他去見法師翁欽。我正打算告訴他，到鄂戎寺歷代轉世的喇嘛靈塔前求卜的人，可以看見或者夢見象徵答覆的問題；可是他在想別的事，並沒有注意我的話。」
「也許是那個法師叫他去鄂戎寺的。」
「我有點懷疑。那法師甚至不喜歡鄂戎寺的靜修僧，然而你的主人也可能想到那寺院，他說他聽過這寺院。」
「可是他為什麼去那麼久呢？」
法台表示他一點也不明白。
達勤遇到迦臧一個人在帳篷，將這段談話告訴了他。迦臧連鄂戎寺的名字都沒有聽過，可是聽到野獸馴順了，惡魔降伏了，便說道：

「我相信他一定在那裡，那樣的奇事正是他急於尋求的。我告訴過你和你的朋友——那就是我們由拉薩回來，他與我們在沙拉古托分手的時候，我說他可能變成靜修僧的。我們在拉薩商人丹津家，他的書記也曾說我們的主人是個法師。」

「那是無稽之談。」

「也許不是。輟莫地方一個小土官曾經款待一位西康喇嘛，我們的主人是那喇嘛的一個徒弟。他就是輟莫人。那喇嘛與土官失和，土官請巫師害他。可是巫師在封閉四壁的靜室中單獨作法，竟被掐死了。另一件事，我們不太清楚。那土官的兒子與主人彌伴打了架，他就與那巫師同時死在離靜室不遠的地方。」

「主人彌伴在場嗎？」

「沒有，人家說他那時已在日喀則，住在丹津的朋友商人鑽追的家裡。」

「那麼，他既不在場……」

「所以才證明他用巫法害了土官的兒子呀！他的背心被發現在荊棗上，那就是土官兒子被箭穿心射死的地方，彼此離得不遠。」

「背心怎樣射箭呢？」

「唉！那是你的想法……你是個僧人，連這些事都不知道。背心要由主人加上力量，便能射箭了。」

「嗯，我並不十分相信，」達勤說著搖了搖頭。「你不是說主人彌伴有修靜成聖的趨向嗎？」

「正是如此，一個大成就者，不只是普通的好人。那個土官兒子不是好東西，很容易看出他將來要作惡；主人彌伴有些先見之明，才慈悲為懷將他殺了呀。他救了他不受惡業的惡果，也救了別人不受他的傷害。這還不明白嗎？」

「哼！」達勤還是不相信。「我們到鄂戎寺去，看看主人彌伴是不是需要我們，你說怎樣？」

「不，」迦臧說：「根據你所聽到的鄂戎寺，我們去不得的。主人彌伴本來很好，但他不喜歡人家妨害他，我伺候他幾年了，我知道這一點。他高興，他就回來；他若用得著我們，他就派個人來找我們。干涉一個人的宗教問題，總是不大好的。」

「我們並沒有證據他有宗教問題呀。我十分希望看看那個不假人工自然生成的寺院。」

「還是離得遠一點的好。我們在這裡虔誠恭敬，就可得到功果了。」

「我們可以再占卜一下。」

「休息幾天吧，若是主人彌伴再不來的時候。」

夜深了。兩人一人鋪了一張氈子，封了帳篷口，就休息了。迦臧一下子就睡著了。達勤坐了起來，盤上腿，從當枕頭的口袋裡邊取出念珠。

「靠著三寶……」他喃喃念著。

他數一數念珠，占卜起來，要看看主人不可了解的人格，冒險前進的結果，以及他自己跟著主人走，是吉是凶。

第十三章

靈魂相會　五智喇嘛十九世

十八座鑲著黃金和寶石的銀塔，一字排開陳列在寺院最後面的供桌上。最右的那座塔裡有個龕，龕內站著一個喇嘛。這些塔與人等高，裡面都供著本寺寺主歷代轉世喇嘛的舍利。

第一代開山祖彌伴大師是阿底峽[1]的徒弟。彌伴大師初來此地岩洞靜修，創立寺院，從十一世紀起，已轉世十八代。

第一代彌伴大師

第一代彌伴出身貴族，崇信佛法後，即為「五智喇嘛」，藏名耶喜鄂頓。五智者，一、大圓鏡智，淨識蘊，除嗔，顯現法界萬象，如大圓鏡；二、平等性智，淨受蘊，除慢，認諸法平等，並無差別；三、妙觀察智，淨想蘊，除貪，分別好妙諸法而觀察眾機，以便說法斷疑；四、成所作智，淨行蘊，除嫉，成就自利利他等妙業；五、法界體性智，淨色蘊，除癡，主方便究竟之德。蓋就分別言諸法差別，其數過於塵沙，是為法界，若明法界體性，不過六大和合，便不住於空有，而得方便究竟。[2]

彌伴大師還在俗家的時候，從未聞佛法理論。一天，有人將他引到阿底峽為門徒說法之地。這種高論，他從未聽過，也聽得興趣盎然，決心繼續進求。但他是為了虛榮，為了私心的滿足而求佛法。有人為他講解，他不能得到其中意義，更不能了解聞法而不行善便沒有實用的道理。他回來向他新婚不久的妻子說，他要離家靜修，以便對五智進行止觀。

他的妻子出身名門，雖無多大學問，可是非常聰明。她請求丈夫不要拋棄她，因為她也願出家學道，希望當個尼姑，住在丈夫靜修的附近，時常看看他，在他的身邊學習他由阿底峽大師那裡學來的聖道。

彌伴大師很輕蔑的拒絕了她的請求，因為他認為一個女人是無從了解那種高妙的道理的。他自己則發誓寧可生生世世出家靜修，直到完全把握住五智教授，且能夠為眾生福田宣傳那種教授為止。

「你的眼光遠大，」他太太說：「想著未來的眾生福田，而不管這忠實愛你的妻子的福田。我也發一個誓：我願生生世世與你一同流轉，專門使你達不到你的目的。」

夫婦如此分了家。彌伴大師放棄了家產，向北方雲遊，到了五個山谷交匯的地方。五谷與五智數目相合，他認為是個預兆，應該住下。根據傳說，現在那樣出奇的石室石寺當時還不存在。當時的高原伸至岩石而止，必是鬼斧神工，才給他將來的弟子預備下這許多住處。

這位開山祖師的各代轉世中，有兩位拋棄法台去結婚，可是結完婚就死了。然而不管出家還是在家，他們始終是第一代的轉世喇嘛。鄂戎寺的僧徒將他們的屍體運回焚化，再將舍利藏在靈塔裡面。

傳到第十八代五智喇嘛，死得更奇特。

他每年都用兩個月的時間，下帳在青海海子的岸邊，專為眾門徒講解五智，以便他們事後能在各靈岩洞單獨修習。那一次正在說法的當兒，他突然轉了話題，向他們說道：「我常為你們講第五智，第五智是最高的一智。如果我們想要對眾生的慈悲、布施以及一切善行，都能夠有效的話，我們便非有第五智不可。我在若干年來都極力為人類、畜生、其他生靈等免除痛苦。我知道我在前生也如此努力，可是我並沒有完全達到這種目的，我認為這是因為我沒有絕對證得第五智的緣故。

「我打算七天後拔帳回寺，用三年三月三星期又三天來閉關，專心修證。之後，我若得了那種智慧，我再向你們講述如何能真慈悲真有情。倘若還沒有證得那種智慧，我便繼續閉關。」

僧眾聽到這些話，心想老師不會與他們常在一起了，甚為驚訝難過，可是為了尊重老師的意見，也不敢請求他取消計畫。

突然間耶喜鄂頓站起來，望著海子。

「唉！可憐的山羊！」他說：「牠在那草地上做什麼？牠好像受了傷……我去看看牠怎麼了。」

他向前跑去。僧人們在後面驚慌的喊：「喇嘛大寶！喇嘛大寶！那裡沒有草地，也沒有山羊啊……那裡是海子啊！」

可是不管他們怎麼拼命的跑，老是追他不上，有一陣子耶喜鄂頓在水面上走，突然間又落了下去。喊出：「我還來！」

親眼看見這一幕的人說，喇嘛落水失蹤的時候，一個女人正在那裡。有人以為她是龍女，來請喇嘛入龍宮行善事；也有人說出第一代喇嘛的故事，以為他們看見的女人就是生生世世追逐他的妻子。她點化出受傷的山羊和草地，引他入水淹死，以免他閉關證得第五智。使原先兩位轉世喇嘛發生戀愛，離開寺院還俗結婚的，也就是她。

第十八代彌伴的屍體並沒有打撈到。可是他落水以後幾個月，他的袈裟飄到海心島的岸上。等到冬天結冰時，鄂戎寺的人來島上送食物，在島上靜修的人把袈裟拿給他們看，知道是他們喇嘛的原物。

鄂戎寺僧人作法占卜後，知道是已故喇嘛和神祇要將袈裟留在島上。因此島上的靜修僧在山洞裡修了一個塔，把袈裟藏放其中。同時，鄂戎寺僧人為了紀念他，也為他造了一座銀塔，並造一座像安放在塔龕裡，代替他的舍利。

穿著尼姑裝的卓瑪

彌伴並不知道鄂戎寺寺主幾代化身的故事。即使有人告訴他，他在那種心緒惡劣的期間也不會有興趣的。

鄂戎寺長老讓客人作的十天齋戒滿期了。入夜後，有人引彌伴到右殿，在這之前，他是不得接近的。導引人一聲不響的打開一扇門，在門外叩了頭，以手示意，請彌伴進去。彌伴進去後，他留在門外，又找一個同伴在廊下守候，這是寺規。

彌伴面對著塔，坐在寶座腳下的墊子上。寶座上披著鄂戎寺轉世活佛的袈裟，袈裟上還縫著一塊阿底峽的袈裟，以示傳承。

彌伴在石室的許多天，使他不再神志焦躁。另一種心情占據了他，絕對的客觀和與世無關，他好像離開了自己，可以站在一邊審視坐在供桌前的彌伴身體。

他應該發出問題，以便求得解答。這是他來此的目的。可是那種心情淡薄了，淡得幾乎沒有了。他的思緒飛舞著。那些靈塔上鑲著的寶石有如眼睛，五光十色，使他著了迷。那些眼睛，反映著供桌上一盞一盞的燈，瞬息萬變，時而看著他，時而轉開去，忽又注視著他；好像在尋求，在追問，在告訴他什麼捉摸不住的神秘。

塔中的第十八代喇嘛，一對寶石眼睛看向虛空；這位末代寺主，彌伴耶喜鄂頓大師，似乎在高高的塔裡面，尋思現在也叫彌伴的他。

彌伴有些不安了。他在那裡已經多久了呢？經過這一夜，他就可以離開寺院了。這裡的長老是不許客人久居的。他離開此地以前，會得到鄂戎喇嘛的祝福嗎？他問過領他入殿的僧人，可是那僧人只是眼光奇異的看著他，沒有回答。

他們說，他必須大聲說出問題，然後專心致志想著那些問題靜候動靜。

在占卜師翁欽面前，他只說自己打算旅行，沒有說出卓瑪的名字。可是在這靜無人跡的殿中，再這樣小心是多餘的。

彌伴站起來，行了三次禮，大聲說道：

「我去拉薩相宜嗎？」

「卓瑪是不是與多佳結了婚？」

「她會跟我到湟源來嗎？」

「我決定去拉薩的當兒，一群野雁由我頭上飛過，飛向北方，那是什麼預兆呢？」

他重新行了三個禮，復又坐下等待。時間慢慢的過去，解答沒有來找彌伴。可是，從彌伴的身心深處站起來一個影子，慈悲和藹的笑著，那影子揮走了問題，就好像揮走飛蠅一樣。

那些問題飄然飛去，就好像山谷中的雲霧，被一陣風吹散了，被陽光蒸發了。彌伴竭力觀想靈塔，想把問題牽回來，然而沒有用。他覺得他的思想以及思想所憑藉的這個世界都離開了他。難道他是要死了？要拋開卓瑪而死嗎？

「卓瑪……」

他喊出了聲嗎？還是只喊在心裡呢？他自己也弄不清楚。可是喊叫有了效力，卓瑪出現在那列靈塔的左邊了。她已不是他夢想中的小仙女，不再穿紅掛綠，而是穿著尼姑裝束，面貌恬靜的卓瑪。

她說的話是用耳朵聽到的呢？還是彌伴用心聽到的呢？

「彌伴，我們在久遠的前生中，我是你的妻。我們彼此都曾發過誓願，而且生生世世都照著做。我在釋迦像前起誓，說是若不嫁你，便即為尼。我妨害你已經妨害得夠久了；我現在解放你，不再妨害你。我明天死在拉薩，請你為我作法，使我速速轉生，轉生在你現世為男身，以便我做你的徒弟。

「彌伴，你是阿底峽尊者的徒弟彌伴大師轉世。你就重升你的寶座吧。」

卓瑪走向前來，領著彌伴走上寶座。彌伴回轉身來，伸出兩手按在跪於他面前的卓瑪頭上。

「讓我的賜福使你光明，」他大聲說：「你解放了我，我就用三寶尊者阿底峽的名來解放你。

「因為我沒有將我所聞的法布施給你，所以我幾百年來都不能完全了解那法。願你放棄報復的心，不再生生世世在這苦海中流轉；願我放棄自利與虛榮的心，拔除你心中報復的種子。

「你選擇這附近可以尊敬的父母，投轉男胎，十年以後到鄂戎寺來，做我的徒弟，當我親愛的法嗣。」

兩個在殿外守更的僧人，聽見裡面有聲音，輕輕的走了進來，站在門口。眼前所見使他們驚訝不已，彌伴坐在已故喇嘛的寶座上，披著鄂戎寺寺主法台的袈裟。那寶座已經虛設二十多年，等著耶喜鄂頓第十九代的轉世，可是十九代化身從來沒有找著過。

彌伴沒有看見他們，他在講法。兩名僧人中年老的一個聽得出，他的話，話中慣用的字眼，都是已故喇嘛所說的。

證得五智再次說法

「嗚法螺吧，」年老的僧人向站在旁邊的青年僧人說：「我們的喇嘛回來了……」

這件法寶，只在特別隆重或緊急的時候才動用，以使附近的僧人前來集合。它的聲音可以傳得很遠很遠。凡是聽見法螺的集合令的，不管日夜，不管天氣變化，風雪也好，大雪封山也罷，也不管你預定閉關多久，一定要即刻離開靜室，趕到寺院來。

法螺沉重的聲音傳遍了山谷，明星在天，路徑也不泥濘，所以不久，住得近的靜修僧都到了寺院，走進靈塔的寶殿。

彌伴依然在說法，沒有意識到四周的一切；他說話的對象，似乎只有他看得見。

年事高的靜修僧都聽得出他講的法就是已故喇嘛所講的。用的字眼也是他所用的，甚至手勢聲調也都完全相同。他們一一跪下了，後來的人，原本認得第十八代彌伴的，也都頂禮起來。

「我打算七天後拔帳回寺，用三年三月三星期又三天來閉關，專心修證。之後，我若得了那種智慧，我再向你們講述如何能真慈悲真有情。倘若還沒有證得那種智慧，我便繼續閉關。為了證得這種智慧，我才回來了。」

這番話是第十八代彌伴在青海海子邊上說的話，現在彌伴背出來，接下去，眾人驚異得不可言狀，沒有一個不相信彌伴就是他的轉世化身。

當大家都要上前承認他就是那轉世回來的寺主時，彌伴向後一仰，昏過去了。有人連忙上前將他抬了起來，放到墊子上。

彌伴過了很久才醒轉過來，醒來以後，他看見滿寺僧人，甚為驚異。他想起自己做了一個奇怪可怕的夢，夢裡看見卓瑪，說了個不清不楚的故事，他只知道她穿著尼姑裝束，並且說「我明天死」。然後她牽著他的手，他清清楚楚的感覺到她手上的溫情。

之後的事，他就記不得了。站在四周的這群僧人，又是幹什麼的呢？包圍著在靈塔前發問的客人，這是鄂戎寺的規定嗎？可他們為什麼又訥訥的說著：「我們的喇嘛大寶」、「我們的法師」？喇嘛在哪裡？他很希望能給他賜福。

「覺得好一點嗎？師尊？」

「您應該先恢復體力才是，」寺中長者說：「能夠行動嗎？假如行動太吃力，教人抬著您，我們到別處去，您可以喝一點茶。」

「好哇，我很想喝點茶，我還能走，只是有點虛弱，我也不知道為什麼。」

彌伴站起來。離開佛殿以前，他還情不自禁的望了望第一代耶喜鄂頓的塔邊，卓瑪曾經出現的地方。

天亮了，他依然不能忘懷卓瑪穿尼服的樣子。在夢中她曾說「我明天死」。那個「明天」正在開始，彌伴的心，好像結了冰。

彌伴由長老們引到鄂戎喇嘛的館舍。熱熱的茶，香甜的酥油，讓他很快提起了精神，他決定要回去找迦臧。假如噩夢成為事實，便用不著去拉薩了！占卜師翁欽已經說過，去拉薩沒有用的。

「多謝你們的盛意，」彌伴向站在左右的僧人說：「我現在可以離開了，我不想多打擾你們。我不知道我在殿裡得到的徵兆是真的，還是我自己的想像，我想我到拉薩就會明白的。」

「先生，我們求你與我們長住，」寺院的長老說：「你已經找到了你自己的住處，我們也高興找到了我們的喇嘛！你是我們找了二十多年才找到的活佛。請你不要忘了你在寶座上說的法。我們這裡知道你前身的人，都證實了你的言辭和表情與我們上輩喇嘛臨別一樣。你若不是前生就知道，怎麼會忽然懂得那種教授呢？」

「我不曾說法啊！」

「不久你就會記起，你坐在耶喜鄂頓的寶座上，披上了他的袈裟！那就是補著尊者阿底峽的一塊袈裟，是輩輩相傳的法衣。尊者便是我們開山祖師的恩師。」

「我曾那樣嗎？」彌伴大吃一驚，「那是不得了的褻瀆！我實在不記得了。準是我在殿裡發了瘋！我清醒的時候絕不會那樣胡鬧的！」

「除非是我們喇嘛的真正化身，否則誰一穿上他的袈裟，坐上他的寶座，便會即刻摔死的，你能那樣做，便證明你是他的化身了。」

「我……我不記得了……」

「你在問卜時，殿外有兩名僧人守候，他們聽見你說法了。」

「我說法？」

「你是先對著一個人說話的。」那個教同伴吹法螺的老僧人走向前來，先是三叩首，然後恭恭敬敬的向彌伴說：「喇嘛大寶，你是在給什麼人賜福，你對她說：『你解放了我，我就用三寶尊者阿底峽的名來解放你。』你又說：『我沒有將我所聞的法布施給你』。於是，我才認出來，你是我們的開山祖師耶喜鄂頓；他的傳記我們在寺院歷史裡有記載，而且他在出家以前，與你同名，也叫彌伴……那就是彌伴大師。」

那老僧重新叩頭，又繼續說：「喇嘛大寶，你在當時賜福的人，就是你二十年前的夫人；她曾用幻想，使你前身淹死在海子裡。你讓她前往極樂世界，然後在這附近轉生男身，再來會你。她現在應該還在人世，也許在什麼地方，你還不知道。是我令人吹法螺召集眾僧的。」

彌伴又因夢相不安了起來。「前往極樂世界」，就是死呀……

「卓瑪！」他喊出聲。

「卓瑪，」寺院長老說：「就是八百多年前來到鄂戎的彌伴大師夫人的名字。他不肯傳給她從阿底峽大師得來的法。」

「先生，請你讀一讀我們本院的歷史。我就派人送來給你。」他打個手勢，所有的人都跟他退了出去。

不久，幾個年輕的僧人送來五大包書，放在彌伴坐位旁邊的桌子上。他們叩了頭，一聲不響的退了出去。

彌伴一個人坐在鄂戎歷代寺主的館舍，伴著記載他前生故事的書卷。

卓瑪還陽說遺志

在拉薩，丹津家中充滿了憂傷。三天當中都有婦女輪班看守著卓瑪；她不作聲，也沒有死。

她在彌伴離開拉薩以後生的病已經好了。由於多佳父子兩人不斷的請求，丹津才允許給卓瑪辦喜事。

婚禮極其熱鬧。拉薩有一半的居民都因為親眷或友誼的關係，前來賀喜。丹津更是來者不拒。

三大寺（色拉、甘丹、哲蚌）幾千名僧侶，也都招待了酥油、茶、肉以及其他宴會食品。他給大喇嘛活佛們送重禮，給佛菩薩祭壇前添幾千盞燈的酥油；連乞丐，連收屍的下等人，都沒有被遺忘。

卓瑪瘦骨嶙峋，神不守舍的樣子，什麼也不見不聞。她對於那婚書並不反對。她父親告訴她，在婚書上多佳後面也有彌伴的名字，以便彌伴同哥哥一樣，也是她正式的丈夫。父親告訴她這些，她也沒有表示不滿意或者滿意，一切事都好像是別人的，與她無關。外界解讀她那被動的態度為害羞，所以並沒有人擔憂！

結婚的晚上，卓瑪同平常一樣，毫無生氣，被動的由人扶入洞房。客人們還在客廳和院子裡喝酒，便傳出呼救的聲音。新郎多佳剛進洞房來，發現新娘在床上死過去了。

「卓瑪死了！」他驚慌的喊。

丹津、采郎瑪，後面跟著客人們，一齊撞入洞房去，卓瑪像是死了，有如新郎所說。

急忙請來的醫生說她還活著。他仔細診斷一番，便宣布，這樣的病用不著醫治，此刻所需要的是喇嘛，她的靈魂離開肉體了。誰知道到哪裡去了呢？只有專門的法師看得出靈魂與肉體的聯繫，才能防止兩者完全脫離關係，而免於死亡。

清早寺院才開大門，丹津便向續部密宗院的法台說明了經過。法台以為事出奇怪，帶著幾名畢業的徒弟，親身來到丹津的住宅。法台證實了醫生的意見，除了如法治療外，指明要作法事，以免卓瑪再遇什麼危險。於是，丹津的宅子重新恢復了喧鬧的鈴聲、鼓聲、悲鳴的號筒聲、低沉的念經聲。但卓瑪依然沒有動靜。

第四天黎明，她動了一下，旋即轉身坐起。

「請我父親。」她告訴伺候她的女傭人。

丹津急忙來到床前。

「我是還了陽的，」她說：「我由北方草地回來，彌伴現在在青海湖附近的鄂戎寺。他是那裡的寺主，開山祖師彌伴的第十九代化身，我是他的太太，當時也叫卓瑪。彌伴喊我，我就去了。我同他說了話，可是他懷疑我所說的，為了使他相信，你該送個表記去，那是他到這裡來求婚時留下的松兒石。」

「現在不要延誤，給我取一身尼姑服來，給我落髮，請喇嘛讓我受戒。我於今晚死去，必得皈依僧寶而死。我要拋棄的身子，是我最後的女身。我不久就投生男身，到鄂戎寺為僧，做彌伴的徒弟，向他學習從前不肯教給我的法。」

可憐的丹津，他的太太，多佳，還有家裡所有人，聽到卓瑪醒轉來都趕到床邊，現在紛紛哭個不停。

「不要死，好孩子，」丹津央告著，「倘若與多佳完婚使妳難過，我送妳到湟源與彌伴同住，他也是妳的丈夫，多佳不會妨礙妳的。」

「不會的。」多佳也同意，「我樂意妳去，卓瑪，多少年妳好像是我的小妹妹，我十分愛妳。卓瑪，我不樂意妳死。」

這個老實人說的是真心話，他從來沒有想到，他與卓瑪結婚會產生這種悲劇。

「你很好，」卓瑪說：「可是時候到了，我不能不離開你。所以請不要遲延，要照著我的話辦。」

丹津並不甘心讓他女兒離開，他相信，喇嘛會有辦法不讓卓瑪死去。他盼望續部密宗院的法台能有妙法。可是他將女兒的話告訴法台以後，法台堅決主張，丹津不要違背她的意思。

采郎瑪有傭人幫著她，淚流滿面的給卓瑪除去綢緞衣服和珠寶首飾，剪去她的頭髮，穿上出家的衣服，披上袈裟，然後在家庭佛堂的供桌上點燃許多燈，卓瑪敬拜了釋迦佛、宗喀巴以及其他神像，然後在法台面前行了禮。法台作著為她落髮的姿勢，正式讓她傳戒為尼。

卓瑪親手用長長的白絲哈達包好那塊松兒石，簡單的說「不久我就頂禮在你的足前」。隨即吩咐，她咽氣以後趕快差人送到青海。

然後復又上床去，穿著尼裝靜臥著。夕陽下山的時候她伸出兩手，合掌敬禮，低低的說：「彌伴！」

說完，兩手輕放在尼服上，卓瑪死了。遵照她的遺囑，丹津的兩名差人帶著那塊寶石，還有商人送的一些禮立刻循北方大路而去。

困在思想的石牆裡

在鄂戎寺，彌伴埋首於寺院史記；比傳記更重要的那幾位喇嘛言論特別使他發生與趣。他感覺到那些言論出奇的好。彌伴大師及其最接近的化身，只有學術性的討論，以後幾代則在字裡行間充滿了更有力量的教訓，使人容易明瞭個人在宗教上、社會上的邪見，以及此種邪見的惡果。

最後一代的耶喜鄂頓所提倡的意見，乃是別的有情還沒有脫離痛苦的時候，任何人都得不到永久的幸福或安全。

「冬天的冷風吹凍了湖面，」上面寫著，「吹乾了牧草，吹動了飛雪；不管是人還是牲畜，沒有不受影響的。依同理，吹起怨恨與不正義的惡風，誰也不能討得乾淨。」

彌伴閱覽下去，許許多多都觸動了他的心弦。上面描述著各種疾病老死的痛苦，更因人們的無明我執，又加上無數的煩惱。

「陷於熱火鍋中的昆蟲，」最後的喇嘛說：「不想逃出熬煎，反倒互相鬥爭，互相咬，互相螫，互相殘殺，增加彼此的痛苦。」

這些思想，都與彌伴童年時代即有的思想不謀而合。這些喇嘛，與他自己一樣，都曾夢想「人皆友人之鄉」。可是，他想，這並無法證明他就是他們的轉世呀。儘管他看見了異象，儘管有卓瑪的話為證，儘管他在出神時（如那些僧人所說的），說了末代喇嘛所說的話！

可是彌伴依然懷疑他就是鄂戎僧人要他承認的新轉世。他從本心不能接受他們的請求，不欲利用他們的錯誤而為自己找便宜。卓瑪並沒有礙他的事，使他不得登耶喜鄂頓的寶座，他不得不承認再不能與愛人相見了。

這種悲哀重新使他難於排遣。他見到這種異象之先，不是在出發去拉薩以前，就在湟源老僧的屋子裡，已經見過異象了嗎？他不是坐在老僧的屋裡，曾經見過卓瑪的樣子逐漸淡化，逐漸消散，消散在白霧的海洋裡嗎？卓瑪是完了，他再也看不見她了。

然而正在這個時候，正是接受那必然痛苦的時候，一種希望火焰重新燃上心頭。倘若這些怪象都是敵魔的把戲，那又怎樣呢？這種可能，不斷侵入他的腦海。湟源並沒有多遠，他可以去會會老僧。是的，第二天就要離開這個鄂戎寺。這個寺。巫力引他來，巫力又使他不得走……

第二天，彌伴形容憔悴，依在屋門口前面法台的柱子上。在他底下，溝谷的那一邊，見得到他來時的路徑，他只要備上馬匹，便可取原路而回，為什麼困在這個充滿魔力的街城呢？

他先到翁欽的地方，再到帳篷寺院，便有迦臧候在那裡了。那樣，他就可以離開這鄂戎寺的勢力，不受寶座引誘。那寶座，主人們告訴他，他已坐過了，而且他們毫不遲疑，等著他再去坐上的那一天。

他要走……然而彌伴知道，他走不了。鄂戎寺對於他的魔力越來越強了。把他封鎖得越來越緊了。昨天晚上，他才做了一個夢。

他看見自己到了湟源寺，到了老僧的破屋子。

「你還沒有熟練，我的孩子，你還沒有看透你在自己面前造的牆，即用思想當石頭造的牆！」老僧向他說：「五更天，我會給你預言，覺醒的時候快到了。你要忍耐，你應該留在你所在的地方。」

「我要等待，」彌伴說：「我要等待一種表記。」

你們的喇嘛回來了

彌伴用心讀著歷代鄂戎寺主的著作。這帶給他長時間的平安、休息，使他逃開痛苦的猶豫。他參觀書庫的時候，一些稿本引起他注意。所以在五大包寺院史記以外，他又取得了那種稿本。其中之一，說到所有鄂戎喇嘛的共同宗旨——「宣揚五智！」以後添上了一段簡略的進修歷程：

用定功正解出有情的真性以及貫穿一切有情的聯繫；

修持自己足以表證以上各點，分析出以上各點應有的展望與結果；

效法釋迦佛、阿底峽尊者，以及一切宏揚藉正見得解脱道的大德，繼續宏揚此道，到兩足所能到的地方，以求滅苦，更求滅苦。

彌伴對此進修歷程極感興趣，常常在觀想，永遠不倦怠。他認為，走了這種歷程而無後繼者求其實現，那是多麼可惜呀！眾僧說，後繼者就是他；可是他對於這個見解依然在反抗。

彌伴夢見湟源老僧兩天以後，將寺院長老找來。

「你不是告訴過我，鄂戎喇嘛有個私人閉關的靜室嗎？」

「是的。」

「你讓我到那裡靜修嗎？」

「當然，尊者；那靜室是你的。」

彌伴表示不耐煩了。他不是耶喜鄂頓。他們為什麼要強迫他當這個角色呢？不過若卓瑪死耗得到證實以後，他倒是希望在鄂戎寺當一名僧人。

彌伴在鄂戎寺的靜室已住了六星期之久。一天下午，幾個牧戶領著兩個騎馬者，後面隨著迦臧與達勤，敲響山門。

「我們由拉薩來，」一人向守門僧人說：「大商人丹津是我們的主人。他的女兒死後還陽，說了些話又死了。她讓我們送一個松兒石給湟源商人彌伴。她說他當了你們的喇嘛，他在這裡嗎？」

「他在這裡的。」僧人說著將門開得大大的。

「拉薩來了信，是商人丹津送來的。」寺院長老對著閉了的門向彌伴宣稱。裡面的回聲很慢。最後彌伴拔了門閂。丹津的傭人跪倒在地。

「卓瑪小姐叫送來的。」年長的一個說著，並給彌伴送上一個包。

「她死了，不是嗎？」彌伴問得那樣泰然，比最動情的傷感還要動人。

兩人低了頭。

「她死的時候是尼姑嗎？」

「你知道的！」長老與傭人同聲吶喊。

「我們的喇嘛大寶，你是一位佛陀！」

兩傭人就將拉薩一切的經過敘述了一遍。

他們一面講著，彌伴已將包兒打開來，認出那塊寶石，也念完了卓瑪寫的幾個字。

「著人吹那法螺。」他向長老發出命令。

眾僧人集合的時候，彌伴離開靜室，回到喇嘛館舍。在一個箱子裡面，前代喇嘛化身耶喜鄂頓的僧服疊放得好好的，那套眾僧徒屢次給他看、勸他穿上的僧服。

彌伴這才堅毅卓絕的穿上拼金背心，圍上紅紫色的長裙，繫上黃綠腰帶，穿上高筒靴子，披上黃色隱居袈裟；裝束整齊，坐下候著。

法螺還在響；眾僧奔向寺院的腳步聲也由外邊傳進來。最後，一切靜下去。一定是到齊了。彌伴出了屋子，單人進入佛殿。他到供桌前向釋迦佛與觀世音像行禮；佛像是向下望著歷代鄂戎喇嘛靈塔的。他起來以後，望了卓瑪曾在那邊顯現過的彌伴大師的塔。

「我遵從你，卓瑪。」他喃喃自語。

然後，他步履穩健的登上寶座。彌伴完全做了自己思想的主，再也用不著根據通俗信仰解說轉世的謎。湟源的神僧說得對：妨害他視野的牆已經坍塌了。卓瑪臨死的時候送還他的寶石，使他心中更加光明。

他自然是鄂戎喇嘛轉世，因為他們有的善心，他們要戰勝痛苦的願望，都在他的生命之中；他是來到這裡繼承他們的工作的。

他注視著絲毫不動而幾乎不敢呼吸的僧眾，兩眼充滿了慈祥。

「徒兒們，」他說：「你們的喇嘛已經回來了！」

他也在心中悄悄說道：「章珀爾，我那慈母，你的孩子已實現了你的夢！」

註釋

❶阿底峽：西元九八二年至一〇五四年。他於公元一〇二五年成為印度著名學府起岩寺的寺主，一〇四二年成為西藏佛教後宏期的泰斗，其地位相當於前宏期首創西藏佛教寺院桑耶寺的蓮花生與寂護兩大師。

❷此段為譯者根據原著用意而補充。

求一個證悟前緣的表記

溫普林（《遇見巴伽活佛》作者）

《五智喇嘛彌伴傳奇》的漢譯版在一九四〇年代初連載於南京《國防文學》，書的副標題是〈西藏社會風情小說〉，原書有法、英、德等多種文本。這本書的作者是著名的法國藏學家亞歷珊卓·大衛—尼爾和她的義子雲丹嘉措合作的。大衛—尼爾在二十世紀初身體力行獨自進藏，徒步調查了相關的西藏人類學。她活到一百零一歲，對於西藏，她已經不是一個見外的人類學家，無論談到西藏的優點還是缺點，她完全以一種自家人的身分說話。而雲丹嘉措本身就是一個活佛，小說主人翁彌伴獨特的精神體驗，我相信在一定程度上是從他的內心流出來的。

小說的翻譯是著名的藏學家李安宅，李氏夫婦是中國藏學的開山祖師。沒有兩位作者珠聯璧合的合作，沒有李安宅的翻譯，這本書絕無可能這麼出色。

一九九五年我在成都卡夫卡書店發現了這本書。以後陸陸續續買了一百多本送給凡是和西藏有一點關係的各路神仙。

我驚訝的發現讀這本書的結果很是奇妙。有些人看不進去，能讀下去的人大多鼻涕一把淚一把。甚至有些人一看完這本書，便迫不及待的在電話裡跟我沒完沒了的談心得體會。而能有所感的人大多數是一種有靈性，對精神生活極爲重視的人。

我想，也許這是因爲每個人都有分不清童話還是現實的童年，都有非常純淨的想像，不過是由於五濁惡世的蒙蔽，我們遠離了自己這顆純潔善良的心。

我們每個人都有被擊中的初戀，這種初戀是一種前緣注定才會有的感受。可是我們在茫茫的人海裡，幾乎大都錯過了兩個緣份，或者是有緣無份，或者是緣份已盡。

對精神生活有興趣的人多半都會思考生命的問題：我們來到人間到底有沒有意義？假如生命的形態不再流轉，我們活著還有什麼美感？除了我們貪婪的物欲以外，是不是還有一種不可知的原因讓我們來到人世？

這本書的出現對我的刺激極大。我把這書拿回家，我老婆先看後藏了起來。她知道，如果我當時看了這本書，一定以彌伴自比，至少也是個雲丹嘉措。後來終於在一天被我翻箱倒櫃的找了出來。從第一個字開始，一口氣讀完直到天亮。我老淚縱橫，傷痛感觸，一星期不跟任何人說一句話。老婆知道一定是我找到了這本書。

這本書就像一個說破了的謎，彌伴經歷的心路歷程我似乎都在經歷，看到彌伴的成長過程，我也在其中受盡煎熬，一種悲情纏繞我，折磨我，看到彌伴的同時，我也幾乎看到了自己。

從一九九三年至一九九六年是我最有宗教情感的時期，我的精神正處於飛翔的狀態。冥冥之中好像有一種使命感讓我必須幫阿須的巴伽活佛修建寺廟。而正是由於這一原因，我對市俗生活產生了厭離心，甚至對婚姻也感到了一種近乎絕望的無奈。相當一段時間的早晨，一睜開眼睛之時，嘆口氣便想起釋迦牟尼的教導：沒有比老婆更凶狠的敵人，沒有比親人更嚴厲的看守，沒有比家庭更牢固的監獄。在女人堆裡打熬，我不知道我跟天下的哪些女人有緣，跟哪些女人緣份已盡，跟哪些女人有緣無份。

我不是感覺女人不好，我向來認爲女人比男人更具有靈性，我甚至想我前世肯定是個女人，要不我爲什麼特別了解女人的內心？

我的絕望是來自我內心深處無法排遣的固執——世俗生活是鐵定了的沒有前景。

其實我們的婚姻並非暗無天日，這一切不過是我自己的心理出了問題。

有時候我高興的看著兒子有靈性的成長時，也會陶醉其中。我跟老婆開玩笑：我飛來飛去，咱們之間還不是一種蝶雙飛的效果嗎？

老婆說：你知道蝶雙飛是爲什麼嗎？是因爲一隻在逮另一隻。

每年回到西藏，我的心都會變得異常脆弱，充滿傷感，眼淚非常容易奪眶而出。看著蒼茫的大地，看到藏族人飽經滄桑的臉，看到他們油亮的大皮袍和浩浩蕩蕩來迎接的馬隊，我都會情不自禁淚流滿面。

進了寺廟我極度的焦灼，出家人讓我內心充滿了愧疚，爲此我不得究竟。

當地的老百姓接納了我們，按他們的解釋，我一定是這個地方的喇嘛轉世，要不然說不過去，爲什麼千里萬里的兩個漢族兄弟要回到我們這兒？他們就是這麼想的。

我想，如果是和尚也是個花和尚。一定是幹了不少犯寺廟清規戒律的事，臨終時發了一把願，下一輩子把欠這片土地的全部償還，因此我們應該再回來。

說心裡話，我很愛聽這樣的話，我認爲這是對生命最好的解釋。幹嘛我們非要相信科學？幹嘛我們不相信在這個臭皮囊之外還有一種生命的意義和目的？我們爲什麼不能指望靈魂自由飛翔？

可悲的是，我們受了所謂現代教育和文明科學的毒害太深，我們已經變成迷信科學的人。從這個意義反觀藏族對生命的解釋，反倒覺得更具美感。

我有很多次馬上要遁入佛門時，不知道爲什麼又突然回頭。就像卓瑪把邁出的一隻腳又突然收了回來。

我不止一次對巴伽活佛說，我希望進苦修廟修三年三個月零三天。爲此，我還詳細計畫。但是，終是沒有進去。

後來我老婆對我說，你如果進苦修廟，我帶著孩子到苦修廟附近的學校教書等你。

女人很了不起，她們更容易理解這種純粹的精神需求。但是她們越是了不起，你越是不能在現實生活中給她過多的傷害。然而，你越是不能在現實生活中擺脫她，你就離精神生活越遠。

老婆一說在外面等三年，我自然就會想：這三年她帶著孩子怎麼過？冬天有多冷，孩子病了怎麼辦……我還有欠的錢沒還，哥們兒跟著我走入西藏，走著走著我就走沒了，怎麼對得起哥們兒……。家庭、朋友，責任、義務，還有做爲一個男人的功名之心……我要影響別人，我要表示我的存在，我要體現精神的力量……我的青春還沒有亮麗就已經歸隱怎麼甘心……我要盡可能把事情做得漂亮，盡可能的履行社會義務，我要爲人處世公正仗義……甚至我也有隱秘的成就感。我還想，我進去之後誰供養我，我的資糧在哪裡？

一切都是那樣的具體……

一九九八年我的女兒降生了，脖子上本來有一把鎖，又多了一把。面對一個弱小而又可愛無助的生命，你追求精神解脫就這麼重要嗎？是不是除了個人的需求而外，還有更重要的東西？

有這麼多的念想，我能進得去嗎？

我一方面在渴望和追求著精神的可能性，一方面又有家庭、孩子、公司。我一方面做出退出文明社會的姿態，一方面又很想對這個文明社會有一些影響。一方面對市俗的很多東西視若糞土，一方面又表現出比一般人還入世的態度。我努力在按社會的一般約定約束自己，但內心卻永遠的超現實。

我內心居無定所，最缺的就是平常心，我到處去找的也是平常心，我在西藏經常跟人交談和渴望領悟的，也是平常心。

如果我注定不能進寺廟修行，五十歲一定退休。做一個完全沒有社會事務和社會意義的個體，眞正只做爲一個個人那樣的生活。哪怕我只是一個農民，只種兩畝地活著，我可以思考，可以交流，可以周遊，可以做一個眞正自由解脫的人。

在西藏飄蕩的日子，我無數次的祈求神靈賜給我一個表記。對於我，那是一根繩子，讓我抓住它攀援懸崖到達彼岸。然而，我在這十年中沒有遇到任何奇蹟，一切都是這麼平淡如常。

我跟很多高僧大師求索，人能不能通過一個表記像彌伴那樣證悟前緣？

我認識了一個修大圓滿的活佛南凱諾布，此人是幾個教派任命的轉世靈童，被認爲是道性相當高的活佛。他在五十年代去了西方，在義大利拿坡里大學教東方文化。離開西藏的時候他只有二十多歲，到了義大利又潛心修行了二十幾年才有眞正的心德。四十多歲的時候，他才公開了自己的身分。

我問他，你是怎麼證得的？你是怎麼確認你是轉世活佛呢？

他說，他有眾多的奇蹟，他在夢裡跟前代大師們交往，甚至在夢裡跟前代大師交往得到的字條夢醒之後仍在手心裡握著。他對我說了很多的夢……

我不相信。我說，我要的是你的一個表記，證明你的前世的表記。

他說，他做了幾十年關於夢的筆記，眞正能進入禪定是在靜觀當中人才能把夢理得清清楚楚。他非常詳細的知道自己往生的一部分歷史。

我還是不相信，我堅持要一個表記。

最後他告訴我，如果要絕對表記的話，有這樣一件事：他開始寫大圓滿的心德時，一個從他家鄉德格歷盡艱辛來到義大利的喇嘛去拜訪他，這個喇嘛恭恭敬敬小心翼翼的捧出了一部喇嘛在無意之中發現的上一世南凱諾布親手寫的關於大圓滿的經書。南凱諾布翻開一看，什麼都明白了。這部經書是殘本，跟他正在寫的其中一章幾乎連標點符號都一樣。用咱們的話說，修辭、文章結構一點不差。南凱諾布什麼也沒說，把經書珍藏起來。後來在他的《水晶與光道》那本書裡，南凱諾布寫了眾多奇蹟，但對於自己的事隻字未提。

如果不是我窮追不捨，他也是不會說的。這是我跟他的一段法緣。

最後我又請教了他一個問題，爲什麼我到了西藏那個地方，我的內心就要顫抖呢？爲什麼我面對西藏人那張臉時，我內心裡要哭泣呢？爲什麼我總抑制不住的永遠回過頭去呢？我知道，這個地方也許不是我的歸宿，也許我不過就是城市裡一個普通的俗人，而我爲什麼就是無法擺脫這個地方？你能給我這樣的表記來解釋一下我的前世跟那塊土地的關係嗎？

南凱諾布說，這不就是表記嗎!?

我不知道我該一塊石頭落了地呢？還是該繼續困惑……

國家圖書館出版品預行編目資料

五智喇嘛彌伴傳奇／亞歷珊卓·大衛－尼爾，
雲丹嘉措 作；李安宅夫婦 譯 －－初版. －
－臺北市：橡樹林文化出版：家庭傳媒城邦
分公司發行, 2005[民94]
面； 公分. －－（衆生系列；JP0019）
譯自：Le lama aux cinq sagesses
ISBN 986-7884-37-X（平裝）

224.515 93024887

衆生系列 0019

五智喇嘛彌伴傳奇

作者 亞歷珊卓·大衛—尼爾／雲丹嘉措
特約編輯 曾淑芳
封面設計 徐璽
內頁版型 徐璽

發行人 蘇拾平
總編輯 周本驥
副總編輯 顏素慧
編輯 王珊華
行銷 黃文慧
出版 橡樹林文化 城邦文化事業股份有限公司
台北市信義路二段213號11樓
電話：(02)2356-0933 傳真：(02)2356-0914
發行 英屬蓋曼群島商家庭傳媒股份有限公司城邦分公司
台北市民生東路二段141號2樓
讀者服務專線: 0800-020-299
24小時傳真服務: (02)25170999
讀者服務信箱E-mail：cs@cite.com.tw
郵撥帳號:19833503英屬蓋曼群島商家庭傳媒股份有限公司城邦分公司
城邦網址: http://www.cite.com.tw
香港發行所 城邦（香港）出版集團有限公司
香港灣仔軒尼詩道235號3樓
電話：(852) 2508-6231 傳真：(852) 2578-9337
馬新發行所 城邦（馬新）出版集團【Cité (M) Sdn. Bhd. (458372U)】
11, Jalan 30D/146, Desa Tasik, Sungai Besi,
57000 Kuala Lumpur, Malaysia.
電話：(603) 9056-3833 傳真：(603) 9056-2833
E-mail：citekl@cite.com.tw
初版一刷 2005年1月

ISBN986-7884-37-X
售價280元